江西通史

魏晉南北朝卷上冊

世界上的很多事情都是由機緣而起因執著而成，包括我們這部《江西通史》。

說由機緣而起，是因為這件事情的發生幾乎純屬偶然。二〇〇二年夏天，我和彭適凡、孫家驊同志談到江西悠久的歷史、談到江西輝煌的文化，因而產生了組織專家編撰《江西通史》的設想，彭、孫二位當即認為此舉當行而且可行。

說因執著而成，是因為一旦有這個想法，而且認為這是一件研究江西歷史、弘揚江西文化的重要工程，就決心去做。為此，我徵詢了周鑾書同志的意見，並邀請邵鴻和方志遠同志共商此事，得到他們的熱烈回應。二〇〇二年十月十八日，在江西省文物局和江西師大歷史文化與旅遊學院共同舉辦的全省文博教育成果展示與經驗交流會上，我向大會通報了編撰《江西通史》的意見，引起全體代表的熱烈反響，大家用長時間的熱烈掌聲表示支持，認為這是貫徹「三個代表」重要思想、全面挖掘和整理江西傳統文化、推進江西經濟文化建設的一大盛事。有了這個共識，十二月十三日，準備工作進入實質性階段。在我的主持下，召開了有關專家和編輯人員的聯席會議，對編撰《江西通史》的指導思想、作者人選、工作日程、成果形式等具體問題展開了比較細緻的討論。二〇〇三年二月十五日，召開了第一次編撰工作會，《江西通史》的編撰工作就此正式啟動。

雖然說是機緣和偶然，但新的《江西通史》的編撰，實具備諸多因素和條件。

一、江西在中國歷史上具有重要的地位。根據最新的考古發現，在江西這塊土地上，人類的活動至少已有二十萬年歷史，它是中華民族發展史和古代文明發展史的重要組成部分；唐末五代以來，隨著全國經濟重心的南移，江西遂為全國經濟文化最為發達的省份之一，其物產之富、人才之眾，舉世矚目；進入二十世紀，江西又因為中央蘇區的建立而成為全國蘇維埃運動的中心。很難想像，在十分漫長的時段裡，沒有江西的中國歷史將會是什麼樣子。

二、文獻與實物資料豐富。江西既有「物華天寶、人傑地靈」之譽（唐王勃語），又素稱「文章節義」之邦（宋司馬光語）和「人文之藪」（清乾隆帝語），存世官修私撰文獻極為豐富。近年來一系列的考古發現，既可彌補文字記載之不足，更可與文獻資料相互印證，為編撰《江西通史》提供了可供參考的實證材料和科學依據。

三、前期成果豐碩、學術隊伍整齊。老一輩的歷史學家仍然健在，他們不但學術積累深厚，而且對研究江西歷史有著強烈的責任心；中青年學者正趨成熟，他們繼承了前輩學者的嚴謹學風，又吸收了新的研究方法和研究技術，思維敏捷，勇於創新。在他們的共同努力下，這些年來已有大批高品質的有關江西歷史的學術成果問世，這些成果涉及江西歷史的方方面面，為編撰《江西通史》奠定了堅實的學術基礎。

四、政治環境寬鬆、經濟形勢發展。盛世修志是中國的傳統。改革開放以來，政通人和，國泰民安，江西經濟和全國一樣，有較快速度的發展。這為編撰《江西通史》提供了自由的學術氣氛和比較充裕的財力保證。近年來，江西的學術事業和出版事業取得了有目共睹的成就，連續獲得中宣部「五個一」工程獎和國家圖書獎、中國圖書獎，給江西文化藝術界和學術界以振奮，也引起了各兄弟省市的關注。這些成就的取得，為我們組織大規模著作的編撰工作提供了經驗。而周邊各省如湖北、湖南、浙江以及其他省市新編通史的紛紛問世，對《江西通史》的編撰是有力的推動，也提供了有益的借鑒。

五、從我個人來說，當時也恰恰能分出一些精力和時間來抓這件事情。於是盡力協調各方面的關係，為作者們、編者們排除各種障礙，以保證這項重大工程的圓滿完成。

四年來，《江西通史》的編撰工作得到了各方面的關心和支持。黃智權、吳新雄省長親自過問此事並指示有關部門給予支持，省政協將其作為一件大的文化事業進行推動，省社聯將其列為重大科研項目，江西師大、南昌大學、省社科院、省文物局、省博物館和省考古所等有關單位也對參與編撰的專家們給予各種便利，出版部門派出了強大的編輯班子並準備了足夠的啟動和出版資金。特別要指出的是，各位作者在繁忙的教學和科研工作中，能夠將《江西通史》的寫作列入重要的工作計畫並全身心地投入。我在第一次全體編撰會議上指出，《江西通史》的編撰是一項挖掘和弘揚江西歷史文化傳統的千秋事業，希望作者和編者將其視為自己學術生涯中的事業。事實證明，作者和編者們後來都是這樣要求自己的。正是因為有了各方面的支持和全體編撰人員的共同努力，十一卷的《江西通史》才能順利地完成書稿並得到如期出版。

明代中期，隨著區域經濟文化的發展，修撰地方誌成為一大文化現象。各省、各府乃至各縣的省志、府志、縣誌大量湧現。此後遂為傳統。盛世修志也不僅僅限於修前朝歷史，更大量、更具有普遍意義的乃是修當地地方史。具有全域意義的江西省志也正是在這個時候產生的。自明中期以來，江西整體史著作已編撰過多部，其中著名的有：林庭棉《江西通志》（37 卷，明嘉靖四年），王宗沐《江西省大志》（8 卷，嘉靖三十五年；萬曆二十五年陸萬垓增修），于成龍、杜果《江西通志》（54 卷，清康熙二十二年），白潢、查慎行《西江志》（206 卷，康熙五十九年），高其倬、謝旻《江西通志》（163 卷，雍正十年），劉坤一、劉繹、趙之謙《江西通志》（180 卷，光緒七年），吳宗慈、辛際周、周性初《江西通志稿》（9 編，民國三十八年）。二十世紀末，又有許懷林的《江西史稿》（1994 年，江西高校出版社），陳文華、陳榮華主編的《江西通史》（1999 年，江西人民出版社）問世。這些著作在保留江西歷史遺存、挖掘江西歷史文化方面作出了重要的貢獻。如何在充分吸取前人成果的基礎上有所發展、有所創新，是對新編《江西通史》的考驗。

為了使新的《江西通史》更具有時代特色和歷史價值，更具有劃時代的意義，我們對這部著作提出了以下的要求。

一、中國歷史是一個整體，我們在研究任何地方歷史的時候，都不能脫離這個整體。因此，正確認識各個歷史時期江西在全國政治經濟格局中的地位就顯得尤其重要，必須充分關注江西與中央、與周邊地區的關係，不溢美、不自卑，不關起門來論江西，將《江西通史》寫成一部與中華民族的整體有著血肉聯繫的江西歷史。

二、《江西通史》是系統記述和研究江西歷史的大型學術著作，由眾多學者共同參與完成。一方面，各卷是作者的個人成果，是作者最新研究成果的結晶，可以也應該有自己的風格和特色，所以希望作者精益求精，使其成為各自領域的學術精品。另一方面，甚至更為重要的是，它又必須是一個整體，是一部「通史」，所以全書十一卷必須有統一的體例和統一的要求，在文風上一定要力求簡潔、明快。各卷作者務必服從整體、服從大局，使自己的作品成為整個《江西通史》的有機組成部分。

三、《江西通史》必須是一部真實、動態、有可讀性的信史。所謂真實，是指史料翔實、言必有據。此「據」是經過考證後認為合理的，否則，「盡信書則不如無書」（孟子語）。這就需要每個作者既盡可能地系統爬梳和挖掘史料，又謹慎辨析和使用史料。所謂動態，是指用發展的眼光看問題，既將問題放在特定的歷史背景之下，又特別關注它的演進過程，因為即使是同一件事物，其狀態和作用也是隨著時間的推移和社會的變遷而變化的。這就需要每個作者以歷史唯物主義和辯證唯物主義的觀點和方法去闡釋歷史、去探討歷史演進的規律。所謂有可讀性，是指應該用流暢的文字、敘述的方法寫作，展示的是作者的觀點和結論，而不是考辨的過程，它的體例是史書而不是論文。無圖不成書。圖文並茂是中國出版物的優良傳統和重要特點，《江西通史》應該在盡可能的情況下，收集能夠說明江西歷史各階段各方面狀況的歷史圖片，以加強其歷史感和可信度，同時也使其更具有可讀性。

四、以人為本，以民為本，以基層社會為本。所謂以人為本，指的是要寫成人的歷史，以人的活動為描述物件，即使是制度、習俗，也應盡可能地有人的活動。所謂以民為本，指的是盡可能地站在大眾的立場上來敘述歷史、看待歷史，更多地敘述大眾的活動。所謂以基層為本，是因為地方史本身就是基層乃至底層的歷史，要盡可能地揭示基層組織和底層社會的活動狀況。在此基礎上，充分重視統治者和社會精英對社會的主導作用，重視自然環境、人文環境，特別是包括傳統價值觀念和現實政治制度等在內的上層建築對個人、對大眾、對底層的影響和制約作用，寫成一部上層建築與經濟基礎互動、國家權力與基層社會互動、社會精英與人民大眾互動的歷史。

十一卷本《江西通史》即將付梓，我們希望它的出版能夠成為江西歷史研究的新的里程碑、能夠成為江西文化史上的一大盛事。當然，能否達到這個目標，還要由讀者和歷史來檢驗。

引言

一八九年，董卓之亂發生，漢獻帝受制於人，中國歷史實際進入三國兩晉南北朝時期。自此至五八九年隋滅陳統一全國，前後歷時四個世紀之久。魏晉南北朝是中國古代史上一個特定的歷史時期，具有自己許多獨特的特點：政治上出現大分裂、大割據，各民族政權林立，南北長期對峙；戰亂頻仍，廣大中原地區飽受戰亂蹂躪，生靈塗炭，經濟凋敝，社會生產遭受嚴重的摧殘和破壞；民族關係上出現民族大流徙、大激蕩和民族大融合；思想文化上則是一個較為開放、棄舊圖新、生機盎然的時代，各種新思想、新制度、新事物層出不窮。在這一歷史大背景下，加之南方所受戰亂相對較少，社會較為穩定，因此，江西和南方許多地區一樣，獲得了迅速發展的機遇，在社會經濟、思想文化諸方面都有了長足的發展和顯著的進步。

一

漢末大亂，天下無主，各地牧守豪強紛紛擁兵稱雄，割據一方，相互混戰，「大者連郡國，中者嬰城邑，小者聚阡陌，以還相吞沒」[1]。地處長江中游、戰略地位重要而又物產富饒的江西更成為南北軍閥共同垂涎的目標，河北軍閥袁術、揚州刺史劉繇、廬江太守劉勳、廣陵督笮融等人都曾對江西進行過激烈的爭奪，但是，他們都失敗了。建安四年（199 年）十二月，孫策奪取豫章郡，成了最後的勝利者。數年之內，孫氏佔據江西全境。自此，除西晉短暫統一外，江西一直處於東吳、東晉、宋、齊、梁、陳六朝政權的相繼統治之下。

六朝時期，江西行政區劃發生了重大的變化。自一九九年孫策奪取豫章郡，至二八〇年西晉滅吳，東吳統治江西首尾八十二年。郡縣由東漢末的一郡二十五縣增至六郡五十八縣，除原豫章郡外，新增鄱陽、廬陵（今吉安）、臨川、安成（今安福一帶）四郡和廬陵南部都尉（行政級別與郡同），新增縣邑三十三個，基本上奠定了現今江西省行政區劃的基礎。

兩晉統治江西共一四〇年（280-420 年），其中西晉統治三十六年（280-316 年），東晉統治一〇四年（317-420 年）。隨著經濟文化的發展，江西在全國的地位日趨重要。西晉惠帝元康元年（291）置立江州。兩晉江西全境共有七郡五十八縣，基本上與東吳時期相當，而於太康三年（282 年）改廬陵南部都尉為南康郡（今贛州市），縣邑名稱也有若干變動。

南朝時期，特別是梁末陳初，江西的行政建制有著重大的變

1 《三國志》卷二《魏書・文帝紀》注引曹丕《典論・論文》，第 89 頁，中華書局，一九七五

化，顯得極為混亂。就郡縣而論，變化不大：劉宋為七郡五十四縣；齊為七郡五十三縣；梁增至九郡六十一縣，新增豫甯、巴山二郡；陳為十郡五十九縣，新增安樂郡。但江州所轄範圍逐步縮小，而州的數量卻不斷增多。西晉懷帝永嘉元年（307 年）置立湘州，桂陽郡從江州劃出；宋孝武帝怕江州強大，於孝建元年（454 年）置立郢州，又將武昌郡從江州割走。梁末陳初，由於戰亂、南方土著酋豪崛起等原因，江州被分割為南江州、西江州、北江州；梁大寶元年（550 年），以臨川郡置寧州；承聖二年（553 年），改鄱陽郡為吳州；紹泰二年（556 年），分江州的臨川、安成、豫甯、巴山四郡置高州；陳至德四年（586 年），以鄱陽郡還屬江州。這一混亂狀況前後持續了十幾年之久，直至陳朝統治穩定之後，情況才有所好轉。江州的治所初居豫章（今南昌），東晉成帝后移治尋陽（今九江），梁末再遷豫章。

二

六朝時期，江西的戰略地位日趨重要，這是又一重大變化。在秦漢大統一局面下，江西地處中部地區，戰略地位無足輕重；而到六朝時期，其重要性便日益凸顯出來。孫氏佔領江西後，苦心經營，根本原因就在於江西戰略地位的極端重要性。東吳為防蜀抗魏，以保持鼎足而立的地位，主要從兩方面發揮自己的優勢：一是憑依長江天險，以此作為重要的軍事屏障；二是大興水師，立足於水戰。而江西地處長江中游，贛北的尋陽形勢險要，既是天然的軍事屏障，又是訓練水師、駐紮軍隊的軍事重鎮。赤壁戰前，大都督周瑜奉命駐兵尋陽，大規模訓練水師；赤壁之戰中，孫、劉聯軍大敗曹操，主要依靠的就是周瑜率領的三萬精銳水師。周瑜之後，呂范、陸遜、陸抗、諸葛恪等大將相繼駐屯柴桑（今九江市西南），常年在此駐有重兵。東吳之治所或都城曾幾經遷徙：建安五年（二〇〇年），孫策始治吳（今蘇州）；建安十三年（二〇八年），孫權由吳徙治京口（今鎮江市）；建安十六年（二一一年），徙治建鄴（今南京市）；魏黃初二年（二二一年），孫權自公安都鄂，改名武昌；吳黃龍元年（二二九年），孫權於武昌稱帝；次年九月，回遷建鄴；甘露元年（二六五年），孫皓又一度徙都武昌，一年後遷回建鄴。孫氏自割據江東，凡治吳八年，居京口三年，都武昌九年，都建鄴六十年，其遷徙的範圍不外乎今江蘇和湖北境內。當其定都江蘇境內時，江西則成為東吳政權向前開疆拓土、奪取長江中游的前沿基地。建安二十四年（二一九年）十月，呂蒙「白衣渡江」，擒殺關羽，襲奪荊州，即從尋陽發兵。當它定都武昌時，江西又成為東吳政權的堅固後院，可隨時提供充足的糧餉和兵員。江西之戰略地位既然如此重要，東吳政權對之苦心經營便可想而知。

東晉時期，江州的戰略地位顯得更加重要。其時，北方少數民族政權力量強大，時刻窺視江南，劃江而守便成為東晉王朝對付北方威脅的基本國策。「江州，國之南藩，要害之地」[2]。不僅江州之尋陽是防禦北方少數民族政權南侵的重要軍事屏障，而且整個江州地處荊、揚之間的軍事要衝，上可控扼荊州，下可屏藩

2　房玄齡《晉書》卷八一《劉胤傳》，第2114頁，中華書局，1974。

京師，正如時人劉毅所說：「江州在腹心之內，憑接揚豫，藩屏所倚，實為重複。」[3]江州所處的重要制衡地位，使它成為東晉門閥士族在長期的上下游之爭中首先要控制的目標。再者，江州地區多流民，豐糧穀，乃兵甲所聚之地。在東晉門閥政治下，大族擅權，皇權駕空，誰能奪得江州，誰就能取得政治上的主動權，進而遙控朝廷，保持家族的最大利益。因此，終東晉一朝，司馬氏皇室與大族之間，王、庾、桓、謝等大族相互之間對江州的爭奪至為激烈。

首先控制江州的是號稱東晉第一高門的琅琊王氏。王敦因坐鎮武昌指揮平定杜弢流民起義軍有功，被司馬睿擢升為鎮東大將軍，加江、揚、荊、湘、交、廣六州都督，江州刺史。司馬睿稱帝（即晉元帝）的第二年（三一八年），又以王敦為江州牧。王敦開始自選刺史以下官吏，利用荊、江二州的優越條件，極力壯大個人實力，逐漸驕橫起來，遂欲專制朝廷，有問鼎之心。永昌元年（三二二年）正月，王敦以誅侍中劉隗為名，於武昌舉兵作亂，反叛朝廷，圖謀篡位，並很快攻破建康，逼晉元帝封他為丞相，仍領江州牧。次年，王敦再次舉兵內向。直至太寧二年（三二四年），王敦病重，明帝才下令討伐，將叛亂平息。王敦作亂期間，以從弟王舒為荊州刺史、王彬為江州刺史、王稜為豫章太守，始終把江州牢牢地控制在自己手中。晉元帝為削弱王敦實力，曾一度以陶侃為江州刺史，但未獲成功。王敦之亂，雖自荊

3　《晉書》卷八五《劉毅傳》，第2208頁。

州發動，但其勢力的形成，實始於江州。

王敦之亂後，明、成二帝相繼將江州收歸朝廷，先後以心腹重臣應詹、溫嶠為江州刺史。其時，陶侃出任荊州刺史，拜征西大將軍，擁重兵居上流，溫嶠刺江州實為防遏陶侃。

咸和四年（329 年）二月，蘇峻之亂平定，潁川大族庾亮與琅琊王氏開始對江州進行爭奪。這年四月，溫嶠卒，其軍司馬劉胤繼為江州刺史。劉胤本非方伯之才，在任縱酒淫樂，不恤政事，大殖財貨，年底即被朝廷免職。後將軍郭默趁機擅殺劉胤，司徒王導即用之為刺史，以圖控制江州。太尉陶侃聞之大怒，即刻出兵斬郭默於軍門，明帝下詔以陶侃都督江州，領刺史，使王導的願望落空。咸和九年（334 年）六月，陶侃卒，庾亮出任江、荊、豫、益、梁、雍六州都督，領江、豫、荊三州刺史，鎮武昌，終於實現了控制江州的多年夙願。庾亮刺荊、江二州共六年，咸康六年（340 年）正月卒，其弟庾翼繼為江、荊等六州都督。庾氏獨佔江、荊二州，使琅琊王氏坐困建康，動彈不得，王導心中憤懣。迫於王氏壓力，庾亮臨終前，主動舉薦王羲之為江州刺史；庾翼也將江州刺史讓給了王允之，這是庾氏所不願意的。咸康八年（342 年）正月，庾翼之弟豫州（僑州，治蕪湖）刺史庾懌給王允之封送了一壇毒酒，其用意不言自明。王允之立即察覺，並秘密上奏朝廷，結果庾懌反被迫飲鴆自殺。可見，王、庾明爭暗鬥之激烈。康帝建元元年（343 年）八月，庾翼移鎮襄陽，準備北伐，又以其弟庾冰為江州刺史。十月，庾冰卒，庾翼復督江州。穆帝永和元年（345 年）七月，庾翼卒，江州刺史之職逐漸轉入大族桓氏之手。從庾亮至庾冰，庾氏刺江州前後達十一年之久。

桓氏繼庾氏之後執掌朝權，世莅荊土，又控攝江州。桓溫為荊、梁等四州都督，自領兵居上游，而以其弟桓雲、桓沖相繼為江州刺史，居兵尋陽。自哀帝隆和二年（363 年）至孝武帝甯康元年（373 年），桓衡刺江州凡十年。桓沖之後，先後繼為江州刺史者有桓石秀、桓嗣、桓伊及東晉後期的桓玄、桓偉、桓石生等。

晉孝武帝甯康八年（373 年），桓溫卒，謝安當國，謝氏、桓氏江州之爭趨於緩和。謝安是東晉著名賢相，面對強敵壓境的嚴重局勢，他強調「鎮以和靖，禦以長算」，注意團結各方面人士，正確處理統治階級內部的各種矛盾和關係。他把重點放在對長江下游徐、兗等州（僑州）的經營上，並精心組建了一支能征善戰的北府兵，既可用於抵禦前秦，又可抗衡上游。他不但不與長期控制荊、江兩州的桓氏發生正面衝突，反而主動把江州刺史讓給桓沖等人。因此，在他當政時期，「君臣和睦，上下同心」，為淝水之戰奠定了勝利的基礎。

晉孝武帝太元九年（384 年）九月，謝安去世，會稽王司馬道子、司馬元顯父子相繼出任宰相，秉國弄權，政治日趨腐敗，東晉進入後期階段。

東晉後期，統治集團內部矛盾激化，藩鎮抗衡中樞，藩鎮之間相互火拼的事件接連不斷，他們往往以兵戎相見，大動干戈，而江州則成為眾軍閥鏖戰和爭奪的重要場所。晉安帝隆安元年（398 年）七月，兗州（僑州，治京口，今鎮江）刺史王恭聯合豫州刺史庾楷、荊州刺史殷仲堪、南蠻校尉桓玄，首先舉兵對抗朝廷，擒獲司馬道子的心腹江州刺史王愉於臨川。不久，王恭兵敗，遭擒殺。殷仲堪等人只得退兵尋陽，相互結盟，推桓玄為盟主，宣布不受朝命。事隔不久，他們卻因內部矛盾重重而相互火拼起來。隆安三年（399 年）十二月，桓玄攻殺殷仲堪、楊佺期，專有荊楚，一時勢力大盛，朝廷被迫任命他為荊、司、雍等八州都督，領荊、江兩州刺史。晉安帝元興元年（402 年）正月，桓玄舉兵東下，經尋陽直指建康，大敗司馬氏軍隊，趁機奪取政權。次年十二月，登上皇帝寶座，建國號曰楚，遷晉安帝於尋陽。

桓玄的所作所為和暴露出來的極大政治野心，引起北府兵將領劉裕等人的嚴重不滿和極度恐慌。元興三年（404 年）二月，在經過周密部署後，劉裕自京口起兵討伐桓玄。桓玄一戰而潰，只過了八十多天的皇帝癮就被趕下了台。桓玄率眾浮江南走，往西退至尋陽，劉裕隨後緊追不捨。夏四月，雙方大戰於桑落洲（今都昌縣內）；五月，又戰於崢嶸洲（今武昌縣內），桓玄均大敗，在逃往四川途中，於枚回洲（今湖北江陵縣南）被益州都護馮遷所殺。桓玄敗亡後，東晉大權逐漸落入北府兵將領劉裕之手。四二〇年，劉裕建宋代晉，開始了南朝的統治。

劉宋以降的南朝四代，江州仍保持著重要的戰略地位，各朝統治者無不加強對江州的控制。劉宋王朝鑒於東晉大族出居重鎮，專兵擅權，皇權駕空的歷史教訓，開始削奪大族兵權。凡重要州鎮，在立國之初，多由功臣充當，一旦政權穩定，則改由宗王出鎮。宗王出居重要州鎮，雖可收鞏固統治的一時之效，但同時也引發出王室內部的許多糾葛和紛爭，尤以江州表現最為突出。宋文帝元嘉十七年（440 年）九月，以彭城王劉義康為江州刺史，出鎮豫章，數年後即發生孔熙先、范曄等人謀立義康為帝的事件，結果范曄等人被殺，劉義康被賜死。元嘉三十年正月，太子劉劭弒父（宋文帝）自立，江州刺史、武陵王劉駿憑藉自己的雄厚實力，在沈慶之的支持下，起兵尋陽，殺死劉劭，奪得帝位，是為孝武帝。

宋孝武帝初登帝位，即發生了江州刺史臧質與荊州刺史、南郡王劉義宣聯兵爭奪帝位的鬧劇，但旋遭失敗。孝武帝忌荊、江二州強大，乃分荊州之江夏、竟陵、隨、武陵、天門，江州武昌、豫州西陽凡八郡置郢州，治江夏。自此，武昌自江州分出，境域有所縮小。宋孝武帝析分江州，並未從根本上解決江州強大難制的問題。

泰始元年（465 年）十二月，宋明帝即位，天下同反，江州首先發難。是月，江州刺史劉子勳在長史鄧琬的挾持下起兵尋陽，郢州刺史安陸王劉子綏、荊州刺史臨海王劉子頊、會稽太守尋陽王劉子房及東部諸郡紛紛舉兵響應，反叛規模空前。次年二月，子勳即皇帝位於尋陽，改元義嘉。宋明帝費了九牛二虎之力，歷時九個月，才將反叛全部平息。劉宋王室內部長期骨肉相殘，勢力大衰，遂使他族有機可趁，右衛將軍蕭道成逐漸攫取大權。

蒼梧王元徽二年（474 年）五月，江州反叛事件再次發生，桂陽王劉休範率眾兩萬、騎五百，出兵尋陽，晝夜取道，直指建康，與官軍大戰於台城，蕭道成派刺客殺死劉休範，叛亂平息。這時，蕭齊代宋只是時間問題了。

蕭齊吸取劉宋一代江州頻頻發生反叛事件的教訓，進一步加強了對江州地區的控制。蕭道成稱帝前，即相繼以其世子蕭賾、次子蕭嶷為江州刺史，以加強對江州這塊戰略要地的控制。稱帝後，又以諸子相繼刺江州。蕭齊對江州的控制，雖然基本沿用劉宋時以諸王出鎮的方針，但卻大大加強了典籤對出鎮諸王的嚴密監視。蕭齊以典籤嚴密監視諸州，確實大大減少了反叛事件的發生；但與此同時，由於諸王刺史無權，地方力量虛弱，一旦出現政治突發事件，朝廷便無法駕馭。在此情況下，雍州刺史蕭衍趁虛而入，奪得蕭齊政權。

蕭梁立國之初，即在江州遇到麻煩。天監元年（502 年）四月，梁武帝即皇帝位。五月，原蕭齊大將陳伯之擁強兵據江州，不受朝廷之命，起兵尋陽。欲先平豫章，開通南路，然後席捲北向，以取建康。梁武帝急調重兵，實行兩面夾擊，伯之表裡受敵，遂敗走，渡江投北魏。

江州本是梁武帝成就帝業的基地，其重要性他是極為清楚的。早在起兵之初，他便把九江比作關中、河內，叮囑心腹鄭紹叔要好好鎮守尋陽，保障糧運供給，以成就帝業。陳伯之的反叛平定後，相繼以開國元勳王茂、曹景宗、蕭穎達為江州刺史，以控制那裡的局勢。政局穩定後，則效法前朝，先後以宗王刺江州。侯景之亂後，全國局勢大亂，江州刺史更替頻繁，情況當另作別論。

三

六朝時期，江西社會經濟經歷了由逐步開發、持續發展到長足進步的過程，呈現出良好的發展勢頭，這是該時期江西地區發生的另一重大變化。東吳政權曾對江西進行苦心經營：一方面對江西境內的山越進行大規模征討，大批山越人民被迫徙居平地，「強者為兵，羸者補戶」，他們當兵、屯田，墾辟荒地，興修水利，發展生產，為發展江西社會經濟作出了重要貢獻；另一方面，東吳在江西各地廣設郡縣，建立較為完整的各級行政機構，並派遣得力官吏以加強管理，帶領和組織當地人民進行經濟和文化建設，促進了江西社會的發展和進步。

在東晉統治的一〇四年中，雖有戰亂，但時間畢竟是短暫的，江西社會經濟仍然在曲折中得到繼續發展。《晉書・武帝紀》記載說：「自晉氏南遷，迄於太元（晉孝武帝年號，376-396 年）之世，百許年中，無風塵之警，區域之內，晏如也。」長期安定的社會環境，客觀上給整個江南地區的經濟發展創造了良好的環境條件，加之中原人民為躲避戰亂而潮水般南渡，以及江西地區有著自己得天獨厚的優越條件，這一切都為東晉時期江西社會經濟的持續發展提供了保證。

此時的江西，農業發展迅速，糧穀充實，豫章及鄱陽湖四圍一帶是著名的產糧區和糧儲之地，下游的建康和上游的荊州等地常依賴江州的漕運供給。與此同時，手工業、商業、礦冶業等各個部門都有一定程度的發展和進步。自劉宋初至侯景之亂前（420-548 年），南朝保持了近一三〇年之久的相對安定局面，在此期間，江西社會經濟有著長足的進步。首先，農業生產得到快速發展。劉宋時，江西已成為江南稻米的重點產區之一，鄱陽湖流域更成為南朝的著名糧倉。蕭梁時，京城之外有豫章倉、釣磯倉（今都昌縣內）、錢塘倉三大糧倉，江西佔有其二。除水稻外，麥、粟、菽、桑、麻等多種農作物與經濟作物廣為種植，水果栽培技術和園藝業也有相當的進步。與此同時，一大批水利工程也隨之修建起來。其次，農業的發展推動了手工業的進步。紡織、製茶、釀酒、竹木器製造、造船、陶瓷、礦冶等各個部門異軍突起，令人刮目相看。第三，在農業和手工業發展的基礎上，商業出現了繁榮，豫章、尋陽、浮梁等城市水運便捷，人口稠密，經濟發達，是重要的商業都會。經濟的發展又孕育出眾多的富室豪家，所謂尋陽三姓「陶、翟、騫」和豫章五姓「熊、羅、雷、諶、章」，實際上就是六朝時發跡的大族豪家。

四

魏晉南北朝是中國歷史上第二次百家爭鳴、學術繁盛的時代。在時代的氛圍中和經濟發展的推動下，江西地區的儒、佛、道、玄交融發展，在文學、史學、科學技術諸方面也都取得了一定的成就。

當魏晉玄學興盛、儒學式微之際，江西的儒學文化卻方興未艾。西晉鄱陽內史虞溥首先在郡內大興學校，廣招學徒，頒布條例，教以儒學，至者七〇〇餘人；豫章太守會稽孔沖以《詩》、《書》、《禮》、《易》及《孝經》、《論語》教授學生，在郡內大興儒風。東晉范宣，家於豫章，幼而好學，手不釋卷，夜以繼日，遂博綜群書，尤善《三禮》；以講授為業，四方學子，聞風宗仰，自遠而至，諷誦之聲，有若齊魯。太元中（376-384年），范甯為豫章太守，在郡大設庠序（學校），改革舊制，課讀《五經》，教授學生常數百人。「由是江州人士並好經學，化二範之風也」。

與此同時，江西的佛、道二教也逐漸興盛起來。早在東漢時，江西境內就有了當時最早的一批寺院。東晉時，廬山已發展成為全國著名的佛教中心之一，在慧遠法師的周圍聚集了一大批高僧、居士和學者名流，他們興建廟宇，談佛論玄，翻譯佛經，宣導法理，弘揚佛法，使廬山名震遐邇，一躍而成為佛教名山。

劉宋時，廬山又開始成為傳播道教的重要場所，著名道士陸修靜在廬山東南麓建簡寂觀，在此編纂道書，制定道教的齋戒儀式，影響甚大。東晉許遜則是江西民間影響較大的道教人物，他曾任旌陽（今湖北枝江一帶）縣令，人稱許旌陽。傳說他曾在鄱陽湖區率民治水，成效顯著，贏得了人民的尊敬。為了紀念他，各地建立了不少祭祀他的宮觀，許真君與萬壽宮便成了江西的一大標誌。此外，清江閣皂山、峽江玉笥山等都是道教所說的洞天福地，傳說魏晉時期的著名道教人物葛玄、葛洪都曾在此煉丹修道。而對道教影響最大的當屬貴溪縣西南的龍虎山，它是第一代天師張道陵最初修道煉丹的地方，既是中國道教的發祥地，又是天師正一道的祖庭。自第四代天師張盛於西晉永嘉年間（307-313 年）從北方返回龍虎山后，歷代天師在此代代相傳，使道業承傳不替。自三國至陳末，天師共傳六代，第十代天師張子祥，仕隋為洛陽尉，後棄官嗣教。

六朝時期，江西在文學、史學和科學技術等方面也取得了一定的成就。居家尋陽柴桑（今九江市西南）的陶淵明是中國文學史上著名的田園詩人，他生活于晉宋之際，一生創作了大量歌詠農村景色和村居生活的詩作，保存至今的作品尚有一二〇多首。他的詩歌看似平淡，卻很自然，具有高度的藝術魅力，唐代大詩人李白、杜甫、王維、孟浩然、韋應物等人都曾受到過陶詩深遠的影響。其詩風甚至影響至今，故魯迅先生稱譽他是偉大的作者。此外，東晉大書法家王羲之、南朝大文學家謝靈運等都曾在江西留下過他們的足跡和作品。在史學方面，這一時期產生了以雷次宗《豫章記》為代表的一批早期江西地方史籍，記述了本地的民情風俗，是研究江西古代史不可多得的好材料。豫章人吳猛、建昌（今永修西南）人幸靈則是江西名醫，擅長療疾，救活了不少民眾。

總之，六朝時期是古代江西由貧窮落後走向逐步開發、發展的重要轉折時期，具有承前啟後的巨大作用，其經濟文化的蒸蒸日上，為唐宋時期江西社會的全面發展和繁榮奠定了牢固的基石。

目
錄

第一章——東吳對江西地區的佔領和統治

東漢末年，在群雄對江西地區的激烈爭奪中，孫策成了最後的勝利者。自一九九年起，孫氏開始了對江西地區的統治，直至二八〇年西晉統一全國，東吳統治江西地區前後達八十二年之久。為了穩定和鞏固這一重要的戰略要地，東吳政權在江西境內大規模征討山越，進行屯田，興修水利，墾闢荒地，發展生產；同時，廣設郡縣，委派各級官吏以加強管理，使江西地區得到了較好的治理和開發。從此，江西社會開始了新的起步，經濟文化呈不斷上升的趨勢。

第一節▶漢末軍閥對江西地區的爭奪和孫策獨佔豫章郡

一　袁術、劉繇在豫章的角逐

袁術，字公路，汝南汝陽（今河南汝南）人。出身世家大族，父祖四世居三公之位，門生、賓客遍於天下。董卓之亂中，他與堂兄袁紹等人共同起兵討伐董卓，很快成為北方屈指可數的大軍閥。初駐兵南陽，因與袁紹不和，兄弟各立黨援，以相圖謀，術結好公孫瓚而紹連劉表，捨近交遠，曹操遂與袁紹聯兵，大破術軍。袁術率餘部南下敗逃九江（秦漢時的九江郡），集兵於淮北。又進兵壽春（今安徽壽縣），趕走揚州刺史陳瑀，佔領揚州，兼稱徐州伯，自署官吏，並不斷向四圍擴大勢力。約在興平元年（194 年），豫章太守周術病卒，袁術即任命諸葛亮叔父諸葛玄為豫章太守，以圖佔據江西。玄乃攜亮及亮弟均走馬上任南昌。漢朝廷聞知此事，更選朱皓代玄。朱皓勢單力薄，遂向揚州刺史劉繇借兵攻玄，玄退保西城（今南昌縣西）。興平二年十二月，諸葛玄在做了一年左右的豫章太守後，被迫離開南昌，攜諸葛亮兄弟投奔舊友荊州牧劉表。至此，袁術圖謀據有江西的計畫宣告失敗。

劉繇，東萊牟平（今山東牟平）人，漢末避亂江淮。興平元年，被朝廷任命為揚州刺史。時袁術在淮南，劉繇懼其勢力強大而不敢至揚州上任，乃暫駐曲阿（今江蘇丹陽）。後又連遭袁術、孫策的攻擊，遂退至丹徒（今江蘇鎮江市東南），並準備退守會稽（今浙江紹興）。這時，名士許劭勸他說：「會稽富實，策之所貪，且窮海隅，不可往也。不如豫章，北連豫壤，西接荊州；若收合吏民，遣使貢獻，與曹兗州相聞，雖有袁公路隔在其間，其人豺狼，不能久也。」[1]劉繇當即採納了許劭的建議，將手下數萬人馬兵分兩路，一路隨新任豫章太守朱皓進軍南昌，以驅逐袁術所署豫章太守諸葛玄；自率一路主力溯江西上，駐兵彭澤，準備一舉奪取豫章。並遣廣陵相笮融為前鋒，助皓攻玄。孰料笮融野心勃勃，早已唾涎豫章這一富庶之地，剛抵南昌，便設計殺害朱皓，自領豫章太守。劉繇即刻進軍討融，為融所敗，又重新招合屬縣兵馬，攻破笮融。笮融敗逃入山，被當地山民所殺。不久，劉繇也病死。

1　司馬光《資治通鑒》卷六一・漢獻帝興平二年（195），第 1973 頁，中華書局，一九五六。

袁術、劉繇諸人對豫章進行了近一年的角逐和爭奪，結果兩敗俱傷，誰也沒有達到目的。

二　劉勳出兵伐上繚

劉勳係袁術故吏，被袁術封為廬江（治舒，今安徽廬江西南）太守，他是繼袁術、劉繇等人之後染指江西的又一地方軍閥。建安二年（197 年）春正月，袁術為過皇帝癮，稱帝於壽春（今安徽壽縣），自稱仲家，署置公卿百官，郊祀天地。袁術稱帝之後，驕奢淫逸，後宮數百，無不衣羅紈，厭粱肉，部下及百姓饑困，莫之收恤。不久，資財空盡，不能自立，乃燒宮室，投奔其部曲將陳簡、雷薄於灊山（今安徽霍山縣東北），遭陳簡等拒絕。袁術被逼得走投無路，士卒散走，憂懼不知所為，遂遣使歸帝號於堂兄袁紹，打算重返北方，途中遭劉備邀擊，只得退回壽春。建安四年六月，至江亭，憤慨發病，嘔血而死。袁術堂弟袁胤畏懼曹操，不敢居壽春，率其部曲奉袁術靈柩及妻子投奔廬江太守劉勳於皖城（今安徽潛山縣北）。

劉勳糧草本不富足，一下子又增加許多部曲，無法供養，於是想到了盛產糧食的豫章郡。遂於建安四年十一月，遣其堂弟劉偕告糴於豫章太守華歆。華歆派遣屬吏領著劉偕來到上繚（今靖安縣境），要求諸宗帥[2]共出三萬斛米以與偕。諸宗帥不願把米賣給外地軍閥，劉偕在上繚住了一月之久，才得米數千斛，心中極

2　山越大多聚族而居，其宗族首領稱宗帥，宗族之民稱宗民。

為惱怒，於是向劉勳報告情況，要他立即派兵攻伐上繚，奪取糧米。

孫策忌惡劉勳兵強，想讓他火中取栗，自己從中漁利，便假裝恭敬地勸說道：「上繚宗民數欺鄙郡，欲擊之，路不便。上繚甚富實，願君伐之，請出兵以為外援。」並派人送去一些珠寶和葛布加以賄賂。劉勳大喜，內外盡賀，只有揚州名士劉曄規勸說：「上繚雖小，城堅池深，攻難守易，不可旬日而舉也。兵疲於外而國內虛，策乘虛襲我，則後不能獨守。是將軍進屈於敵，退無所歸，若軍必出，禍今至矣。」[3]劉勳自恃兵強，不聽勸阻，遂伐上繚。至海昏（今永修），宗帥皆空壁逃匿，勳了無所得。

三　孫策奪取豫章郡

孫策為建立江東政權，竭力擴充地盤，對於與之相鄰的豫章郡更是志在必得。為此，他煞費苦心，計畫周詳，準備一步步地將豫章郡爭奪到手。

揚州刺史劉繇病卒于豫章後，士眾萬餘人，欲奉豫章太守華歆為主；華歆不敢「因時擅命」，嚴辭謝絕。一個多月後，劉繇的部眾仍無所歸附。孫策抓住良機，即派大將太史慈前往豫章。臨行前，孫策叮囑道：「今兒子（指劉繇長子劉基，時年 14 歲）在豫章，卿往視之，並宣孤意於其部曲，部曲樂來者便與俱來，不樂來者且安慰之。並觀察子魚（華歆字）所以牧禦方規何似，

3　《資治通鑒》卷六三・漢獻帝建安四年（199），第 2020 頁。

視廬陵、鄱陽人民親附之否？」孫策的意思很明確，太史慈此行的目的，一是為了安撫和收容劉繇部眾，以擴大自己的實力；二是為了打探華歆的虛實，摸清其為政的能力和方略，以及當地人民對他的親附程度。這是他奪取豫章的第一步。兩個月後，太史慈回來報告說：「華子魚良德也，然非籌略才，無他方規，自守而已。又丹楊僮芝自擅廬陵，詐言被詔書為太守。鄱陽民帥別立宗部，阻兵守界，不受子魚所遣長吏……子魚不但不能諧廬陵、鄱陽，近自海昏有上繚壁，有五六千家相結聚作宗伍，惟輸租布於郡耳，發召一人遂不可得，子魚亦睹視之而已。」[4]孫策聽後拍掌大笑，乃有兼併之意。

劉繇既死，袁術相繼敗亡，長江中下游有實力的地方軍閥就只剩廬江太守劉勳了。如何剷除劉勳，是孫策奪取豫章郡的關鍵一步。為此，他巧設圈套：先是卑辭甘言，極力誘說劉勳攻伐上繚，並施以小恩小惠；繼而分遣堂兄孫賁、孫輔率精兵八千屯居彭澤，以切斷劉勳的退路；自己則和江夏太守周瑜統重兵二萬直搗劉勳的老巢皖城，一舉攻克之，奪得袁術、劉勳妻子及其部曲三萬餘人，一時實力大增。與此同時，他任用汝南人李術為廬江太守，給兵三千人以守皖城，並將所得之民盡皆東遷於吳（今蘇州）。劉勳至海昏、上繚奪糧，一無所獲，發現上當，然為時已晚，還軍至彭澤，孫賁、孫輔邀擊，破之。劉勳率殘部自尋陽西

4　《三國志》卷四九《吳書·太史慈傳》注引《江表傳》，第1189、1190頁。

逃，告急於劉表，求救於黃祖，黃祖遣其子射率水軍五千人助勳。孫策再攻勳，大破之。劉勳走投無路，獨與麾下數百人北投曹操。

孫策既滅劉勳，清除了奪取豫章郡前進道路上的最大障礙後，又立即實施其第三步戰略：以武力逼迫豫章太守華歆交權。華歆畢竟是個文人，雖然為政清靜不煩，很受吏民愛戴，但既無謀略，又乏兵力，孫策根本不把他放在眼裡。建安四年（199年）十二月，孫策將奪取豫章，先屯兵於椒丘（今新建縣東北）。對功曹虞翻說：「華子魚自有名字（即名氣很大），然非吾敵也；加聞其戰具甚少，若不開門讓城，金鼓一震，不得無所傷害。卿便在前具宣孤意。」虞翻遵命而行，往見華歆說：「討逆將軍[5]智略超世，用兵如神，前走劉揚州（即劉繇），君所親見；南定鄙郡（即會稽郡），亦君所聞也。今欲守孤城，自料資糧，已知不足，不早為計，悔無及矣。今大軍已次椒丘，僕便還去，明日日中迎檄不到者，與君辭矣。」[6]華歆面對威脅和恐嚇，只好知趣地回答：「歆久在江表（指長江以南地區），常欲北歸；孫會稽來，吾便去也。」[7]於是連夜發佈讓城的文告。次日清晨，派遣屬吏迎孫策入城。孫策立即率領大隊人馬浩浩蕩蕩進入南昌城，劉歆脫下官服，頭戴葛巾相迎。孫策大受感動，待之以上賓

5　曹操表薦孫策為討逆將軍，史稱孫討逆。
6　《三國志》卷五七《吳書・虞翻傳》注引《江表傳》，第1318頁。
7　《三國志》卷十三《魏書・華歆傳》注引胡沖《吳曆》，第402頁。

之禮。就這樣，孫策在前後不到一個月的時間內，迅速將豫章郡攘奪到手，成了最後的勝利者。

孫策隨即將豫章郡分出廬陵郡，以孫賁為豫章太守，以孫輔為廬陵太守。時丹楊人僮芝自署廬陵太守，孫策留孫賁領兵居南昌，令孫輔率兵直撲廬陵，以周瑜鎮守巴丘（今峽江縣）為輔聲援。恰在此時，僮芝病死，孫輔得以順利進據廬陵。

第二節 ▶ 江西境內的山越及與東吳政權的戰爭

一　江西境內山越的分布及其人口蠡測

山越，古代越人的後裔，因其大抵居於山區，故謂山越，也稱山民、山中人；其首領則稱帥、大帥或民帥。山越因常常「起為暴亂」，故往往被統治者誣為山賊、叛賊、山寇、山虜等；又因山越往往聚宗而居，結成部伍，組織武裝，以反抗封建政府的橫徵暴斂及外來勢力的壓迫，故又稱為宗部或宗伍，其首領稱為宗帥。稽諸史實，山越並非全是古代越人的後裔，其中也包括一部分居住在山區的漢人和其他少數民族。

江西本是古代「百越」和華夏族雜居之地，自古以來就是越人的主要活動地區之一。早在春秋時期，百越的一支——幹越就活動在贛東北的餘幹一帶。《太平御覽・州郡部》引韋昭《漢書》注：「幹越，今餘幹縣之別名。」清《江西一統志・地理》載：「餘幹縣，本春秋時越西界幹越地，故地在今江西餘幹縣東北。」戰國至秦漢，不少越人一直活動在江西境內。秦朝末年，番陽

（今鄱陽）令吳芮曾率越人舉兵以應諸侯。漢武帝滅閩越後，大批越人被徙居江淮間，東甌王望也率眾四萬餘人遷居廬江郡，其中又有部分越人進入江西境內。西漢時，曾發生「南海民在廬江界中反」的事件，唐長孺先生認為「南海民即越人」，並引《水經・江水注》:「豫章為廬江南部。」[8]大量事實表明，自先秦至秦漢，江西境內的越人一直比較活躍。

三國東吳時，越人的後裔「山越」廣泛散布於今安徽、浙江、江西、福建、兩廣等省境內，尤以皖南、浙西、贛北、贛東北及福建崇安、建陽等縣的山越最為集中，也最為活躍。

據《三國志・吳書》中的有關記載，江西境內山越的分布及活動情況大致如下：

鄱陽郡山越：建安八年（203 年），孫權西伐黃祖，還經豫章，鄱陽諸縣山越紛紛暴動，乃「使呂范平鄱陽，程普討樂安（今樂平），太史慈領海昏（今永修），韓當、周泰、呂蒙等為劇縣令長」[9]；同年，鄱陽宗帥洪明、洪進、苑禦、吳免、華當等五人「率各萬戶，連屯漢興」；吳五「六千戶別屯大潭」；鄒臨「六千戶別屯蓋竹」。他們率眾「同出餘汗（今餘幹）」[10]。

建安十年（205 年），上饒山越復起，孫權使將軍賀齊討之，分上饒為建平縣；二十一年（216 年）、黃武四年（225

8　唐長孺《魏晉南北朝史論叢》第 9、12 頁，生活・讀書・新知三聯書店，一九七八。

9　《三國志》卷四七《吳書・孫權傳》，第 1116 頁。

10　《三國志》卷六〇《吳書・賀齊傳》，第 1378 頁。

年），鄱陽宗帥尤突、彭綺先後「作亂」。尤突接受曹公印綬，「化民為賊」；彭綺自稱將軍，「攻沒諸縣，眾數萬人」[11]；赤烏六年（243 年），鄱陽民帥吳遽等為亂，「攻沒城郭，屬縣搖動，（陳）表便越界赴討，遽以破敗，遂降」[12]；太平二年（257 年）八月，鄱陽、新都民為亂，孫亮分遣廷尉丁密、步兵校尉鄭胄、將軍鐘離牧率眾討之。

另外，還有兩次鄱陽山越「作亂」事件，史書未載年月。一次是彭虎率眾數萬人作亂，孫權遣「董襲與淩統、步騭、蔣欽各別分討」。另一次是「鄱陽山賊蜂起，攻沒城郭，殺略長吏，處處屯聚」[13]。

豫章郡山越：主要分佈于豫章東部、南城、建昌（今奉新）、臨川等地。建安十八年（213 年），「豫章東部民彭材、李玉、王海等起為亂賊，眾萬餘人」[14]。孫權征合肥時，曾命張昭「攻破豫章賊率周鳳於南城」[15]。將軍潘璋遷豫章西安（今武寧縣）長，鄰縣建昌山越「起為賊亂，轉領建昌……討治惡民，旬月盡平」[16]。宗帥董嗣曾「負阻劫抄，豫章、臨川並受其害」[17]。

11 分見《三國志》卷六〇《吳書・賀齊傳》，第 1380 頁；同書卷四七《吳書・孫權傳》，第 1131 頁。
12 《三國志》卷五五《吳書・陳武傳子表附傳》，第 1290 頁。
13 分見《三國志》卷五五《吳書・董襲傳》，第 1291 頁；同書卷五六《吳書・朱桓傳》，第 1312 頁。
14 《三國志》卷六〇《吳書・賀齊傳》，第 1379 頁。
15 《三國志》卷五三《吳書・張昭傳》注引《吳書》，第 1221 頁。
16 《三國志》卷五五《吳書・潘璋傳》，第 1299 頁。
17 《三國志》卷六〇《吳書・周魴傳》，第 1391 頁。

海昏、上繚一帶更是山越活動的重要據點，「海昏有上繚壁，有五六千家相聚作宗伍」[18]。

盧陵郡山越：盧陵郡山越相對較少，史載該郡山越「作亂」事件也不多，且間隔時間較長，明確記載的主要有三次：建安十九年（214 年），「盧陵賊起，諸將討之不能擒……復令呂蒙討之」[19]；嘉禾三年（234 年）十一月，「盧陵賊李恒、羅厲等為亂」[20]；赤烏六年（243 年），「豫章、盧陵宿惡民並應吳遽為寇」[21]。

從上述史實可以看出，江西境內山越的分布具有如下兩個顯著特點：

其一，分布範圍廣，幾乎遍及江西全境。東吳時期，江西境內共設有豫章、鄱陽、盧陵、臨川、安成及盧陵南部都尉六郡，其中臨川、安成、盧陵南部都尉是東吳晚期分別由孫亮、孫皓分豫章、盧陵二郡設立的。孫權在位期間，只有豫章、盧陵、鄱陽三郡，其時正是孫氏政權與山越鬥爭最激烈的階段，通過一系列的征剿，大體將山越「暴亂」平息，故史書所載山越活動範圍僅上述三郡，實際上六郡之內皆有山越。史籍明確記載有山越活動的縣達十餘個，計有鄱陽、上饒、餘幹、樂安（今樂平）、尋陽、西安（今武寧）、建昌（今奉新）、海昏（今永修）、臨川、

18 《三國志》卷四九《吳書・太史慈傳》注引《江表傳》，第 1190 頁。
19 《三國志》卷五四《吳書・呂蒙傳》，第 1276 頁。
20 《三國志》卷四七《吳書・孫權傳》，第 1140 頁。
21 《三國志》卷五八《吳書・陸遜傳》，第 1352 頁。

南城、宜春等，說明這些縣內山越頗多，故史家特意點明。

其二、以鄱陽湖為中心的周圍地區，山越特別集中，呈現出贛北、贛東北山越最多，贛中次之，贛南較少的趨勢。上述列舉的十餘縣，絕大部分在鄱陽、豫章郡內。從江西境內山越的居住地來看，他們並非皆在山區，早在孫氏勢力進入江西之前，他們當中的一部分已經遷居平地，如豫章郡內的海昏縣有上繚壁，「有五六千家相聚作宗伍」。時人劉曄說：「上繚雖小，城堅池深，攻難守易。」這座帶有軍事性質的塢壁既然有城有池，而且聚集著五六千家，必定是建立在平地之上的。鄱陽湖四周多為沖積平原，這一帶山越最多，其中必有相當部分早已居於平地。

江西境內山越究竟有多少人戶，由於有明確數位記載的史料極少，故很難作出準確統計，只能根據有關史料進行大致推算。

在現有史料中，數字較為具體、清晰的僅兩條：《三國志・吳書・孫策傳》：「時豫章上繚宗民萬餘家在江東。」我們暫以一萬家計；《三國志・吳書・賀齊傳》：建安八年（203 年），「賊洪明、洪進、苑禦、吳免、華當等五人率各萬戶，連屯漢興，吳五六千戶別屯大潭，鄒臨六千戶別屯蓋竹，同出餘汗（今餘幹）。」洪明等人因不堪孫權的征剿，他們「同出餘汗」，率領大批宗民跑到了毗鄰的閩北山區，分別屯聚於漢興、大潭、蓋竹三地。毫無疑問，這批人應該是鄱陽山越，而不是福建境內山越，否則，「同出餘汗」一語便無法理解。這是江西境內山越發動的一次最大規模的「暴亂」，共達六二〇〇〇戶。

洪明等人所率鄱陽宗民，加上豫章上繚宗民，總數在七二〇〇〇戶以上。東漢時，江西僅設有豫章一郡，據《後漢書・郡國志》載，時豫章郡有戶四〇六四九六，口一六六八九六〇，平均每戶約四點一人，按此折算，上述兩處山越總口數接近三十萬人。

另外，還有部分史料數位比較模糊，現引錄於後，並作簡要分析。

《三國志・吳書・董襲傳》：「鄱陽賊彭虎等數萬人，襲與淩統、步騭、蔣欽各別分討。」數萬人是約數，我們暫以三萬人估算，當不為高。

《三國志・吳書・賀齊傳》：建安十八年（213 年），「豫章東部民彭材、李玉、王海等起為亂賊，眾萬餘人。」此處暫以一萬人計算。

同傳載：建安二十一年（216 年），鄱陽民尤突等為亂，賀齊與陸遜討破之，「斬首五千，料得精兵八千人。」這裡只講斬首和挑選出的精兵人數，當然不包括參加作亂的其他宗民。東吳對待山越的一貫政策是「強者為兵，羸者補戶」，其他宗民應大多成為編戶齊民。我們對參加此次作亂的宗民人數粗略估計，僅按一三〇〇〇計。

《三國志・吳書・孫權傳》：黃武四年（225 年），「鄱陽賊彭綺自稱將軍……眾數萬人。」這裡也按三萬人估算。

《三國志・吳書・潘璋傳》：潘璋討平建昌宗民，「召合遺散，得八百人將還建鄴。」此「八百人」應是挑選出的精兵，所以被帶回建鄴。此處暫按八百人計。

《三國志・吳書・陸遜傳》：陸遜討平豫章、廬陵，「宿惡民……料得精兵八千人。」此處按八千人計。

《三國志・吳書・孫休傳》：永安七年（264 年），「豫章民張節等為亂，眾萬餘人。」此處按一萬人計。

上述部分史料，如按直觀數字統計，人數也在十萬以上，以每戶四人折算，合二五〇〇〇戶。連同洪明等人所率鄱陽山越及豫章上繚宗民在內，其時江西境內山越總戶數接近十萬，口數約四十萬，相當於江西全部人戶的四分之一。這是最低的估算，山越的實際人戶當不止此數。

這裡需要說明的是，當時「作亂」的鄱陽山越居多，其大規模「作亂」的間隔時間不很長，有些「暴亂」很可能發生在同一地區，如彭姓宗帥發動的三次「作亂」事件（其中彭旦「作亂」無人數記載）大致屬此類型。因此，統計人數時難免有所重複。不過，本文只根據直觀數位予以統計，那些「補戶」的山民人數因史書缺載而未能計算在內。而且還有許多次山越「作亂」事件，史籍完全沒有數位記載，如《三國志・吳書・朱桓傳》載：「後丹楊、鄱陽山賊峰起……桓督領諸將，周旋赴討，應皆平定。」這樣大規模的反抗，人數肯定不少。如將上述兩種情況加以抵銷，本文的統計數字就比較接近實際。儘管這種估算不很準確，但不無參考價值。

二　山越與東吳政權的長期戰爭

孫氏佔領江西後，四處搜括勞動人手和兵員，徵收賦稅，徵發徭役，擾亂了境內廣大山越人民安定寧靜的生活，遭到他們頑強激烈的反抗，雙方因此而進行了長期的戰爭。

東吳政權視山越人民的反抗鬥爭為「暴亂」、「作亂」。為了對付山越，孫權傾其全力，先後調遣周瑜、呂范、程普、太史慈、黃蓋、韓當、周泰、呂蒙等幾乎所有心腹愛將，對江西境內的各地山越進行大規模的征討。自孫策奪取豫章郡後不久，山越的「作亂」事件便接二連三地發生。現按時間順序，將山越的「作亂」事件羅列於下：

建安五年（200 年），孫策卒，孫權繼立。「是時惟有會稽、吳郡、丹楊、豫章、廬陵，然深險之地猶未盡從……（權）分部諸將，鎮撫山越，討不從命。」[22]

建安八年（203 年），鄱陽各縣山越首先紛紛暴動。孫權使呂范平鄱陽，程普討樂安（今樂平），太史慈領海昏（今永修），韓當、周泰、呂蒙分別出任政務繁重難治的縣令、縣長，以鎮撫各縣山越[23]。

同年，鄱陽山越因不堪孫權的征討，宗帥洪明、洪進、苑禦、吳免、華當等五人各率萬戶，吳五、鄒臨各率六千戶，同出餘幹，分別屯於閩北山區的漢興、大潭、蓋竹等地。

建安十年（205 年），上饒山越復起，孫權使賀齊討之。

建安十八年（213 年），豫章東部山越彭材、李玉、王海等「起為亂賊」，眾萬餘人。

建安十九年（214 年），孫權征合肥，命張昭攻破豫章賊帥周鳳於南城。同年，廬陵山越作亂，諸將討擊不能擒，復令呂蒙

22　《三國志》卷四七《吳書・孫權傳》，第 1115-1116 頁。
23　本目所用史料及出處均見本節上一目，這裡不再一一註明。

討之。

建安二十一年（216 年），鄱陽宗帥尤突接受曹公印綬，「化民為賊」。

黃武四年（225 年）十二月，鄱陽宗帥彭綺自稱將軍，攻沒郡縣，眾數萬人。黃武六年正月，彭綺被俘，起兵失敗。

嘉禾三年（234 年）十一月，廬陵山越李恒、羅厲等為亂。

赤烏六年（243 年），鄱陽民帥吳遽等攻沒城廓，屬縣震動。同年，豫章、廬陵宿惡民回應吳遽作亂。此所謂「宿惡民」，即經常反抗東吳政權的山越人。

太平二年（257 年）八月，鄱陽、新都民為亂，孫亮分遣廷尉丁密、步兵校尉鄧胄、將軍鐘離牧率軍討之。

永安七年（264 年），豫章宗帥張節率眾數萬人作亂。

以上僅是有明確時間記載的山越反抗事件，而無時間記載的還有若干例子，如宗室孫鄰做過近二十年的豫章太守，曾對當地山越進行過長期的征討，史稱他「在郡垂二十年，討平叛賊，政績修理」[24]。何時「討平叛賊」，並不明晰。鄱陽宗帥彭虎曾率眾數萬人為亂，也不知發生於何時。《三國志・吳書・朱桓傳》載：「後丹楊、鄱陽山賊蜂起，攻沒城廓，殺略長吏，處處屯聚。桓督領諸將，周旋赴討，應皆平定。」這是鄱陽山越發動的一次範圍廣泛、聲勢浩大的反抗鬥爭，也沒有交待具體時間。特別是山越比較集中的海昏、上繚等地，自漢末以來，曾發生過多

24 《三國志》卷五一《吳書・宗室孫賁傳子鄰附傳》，第 1210 頁。

次大規模反抗外來軍閥的鬥爭，均無時間記載。

綜上所述，可以看出江西境內山越對東吳政權的反抗鬥爭具有如下特點：

一是時間長，次數多。自建安五年（200 年）孫權繼立後，山越人民便開始了對東吳政權的鬥爭，直至永安七年（264 年），鬥爭才基本告一段落，前後延續了半個多世紀之久。見諸史籍的「暴亂」事件，僅有明確時間記載的就達十三次之多，如加上時間不明的，總計應在二十次以上，差不多平均每三年就要發生一次大的反抗鬥爭，可謂此起彼伏。江西古代勞動人民素有反抗封建統治的優良傳統，但如此頻繁激烈的反抗鬥爭，在江西古代史上是極為罕見的。

二是範圍廣，規模大。山越人民的反抗鬥爭波及鄱陽、尋陽、餘幹、樂安（今樂平）、上饒、西安（今武寧）、建昌（今奉新）、海昏（今永修）、臨川、南城、宜春等十餘縣，遍布贛北、贛東北、贛中廣大地區，參與反抗鬥爭的人戶動則上萬人、數萬人，甚至數萬家，累計人數竟達三四十萬之眾，數目驚人。可以說，當時凡有山越人聚居的地區，就有山越人民的反抗鬥爭。

三是鬥爭的頻率呈逐步下降的趨勢。孫氏統治初期，由於孫氏勢力突然進入江西地區和對江西各地的逐步滲入，山越人民的平靜生活一下被打破，具有反抗外來勢力固有傳統的山越人，一時難以適應新的生存環境，更不滿意孫氏政權對賦稅徭役的徵斂，遂群起而抗爭，鬥爭至為激烈。二〇三至二〇五年間，鄱陽諸縣山越紛紛暴動，每年都有一次甚至幾次大規模的暴動事件，形成了所謂「山賊蜂起」的局面。隨著孫氏政權對山越征剿力度的加大，山越人民被一批一批地徙居平地，開始逐步適應新的生存環境，其反抗鬥爭的頻率也隨之逐年下降，暴動的時間往往相隔數年甚至十幾年。東吳中晚期，暴動次數明顯減少，相隔時間大都在十年以上，如赤烏六年（243 年）鄱陽民帥吳遽「為亂」，至太平二年（257 年）八月，鄱陽、新都民「為亂」，兩者相隔十四年之久。永安七年（264 年），豫章宗帥張節率領數萬山越發動了最後一次大規模的反抗鬥爭，距上次鬥爭也有七年之久。這一趨勢與東吳整個全國的形勢關係密切。吳嘉禾三年（234 年）八月，吳將諸葛恪領丹楊（今安徽當塗東北）太守，動員了周圍吳郡、會稽、新都、鄱陽四郡的兵力，對丹楊山越發動了一次最大規模的進攻，經三年的戰爭，最後迫使十多萬山越人出山，從中挑選四萬人為兵，其餘徙遷外縣，令居平地，成為郡縣編戶齊民。在東吳的全面進攻下，山越大規模的反抗被基本平息。而鄱陽與丹楊毗鄰，丹楊是皖南山越最集中的地區，丹楊山越被平息，無疑是對鄱陽山越的沉重一擊。此後，江西境內山越「作亂」事件顯著減少，應與此密切相關。

東吳對山越的長期用兵，以武力迫使山越人民出山，不僅破壞了他們的平靜生活，也加重了他們的負擔；在長期的戰爭中，山越人民付出了沉重的代價，這對他們來說無疑是個痛苦的過程。但在客觀上又促進了山越地區的開發，加速了山越人民經濟文化的發展，有利於山越和南方各民族的融合，推動了社會的進步。

三　山越人民對江西經濟文化發展的貢獻

東吳時期，江西境內的山越如此之多，實際上已成為一支僅次於漢族的勞動大軍，他們世世代代在這塊美麗富饒的土地上生息繁衍，為開發和建設自己的家園而披荊斬棘，辛勤耕耘。由於和漢族人民長期雜居，頻繁交往，在漢族先進經濟文化的影響下，他們已與漢族沒有多大差別，其生產水準已大體接近漢族。其時，江西社會得到較快的開發，經濟得到一定的發展，因此不能低估山越人民的作用及其作出的特殊貢獻。

鄱陽湖——贛江流域雨量充沛，土地肥沃，物產豐富。得天獨厚的優越條件，加之山越人民的勤奮經營，同漢族一樣，他們當中也產生了一批大族地主，這是江西經濟、社會有了較大發展的重要表現之一。孫權曾稱鄱陽山越宗帥為「舊族名帥」，說明他們是很有影響的大地主豪強。吳大將太史慈則說：「鄱陽民帥別立宗部，阻兵守界，不受……長吏。」[25]這與曹魏大將鄧艾所說「吳名宗大族，皆有部曲，阻兵仗勢，足以建命」[26]的情況沒有多大區別。事實上，當時舉兵與孫氏相抗的鄱陽宗帥彭綺、彭虎、洪明、洪進、尤突、吳遽諸人及豫章宗帥彭材、李玉、王海、張節等都是典型的大地主豪強，他們控制的宗民大都在數萬以上，也必然佔有大量的良田沃土，正如唐長孺先生所說：「大族之所以著稱，不僅僅由於族大人多，更重要的是他們在經濟上

25　《三國志》卷四九《吳書・太史慈傳》注引江表傳，第 1190 頁。
26　《三國志》卷二八《魏書・鄧艾傳》，第 777 頁。

獲得特殊利益，即是廣大土地與勞動力的佔有者，從而形成政治上的優勢。」[27]此等山越舊族實際上就是會稽的虞、魏、孔、賀四姓及吳郡的朱、張、顧、陸四姓那樣的豪強大地主，所不同的僅僅在於他們不是孫氏集團中的宗族聯盟成員，而是被征討的對象，政治上無地位可言。山越中大批地主豪強的湧現，反映了當地經濟開發的程度和生產的發展。

為了保護自身的利益不受侵犯，宗帥們部勒宗民，組織武裝，據守險阻，到處營建塢壁、屯邸之類的軍事據點，既用於軍事防禦，也用於組織生產。海昏縣內的上繚壁「城堅池深」，「有五、六千家相聚作宗伍」，就是一座典型的塢堡。鄱陽大帥彭綺曾建有彭綺城[28]，大概也是一座類似上繚壁的塢堡。其他山越大帥也都有各自的軍事據點，所謂「鄱陽山賊蜂起，處處屯聚」，說的就是這種情況。此處所說的「屯」即「屯邸」，既然「處處屯聚」，則說明屯邸之多。如同當時遍及北方各地的塢堡、營壘一樣，山越宗帥所立的塢壁、屯邸同樣具有軍事防禦和組織生產的雙重職能，被迫投依他們的宗民在嚴格的軍事編制下，既是佃客，又是兵士，平時生產，戰時出征，從而形成自給自足的「塢壁經濟」。一些學者稱這種塢壁經濟為地主大田莊的經營形式，具有「在建築形式上的塢壁化，生產組織形式的軍事化，以及利

27 唐長孺《魏晉南北朝史論叢》第 12 頁，生活・讀書・新知三聯書店，一九七八。

28 清・同治《饒州府志》。

用宗族血緣關係掩蓋階級剝削等特徵」[29]。此說不無道理。東晉人葛洪《抱朴子・吳失篇》記載說：東吳大族「僮僕成軍，閉門為市，牛羊掩原隰，田池布千里」。這裡所說雖主要是指吳郡、會稽的地主大田莊經濟，但並不排除江西境內也有地主大田莊的客觀事實。海昏上繚壁是一座典型的塢堡，也是一個地主大田莊。彭綺、彭虎等舊族名帥擁有自己的田莊經濟，也應無可懷疑，規模雖不一定有吳郡、會稽的地主田莊大，但從他們控制的宗民人數來看，也較為可觀。

東吳時，南方社會經濟有了長足的進步，江西地區是孫氏致力經營的重要目標，同樣得到較大的發展。至南朝劉宋時，鄱陽、豫章等郡均成為較富庶的地區，「嘉蔬精稻，擅味於八方……沃野墾闢，家給人足，蓄藏無缺」[30]。這一情況的出現，離不開漢末東吳以來奠定的厚實基礎。山越舊族名帥經營的塢壁化田莊，客觀上有利於當地經濟的發展，特別是對山區的開發起了重要的作用，從而加速了整個江西地區經濟發展的步伐。鄱陽湖——贛江中下游是江西境內開發最早、也是最富庶的地區，而這一帶恰恰是山越最集中的地方，我們不能將此看成歷史的巧合，而是漢族人民和山越等各族人民世世代代攜手並進、共同開發的結果。

29　高敏《秦漢魏晉南北朝土地制度研究》，第 181 頁，中州古籍出版社，一九八六。

30　樂史《太平寰宇記》卷一〇六・洪州條引《豫章記》。

孫吳在江西境內新增設的郡縣，也大部分是在平定當地山越前後設置的。建安四年（199 年），孫策討平海昏、上繚等地山越，平定廬陵僮芝，遂分豫章為廬陵郡。建安八年，孫權對豫章郡內山越大加征討；建安十年，又使賀齊討上饒。經數年的大規模用兵，佔據了山越的不少地盤，遂於建安十五年（210 年）分豫章為鄱陽郡。爾後，孫權又相繼討平了豫章東部宗帥彭材、李玉、王海及董嗣等，至太平二年（257 年），孫亮乃分豫章東部為臨川郡。孫皓寶鼎二年（267 年），分豫章、廬陵、長沙為安成郡。《三國志・吳書・孫皓傳》注引皓詔曰：「立郡以鎮山越。」可見安成郡是為了平定山越而特別設立的。西漢時，江西全境僅豫章一郡，轄縣二十一，東漢末增至二十五，東吳時擴大到六郡五十八縣。行政建制的巨大變化，根本原因是人口增加、土地得到大面積開發的結果，但也不能忽視山越人民大批出山，從而成為郡縣編戶齊民的事實。如建安十八年，孫權使賀齊討平豫章東部宗帥彭材等人後，「誅其首惡，餘皆降服。揀其精健為兵，次為縣戶」[31]。嘉禾四年（235 年），遣呂岱討平廬陵宗帥李恒、路合等人後，孫權下詔曰：「又得惡民以供賦役」云云。這些事實正反映了上述情況。大批山越人民被迫出山，又必然為新地區的開發作出貢獻。

山越人民在政府的組織下，興修水利，參加屯田，墾闢荒地，發展生產，這是他們為開發江西經濟而作出貢獻的又一重要

31 《三國志》卷六〇《吳書・賀齊傳》，第 1379 頁。

表現。東吳為保持鼎足而立的形勢和長期戰爭的需要，自孫策立國始，在長江沿岸及山越人集中地帶廣興屯田，大修水利，積極發展農業生產。其屯田的勞動力來源主要有二：一是南渡的北方流民，二是被征服的山越人。豫章、鄱陽作為山越的聚居之地，遂成為東吳屯田的重要區域之一，其屯田規模雖然遠沒有廬江（今安徽潛山縣）、毗陵（今江蘇武進縣）那樣大，但也不可忽視。《三國志・吳書・太史慈傳》載：「策於是分海昏、建昌左右六縣，以慈為建昌都尉，治海昏。」都尉是屯田都尉的簡稱，乃縣級屯田農官。據此可知，孫氏在今江西永修、奉新一帶六縣曾實行過一定規模的屯田，屯田的主要勞動力顯然是剛被征服的海昏各縣的山越人。《水經・贛水注》云：「又富水左右，公私裂溉，咸成沃壤，舊吳屯所在。」富水乃富城縣之河流，吳時富城縣，晉武帝太康元年（280 年）更名豐城縣。由此可證，東吳在今江西豐城市興修了許多水利工程，公私受灌溉之利，致使富水兩岸皆變為良田，其屯田規模也不算小。豐城市位於豫章郡東部，是山越活躍的地區之一，山越人參加屯田必無疑問。今江西九江市一帶屯田更多，孫權曾「別賜（呂蒙）尋陽（今九江市西）屯田六百人」[32]，諸葛恪曾屯田於柴桑（今九江市西南）[33]。鄱陽郡乃「山賊蜂起」之地，東吳用兵最勤，先後討平了彭綺、彭旦、彭虎、尤突、吳遽等舊族名帥，在被征服的大批山越人中，

32 《三國志》卷五四《吳書・呂蒙傳》，第 1276 頁。

33 《三國志》卷六四《吳書・諸葛恪傳》，第 1432 頁。

有相當部分用於屯田更在情理之中。大規模屯田的結果，使土地得到大面積開發，許多荒地被辟為良田，加之水利的興修，水稻種植的推廣，大大地推動了農業的進步和經濟的發展，山越人民對此作出的特殊貢獻是不言而喻的。

此外，山越人民在農作物種植、手工業生產諸方面也作出了應有的成績。同漢族一樣，江西境內的古代越人有著種稻的悠久歷史，至西漢時已發展到一定的水準，所謂「越人欲為變，必先田餘幹」就是生動的說明。山越繼承先民的優良傳統，又將水稻生產推進了一大步。海昏、上繚山越就種植了不少水稻，產量也不低，否則，豫章太守華歆就不會下令使諸宗帥一次出米三萬斛。除交納糧食外，上繚山越還要每年「輸租布於郡」[34]，說明紡紗織布是他們重要的家庭手工業。至於布的種類及工藝水準如何，史載不詳。不過，我們可以通過其他材料予以推知。一九七九年，江西省博物館對貴溪境內的春秋末至戰國時期的越人崖墓進行了清理發掘，出土了許多紡織品，包括「麻布、土黃布、絹和印花織物等。根據上海紡織科學院鑒定，麻的品種主要是江西地區盛產的大麻和苧麻，絹的原料是山越家蠶絲，印花織物是目前我國已發現的最早的雙面印花苧麻織物」。「印花的程式大致是經過煮煉、染色之後，即行整理熨平、再鋪貼於平滑堅實又略有彈性的墊板上，然後用型板印花」[35]。兩千多年前的江西境內

34　《三國志》卷四九《吳書・太史慈傳》注引《江表傳》，第1190頁。
35　劉詩中《貴溪崖墓所反映的武夷山地區古越族的族屬及文化特徵》，

古越人尚且有如此高超的織造技術，其後裔山越只會大大超過前人，而絕不會在此水準之下。再者，封建國家向農民徵收租調，一般都是上乘之物，上繚山越每年向官府交納租布，其產量和品質應該都是較高的。

有關山越人民的冶鑄技術，我們也只能從極少的史料中尋找蛛絲馬跡。《三國志・吳書・諸葛恪傳》載：「丹楊地勢險阻，與吳郡、會稽、新都、鄱陽四郡鄰接，周旋數千里，山谷萬重……山出銅鐵，自鑄甲兵。」這「周旋數千里」的地方便包括今江西上饒、德興等縣在內。所謂「山出銅鐵，自鑄甲兵」，就是山越人自己開採銅鐵礦，加工冶煉，鑄造各種武器。贛東北的餘幹曾是古代幹越人的活動據點，其所屬的德興一帶，自古以來就是中國著名的銅礦產區，早在戰國時期，幹越人鑄造的青銅劍以其鋒利無比而聞名於世。鄱陽山越繼承先民遺業，開採銅鐵，自鑄甲兵也就毫不足奇。他們頻繁發動「暴亂」，動則數萬人，需製大量兵器，如果沒有發達的礦冶業和一定的鑄造技術，則是難以想像的。

由於舊史對山越的經濟文化狀況與社會生活記載極少，研究起來頗為困難，其他方面的情況，這裡就難以備敘了。

江西境內山越在漢末三國的歷史舞臺上活躍了近一個世紀之後，如同其他地區的山越一樣，基本融合於漢族之中，或改變名稱而成為新的民族，如現在的佘族、瑤族等南方少數民族即由山

載《文物》一九八〇年第11期。

越演變而來。晉代以後的文獻資料雖偶爾還有會稽、浙東、嶺南等地山越的零星記載，但卻再也見不到山越在江西境內活動的痕跡。山越的名稱基本消失了，但山越人民作出的特殊貢獻卻永垂史冊。六朝時期，江西地區得到較大程度的開發，社會經濟的各個方面均有很大的進步，從而進入嶄新的發展階段，其中滲透著數十萬山越人民辛勤勞動的汗水。

綜上所述，孫吳時期江西境內的山越遍布各地，是一支僅次於漢族的勞動和建設大軍，其總戶數接近十萬，總人數約四十萬。他們在宗帥的部勒下辛勤耕耘，建造家園；在政府的組織下，參加屯田，興修水利，發展生產。遷居平地後，又為新地區的開發作出了貢獻。無論在農業、手工業諸方面，他們都做出了應有的成績。山越人民的歷史作用不能低估，其特殊貢獻不可磨滅，應該在江西古代史上寫下應有的光輝一頁。

第三節 ▶ 東吳對江西地區的治理與開發

一　郡縣的建置

孫氏佔領江西後，加強了對山越人民的鎮壓，以鞏固其在江西境內的統治。同時，隨著山越的大批出山，人口的增殖，生產的發展，加強對江西地區的治理就勢在必行，建立完備的行政管理體系就顯得十分必要。自一九九年孫策奪取豫章始，孫氏政權陸續增設新的郡縣，至東吳晚期，江西全境郡縣由東漢末的一郡二十五縣增至六郡五十八縣。具體情況如下：

豫章郡，漢舊郡，治南昌。下轄十七縣：南昌、海昏（今永修）、新淦（今樟樹）、建城（今高安）、上蔡（今上高）、永脩、建昌（今永修西南）、吳平（今新余市東北）、西安（今武甯）、彭澤、艾縣（今修水縣西）、宜豐、陽樂、富城（今豐城）、新吳（今奉新）、鐘陵（今進賢）、豫章東部。其中吳平、西安、陽樂、富城、豫章東部等五縣為吳新立縣，餘為漢舊縣。

鄱陽郡，建安十五年（210 年），孫權分豫章郡立，治鄱陽。下轄九縣：鄱陽、廣昌、樂安（今樂平）、餘汗（今餘幹）、梟陽（今都昌東南）、曆陵（今德安東）、葛陽（今弋陽）、上饒、建平（今上饒境內）。其中廣昌、樂安、葛陽、上饒、建平五縣為吳新立縣，餘為漢舊縣。

廬陵郡，治高昌（今泰和西北）。下轄十縣：西昌（今泰和）、高昌、石陽（今吉水縣北）、巴丘（今峽江）、南野（今南康縣西南章江南岸）、東昌（即永和，今吉安縣地）、新興（今遂川）、吉陽（今吉水縣東）、興平（今永豐縣東北）、陽城。其中除石陽、南野為漢舊縣外，其餘八縣均為吳時新立。

關於廬陵郡建置的時間問題，其說不一。一說是初平二年（191 年）立。《水經注》卷三九《贛水》條：「又東北過石陽縣西。漢和帝永平九年，分廬陵立。漢獻帝初平二年，長沙桓王（孫策）立廬陵郡，治此。」《水經注》雖是一部古代地理名著，但酈道元一生未曾到過南方，其所記南方水道多紕誤，故此說未必可信。二說是興平元年（194 年）立。沈約《宋書》卷三六《州郡二》載：「廬陵太守，廬陵本縣名，屬豫章，漢獻帝興平元年，孫策分豫章立。」唐人撰《晉書》因襲此說，該書卷一五

《地理下》稱：「獻帝興平中，孫策分豫章立廬陵郡。」興平共兩年，但不知係於何年。三說是興平二年（195 年）孫策分豫章郡立。《太平寰宇記》卷一〇八《虔州》條：「東漢興平二年，分豫章置廬陵郡，而贛縣屬焉。」四說是建安四年（199 年）立。稽考史籍，此說較為可信。據《三國志・吳書・孫破虜傳》載，是年孫策奪取豫章，即「以孫賁為豫章太守，分豫章為廬陵郡，以賁弟輔為廬陵太守」。同書《周瑜傳》也載：建安四年，隨孫策「還定豫章、廬陵，留鎮巴丘。」《資治通鑒》卷六三記載尤明：建安四年，「策分豫章為廬陵郡，以孫賁為豫章太守，孫輔為廬陵太守。會僮芝病，輔遂進取廬陵。」

臨川郡，太平二年（257 年）孫亮分豫章東部都尉立，治南城（今南城縣東南）。下轄十縣：臨汝（今撫州市西）、南城、西平、東興（今黎川縣境內）、南豐、永城（今黎川縣境內）、宜黃、安浦（今樂安縣南）、西城、新建。其中除臨汝、南城為漢舊縣外，其餘八縣皆為吳時新立。

安成郡，孫皓寶鼎二年（267 年）分豫章、廬陵、長沙三郡立，治平都（今安福東南）。下轄六縣：平都、宜春、新喻（今新餘市）、永興、安成（今安福）、萍鄉。其中平都、宜春、安成三縣為漢舊縣，新喻、永興、萍鄉三縣為吳新立縣。

廬陵南部都尉，嘉禾五年（236 年）孫權立（一說孫皓立），治雩都。下轄六縣：雩都（今於都）、贛縣、揚都（今寧都）、平陽、安南（今南康）、揭陽。其中雩都、贛縣為漢舊縣，其餘四縣為吳新立縣。這一由都尉治理的地區，西晉滅吳後的第三年，即晉武帝太康三年（282 年）改為南康郡。

赤壁戰後的第二年，即建安十四年（209 年）十二月，孫權曾一度設立彭澤郡，以裨將軍呂范領彭澤太守，下轄彭澤、柴桑、曆陵[36]三縣，以加強對這一戰略要地的控制，但不久即廢。

郡縣數量的迅速增加和行政建置的初步完備，是東吳政權加強對江西地區治理和開發的重要表現，奠定了江西行政區劃的基本格局。自此，江西由原來一個政治、經濟、文化中心區變成了六個政治、經濟、文化中心區，有利於江西社會的開發和經濟的發展，不過豫章郡在六郡中仍保持著頭等重要的地位。這時，豫章等六郡仍屬揚州，江西還不是直屬於中央的州級獨立行政單位。

二　江西地區的重要戰略地位

江西地處長江中游腹心地帶，東連吳會，西接荊楚，北近豫州，襟江帶湖，境內贛江、撫河、信河、昌河、修水、錦江、袁河等河流縱橫其間，港灣河汊繁密如網，湖澤池沼星羅棋布，物產豐富，交通便利。如果說，在秦漢大統一的歷史條件下，江西的戰略地位尚不足以顯示其重要性，那麼，在長期分裂割據的魏晉南北朝時期，對於地處長江以南的六朝政權來說，其重要的戰略地位便日益凸顯出來。

東吳據有江東，長期與曹魏、蜀漢形成了南北分立、東西對

36　曆陵：《三國志・吳書・呂範傳》作「曆陽」，《三國志集解・呂範傳》作「曆陵」為是。

峙，即所謂三國鼎立的政治格局。在這一政治局面下，江西的戰略地位顯得極為重要。孫氏勢力是以吳（今蘇州）會（即會稽郡，今浙江紹興）為根基逐步發展起來的，孫策佔領吳會後，第一個奪取的重要戰略目標便是豫章郡。為此，孫策費盡心機，先後擊滅了廬江太守劉勳，趕走了豫章太守華歆，於建安四年（199 年）將豫章郡爭奪到手。從此，江西地區既成為東吳政權向西開疆拓土的前進基地，又是其東部都城建鄴的牢固後院。

孫策、孫權相繼連年西攻黃祖、擊劉表，以圖奪取荊州，皆以豫章為基地。為了鞏固這一基地，以防劉表勢力的滲入，孫策曾派太史慈等大將駐兵海昏，加強防禦。《三國志・吳書・太史慈傳》稱：「劉表從子盤，驍勇，數為寇於艾（今修水縣西）、西安（今武寧縣西）諸縣。策於是分海昏、建昌左右六縣，以慈為建昌都尉，治海昏，並督諸將討盤。盤絕跡不復為寇。」孫權則派出大批將領和軍隊，連年對江西境內的山越進行大規模的征剿，以穩定當地的社會秩序。經過近十年的征戰，建安十三年（208 年）春，孫權使呂蒙擒殺黃祖，消滅了劉表的有生力量，離奪取荊州僅一步之遙。同年十月，曹操率大軍南下，劉表次子劉琮束手投降，荊州首先成了曹操的囊中之物；隨後赤壁之戰發生，孫、劉聯軍以少勝多，大敗曹軍，曹操得荊州而複失，荊州旋被孫權、劉備瓜分。建安十五年（210 年），劉備親自東下，向孫權提出「都督荊州」，其用意是要把東吳佔領的荊州數郡劃歸自己管轄。孫權採納了魯肅的建議，將荊州借與劉備，以共拒曹操，這在事實上等於承認劉備對荊州的全部佔有。劉備獨佔荊州後，長期借而不還，由此雙方展開了激烈的爭奪。

為了奪回荊州，孫權仍以江西地區為基地，一步步實施自己的計畫。建安二十二年（215 年）五月，孫權令駐兵尋陽的呂蒙率兵兩萬直趨長沙、零陵、桂陽（今湖南郴州）三郡。呂蒙移書長沙、桂陽，二郡皆望風歸服，零陵太守郝普也隨之出降。這時，劉備聞知曹操將攻漢中，害怕丟失益州，遂遣使向孫權求和。於是雙方重新中分荊州，約定以湘水為界：長沙、江夏、桂陽以東屬孫權，南郡、零陵、武陵以西屬劉備。建安二十四年（219 年），呂蒙「白衣渡江」，襲奪荊州，再次從尋陽發兵。史稱：「蒙至尋陽，盡伏其精兵𦨴𦪇中，使白衣搖櫓，作商賈人服，晝夜兼程，至羽所置江邊屯候，盡收縛之，是故羽不聞知。遂到南郡，士仁、糜芳皆降。蒙入據城，盡得羽及將士家屬，皆撫慰。」正在此時，孫權也從尋陽趕來，關羽自知孤立無援，走入窮途末路，乃敗走麥城，手下將士皆棄關羽而降。「孫權使朱然、潘璋斷其徑路，即父子俱獲，荊州遂定」[37]。

孫權擒殺關羽，獨得荊州後，曾拜周泰為漢中太守，試圖取巴蜀，並漢中，雖主要立足於荊州，但仍然置豫章、鄱陽等郡於重要地位。黃龍元年（229 年），孫權東遷建鄴，留太子、皇子及尚書九官於武昌，乃征上大將軍陸遜輔佐太子，「並掌荊州及豫章三郡事，董督軍國」。對此，胡三省解釋說：「三郡，豫章、鄱陽、廬陵也。三郡本屬揚州，而地接荊州，又有山越，易相扇

37 《三國志》卷五四《吳書・呂蒙傳》，第 1279 頁。

動，故使遜兼掌之。」[38]可見孫權對江西地區重要戰略地位的一貫重視程度。

與此同時，江西地區還是東吳西部都城武昌的重要糧食供應地。魏黃初二年（221 年），孫權自公安都鄂，改名武昌；吳黃龍元年（229 年），孫權稱帝於武昌，次年九月，遷都建鄴；甘露元年（265 年），孫皓又一度徙都武昌，一年後遷回建鄴。東吳政權前後都武昌九年，而糧食多依賴下游供給。《三國志・吳書・陸凱傳》說：「皓徙都武昌，揚土百姓溯流供給，以為患苦。」孫皓時，武昌乏糧；孫權時，情況當無例外。時江西屬揚州，又緊鄰武昌，且多糧米，必然是武昌用糧的重要供應地。武昌為何乏糧？陸凱指出：「武昌土地，實險而瘠確。」說的是武昌所處地勢險要，但土地貧瘠，它適合用作軍事重地，卻不適合作王都而安國養民。故當時童謠曰：「甯飲建鄴水，不食武昌魚；寧還建鄴死，不止武昌居。」

贛北的尋陽、柴桑等地又是孫氏政權訓練水師的理想場所和駐兵要地。東吳為防蜀抗魏，以保持鼎足而立的地位，主要從兩方面發揮自己的水上優勢：一是憑依長江天險，以此作為重要的軍事屏障；二是多造船艦，大興水師，立足於水戰，即所謂「以江漢為池，舟楫為用」。孫權與蜀漢使臣鄧芝論吳、蜀地理形勢時說：「蜀有重險之固，吳有三江之阻，合此二長，共為唇齒，

38　《資治通鑒》卷七一・魏明帝太和三年（229），第 2256 頁。

進可併兼天下，退可鼎足而立，此理之自然也。」[39]陸機《辨亡論》也說：吳「東負滄海，西阻險塞，長江制其區宇，峻山帶其封域，國家之利未見有弘於茲者。」可見，長江對於東吳政權之重要性非同小可。為了鞏固天然屏障，孫權在長江沿線派遣謀臣猛將，部署重兵，控遏江陵、武昌、尋陽、柴桑、濡須等軍事重鎮。尋陽、柴桑濱江面湖，既是訓練水師的理想場所，又是駐兵重地。赤壁戰前，大都督周瑜駐兵鄱陽，曾在宮亭湖（因湖旁廬山下有宮亭廟而得名，後專指今星子縣東南至南昌境的鄱陽湖的一部分）大練水軍。赤壁之戰中，孫、劉聯軍的主力就是由周瑜、黃蓋率領的三萬精銳水師，由於指揮得當，終能出奇制勝，以少勝多，大敗曹軍，立下赫赫戰功。赤壁戰後，呂蒙拜偏將軍，領尋陽令，孫權又以尋陽、陽城兩縣為其奉邑，尋陽遂成為呂蒙的長年駐兵重地；呂蒙與關羽激烈爭奪荊州，先後兩次皆從尋陽發兵。建安二十二年（217 年），魯肅卒，呂蒙代肅領兵，西屯陸口（又名蒲圻口，今湖北嘉魚縣西南，陸水入長江處），這才離開駐兵近十年的尋陽。

與尋陽毗鄰的柴桑（今九江市西南八至十千米處），尤為東吳屯兵重地。建安十三年（208 年），曹操率大軍席捲而南，直指荊州，自江陵沿江東下，孫、劉危急，諸葛亮見孫權於柴桑，共商拒敵大計。孫權既在柴桑，說明東吳在柴桑屯有重兵，孫權初統事，即以徐盛為別部司馬，「授兵五百人，守柴桑長，拒黃

39　《資治通鑒》卷七〇．魏文帝黃初四年（223），第 2217 頁。

祖」[40]。建安十一年（206 年），江夏太守黃祖遣將鄧龍率兵數千人入柴桑，周瑜追討，生擒龍送吳。東吳不僅在此設有專門的柴桑督，以統領和訓練軍隊，而且修有堅固城圍等防禦工事。赤壁戰後，大將呂範領彭澤太守，以彭澤、柴桑、曆陵為奉邑，後遷平南將軍，屯柴桑。其後，陸遜次子陸抗、諸葛瑾之子諸葛恪等著名將領曾先後出任柴桑督。《資治通鑒》卷七四・魏正始四年（243 年）載：是年十一月，諸葛恪「欲圖壽春。太傅（司馬）懿將兵入舒（今安徽廬江縣西南），欲以攻恪，吳主（孫權）徙恪屯於柴桑」。胡三省注：「柴桑縣，漢屬豫章郡，吳屬武昌郡，有柴桑山；在今江西德化縣西九十里。」《三國志・吳書・陸遜傳》載：赤烏九年（246 年），陸抗「遷立節中郎將，與諸葛恪換屯柴桑。抗臨去，皆更繕完城圍，葺其牆屋，居廬桑果，不得妄敗。恪入屯，儼然若新。而恪柴桑故屯，頗有毀壞，深以為慚。太元元年，就都治病，病差當還……太平二年（257 年），魏將諸葛誕舉壽春降，拜抗為柴桑督，赴壽春。」孫皓世，陸遜族曾孫陸式再為柴桑督、拜揚武將軍。晉以後，柴桑曆為尋陽郡和江州治所。

此外，尋陽附近的半洲城（位今九江市西北 32 千米處的長江邊上，地屬九江縣城子鎮鄉火龍村）也是東吳沿江置督的軍事要地之一。《三國志・吳書・張昭傳》載張昭弟子張奮官至「平州」都督，據《三國志辨誤下》稱，此「平州」為「半州」之

40　《三國志》卷五五《吳書・徐盛傳》，第 1298 頁。

訛。潘璋曾拜偏將軍，領百校，屯半洲。

三　東吳對江西地區的經營

由於江西地區戰略地位的極端重要性，孫氏佔領江西後，對之苦心經營，大力加強了對江西各地的治理和開發。

首先，如前所述，孫氏政權在江西境內廣設郡縣，建立較為完整的行政體系，以加強對江西地區的有效控制和管理，鞏固統治。

與此同時，東吳政權還向江西各地派出大批得力的文臣武將，以充實各級行政機構。據《三國志・吳書》統計，在東吳統治江西地區的八十年中，有下列人士曾先後出任過江西各郡縣的行政長官或軍事首領。

建安四年（199 年），孫策初定豫章，分豫章為廬陵郡，即以自己的兩個堂弟孫賁、孫輔分別擔任豫章、廬陵太守。孫賁領郡十一年，卒於任所。其子孫鄰繼為豫章太守，在郡近二十年。

建安八年，孫權「使呂範平鄱陽，程普討樂安，太史慈領海昏，韓當、周泰、呂蒙等為劇縣令長」[41]。所謂「為劇縣令長」，就是出任山越人比較集中、難於治理的縣令、縣長。

建安十年，孫權使賀齊討上饒，分為建平縣。

大都督周瑜在江西境內活動頻繁，足跡遍於豫章、廬陵、鄱陽各地。曾隨孫策進兵尋陽，破劉勳，討江夏，還定豫章、廬

41　《三國志》卷四七《吳書・孫權傳》，第 1116 頁。

陵，留鎮巴丘（今峽江）。孫權時，駐兵尋陽多年，在宮亭湖大規模訓練水師；又討黃祖將鄧龍於柴桑，生擒之。

《三國志・吳書・程普傳》：「又從（孫權）征江夏，還過豫章，別討樂安，代太史慈備海昏。」

同書《黃蓋傳》：「諸山越不賓，有寇難之縣，則用蓋為守長。」先為石城縣令，後轉春穀長、尋陽令。「凡守九縣，所在平定。」

同書《韓當傳》：「從征劉勳，破黃祖，還討鄱陽，領樂安長，山越畏服。」

同書《蔣欽傳》：「與策周旋，平定三郡，又從定豫章。調授葛陽（今弋陽）令，歷三縣長，討平盜賊，遷四部都尉。」

同書《周泰傳》：「後從攻皖，及討江夏，還過豫章，復補宜春長，所在皆食其徵賦。」

同書《徐盛傳》：「孫權統事，以為別部司馬，授兵五百人，守柴桑長。」

同書《潘璋傳》：「遷豫章西安長。劉表在荊州，民數被寇，自璋在事，寇不入境。比縣建昌起為賊亂，轉領建昌，加武猛校尉，討治惡民，旬月盡平，召合遺散，得八百人，將還建鄴。」合肥之役後，拜偏將軍，遂領百校，屯半洲。

赤壁戰後，孫權拜呂蒙偏將軍，領尋陽令。陸抗、諸葛恪、陸式等人先後為柴桑督，駐兵柴桑多年。

黃武四年（225 年），鄱陽大帥彭綺作亂，孫權以周魴為鄱陽太守，討平之。周魴在郡十三年，卒於任所。

赤烏（238-251 年）中，鄱陽、建安、新都三郡山民作亂，鐘離牧出任監軍使者，討平之。

丞相顧雍長子顧邵，年二十七，起家為豫章太守。顧邵卒，呂蒙薦江夏太守蔡遺為豫章太守，孫權用之。

吳郡張敦，名聲亞於顧邵，而與陸遜等人齊名。孫權時，出補海昏令，年三十二卒。孫權晚年，以南陽人謝景為豫章太守，數年卒官。韋曜篤學好古，博覽群書，有記述之才，曾為西安（今武寧縣西）令。

以上僅見諸正史記載的幾近三十人，應該都是些職位較高、軍功卓著、政績突出，或得寵於孫氏者。如周瑜與孫策同年友善，有升堂拜母之交；兩人又是連襟，時橋公有兩女，皆國色，孫策自納大喬，瑜納小喬。孫權統事，周瑜留吳（今蘇州），以中護軍與長史張昭共掌眾事，成為孫權的左膀右臂；建安十三年春，拜前部大都督，雄姿英發，膽略兼人，戰功顯赫。呂蒙為孫權心腹愛將，果敢有膽，籌略奇至，圖取關羽，計奪荊州，數立奇功。顧邵、陸抗、陸式、張敦諸人，皆江東名家大族，是東吳政權依靠的主要對象，所謂「先帝（孫權）外仗顧、陸、朱、張」也。至若程普、黃蓋、韓當、蔣欽、周泰、徐盛、潘璋諸將，史家謂之皆江表之虎臣，孫氏之所厚待者。諸葛恪乃左將軍諸葛瑾之子、蜀相諸葛亮之侄，也素為孫氏所倚重。

大批文臣武將任職於江西境內各郡縣，在東吳政權的統一部署和指揮下，肩負起平定山越、穩定封建統治秩序的重任；並組織當地人民披荊斬棘，墾辟荒地，興修水利，發展經濟，興辦文化事業，在艱難困苦的環境中，努力開發江西社會，可謂篳路藍縷。

孫賁、孫輔、呂範、太史慈、程普、韓當、周泰、呂蒙、賀齊、全綜、呂岱、周魴、鐘離牧等一大批軍事將領曾先後參與了對江西境內各地山越的征討，以武力迫使山越人民出山，徙居平地。這些軍事將領在征討山越的同時，又大多兼領各郡縣行政長官，組織當地人民廣開屯田，發展經濟。通過大規模的屯田，使許多荒地被辟為良田，大大加速了當時江西社會的開發和進步。

在眾多的文臣武將中，不乏政績突出的奉職佳吏，江西人民對之有口皆碑。如將軍黃蓋任尋陽等縣縣令，「當官決斷，事無留滯，國人思之」[42]。孫輔為廬陵太守，「撫定屬城，分置長吏」。孫鄰任豫章太守近二十年，「討平叛賊，功績修理。」周魴為鄱陽太守，「在郡十三年卒，賞善懲惡，威恩並行。」

政績尤為突出者，當數豫章太守顧邵。

顧邵，字孝則，吳郡吳縣（今蘇州市）人，出身於號稱吳姓「顧陸朱張」四大名門大族中的頭等高門。其父顧雍，為丞相十九年，顧家子弟布滿朝廷內外。他「博覽群書，好樂人倫」。年輕時與舅陸績齊名，而陸遜、張敦、蔔靜等人都在他的名氣之下。他廣泛結交士人，「自州郡庶幾及四方人士，往來相見，或言議而去，或結厚而別，風聲流聞，遠近稱之」。因為出身高門，名氣又大，孫權將兄長孫策的女兒許配給他為妻。年二十七，起家為豫章太守。上任時，數百人為之餞行。來到南昌後，

42 《三國志》卷五五《吳書・黃蓋傳》，第 1285 頁。以下史料未注明出處者，皆見《吳書》本傳。

廣為善舉，為江西人民辦了許多好事：「下車祀先賢徐孺子之墓，優待其後；禁其淫祀非禮之祭者。小吏資質佳者，則令就學，擇其先進，擢置右職；舉善以教，風化大行。」[43]

南朝梁代人殷芸在其《殷芸小說》卷六《吳蜀人》中也記載說：「顧邵為豫章，崇學校，禁淫祀，風化大行。」並生動地講述了一個顧邵搗毀山廟及與鬼神鬥智鬥勇的有趣故事：

（顧邵）歷毀諸廟，至廬山廟，一郡悉諫，不從。夜，忽聞有排大門聲，怪之。忽有一人開閣徑前，狀若方相，自說是廬山君。邵獨對之，要進上床，鬼即入坐。邵善《左傳》，鬼遂與邵談《春秋》，彌夜不能相屈。邵歎其精辯，謂曰：「《傳》載晉景公所夢大厲者，古今同有是物也。」鬼笑曰：「今大則有之，厲則不然。」燈火盡，邵不命取，乃隨燒《左傳》以續之。鬼頻請退，邵則留之。鬼本欲淩邵，邵神氣湛然，不可得乘。鬼反和遜，求復廟，言旨懇至。邵笑而不答。鬼發怒而退，顧謂邵曰：「今世不能仇君，三年之內，君必衰矣，當因此時相報。」邵曰：「何事匆匆，且復留談論。」鬼乃隱而不見，視門閣悉閉如故。如期，邵果篤疾，恒夢見此鬼來擊之，並勸邵復廟。邵曰：「邪豈勝正？」終不聽。後遂卒。

這一故事，如果剔除其中的迷信成分，不難看出顧邵搗毀神

43 《三國志》卷五二《吳書·顧雍傳子邵附傳》，第1229頁。

鬼山廟、禁止淫祀的決心和勇氣，竟連有名的廬山廟也給搗毀了，以至寧死都不肯與以廬山廟鬼神為代表的邪惡勢力相妥協。

顧邵的善舉，歸納起來主要有四：一是上任伊始，祭祀東漢南昌著名高士徐孺子，並優待其後人，藉以提倡重視賢才，樹立恭儉義讓的優良道德風尚；二是禁止淫祀，即禁止一切不合乎封建禮教的祭祀活動，以抑制迷信和節約社會財富；三是興辦學校，培養人才，選拔那些資質好的小吏入校就學，從中挑選出成績優異者擔任重要官職，以加強對豫章郡的治理，促進江西社會的發展；四是教人為善，在全郡普遍形成了良好的社會風氣。因為治郡有方，政績突出，時人尊之為顧豫章。穎川人周昭著書贊之曰：「成人之美，不成人之惡，豫章有之矣。」[44]史臣評述說：「顧邵虛心長者，好尚人物，周昭之論，稱之甚美。」[45]顧邵在郡五年，卒於任所，時年三十五。

顧邵去世後，孫權問臣下誰可繼為豫章太守、呂蒙薦舉江夏太守蔡遺。蔡遺也是一位奉職佳吏，於是孫權用之，他在豫章郡也有一定的治績。

孫權晚年以謝景為豫章太守。謝景，字叔發，南陽宛縣（今河南南陽市）人，太子孫登稱道他「通敏有識斷」。是說他思想通達而敏捷，有見識，能斷大事。孫登臨終前上疏孫權，請求對謝景加以重用，「入宜委腹心，出可為爪牙」。孫權用之為豫章

44 《三國志》卷五二《吳書・步騭傳》，第 1241 頁。
45 《三國志》卷五二《吳書・張顧諸葛步傳》，第 1242 頁。

太守。「在郡有治跡，吏民稱之，以為前有顧邵，其次即景」[46]。可見謝景的政績也很突出，僅僅次於顧邵，在郡數年卒官。

顧邵尊禮名賢、宣導優良道德風尚的善舉為稍後的多任豫章太守所繼承。《豫章記》云：「徐孺子墓在郡南十四里，曰白社亭。吳嘉禾中，太守長沙徐熙於墓隧種松，太守南陽謝景於墓側立碑。永安中，太守梁郡夏侯嵩於墓旁立思賢亭。松、碑、亭今並在。松大可抱，亭世世修治，今謂之聘君亭。」

大批良吏出任江西境內各級行政長官，且政績卓著，使江西地區得到了較好的治理，大大加快了江西地區社會的開發和經濟文化的進步。

在東吳統治江西的八〇餘年中，由於採取了一系列較好的措施，使江西地區社會發生了許多新變化，並為日後江西經濟文化的持續發展奠定了堅實的基礎。

46 《三國志》卷五九《吳書・吳主五子傳謝景附傳》，第1366頁。

第二章——

晉代江西的治亂與門閥士族對江西的爭奪

二六五年，司馬炎逼魏元帝禪位，自稱皇帝，是為晉武帝，國號晉，都洛陽，史稱西晉。二八〇年，西晉滅吳。至此，結束了自漢末董卓之亂以來歷經九十年的分裂割據局面，中國又重新歸於統一。

西晉統治共五十二年（265-316 年），而真正統一全國的時間前後不過十年之久。二九〇年，晉武帝死，惠帝繼位，隨之發生了八王之亂和永嘉大亂，廣大的中原地區從此陷入了空前的戰亂之中。永嘉元年（307 年），東海王司馬越以司馬睿為安東將軍，都督揚州江南諸軍事，鎮建鄴（今南京）。永嘉五年，司馬睿平華軼，定江州，開始了對江西地區的統治。晉元帝建武元年（317 年）三月，司馬睿稱晉王，第二年稱帝（晉元帝），都建康（即建鄴），史稱東晉。在兩晉統治江西的一四〇年（280-420 年）中，西晉統治首尾不過三十六年（280-316 年），而東晉統治的時間則長達一〇四年（317-420 年）之久。

在兩晉統治時期，江西在行政建制、戰略地位等方面都發生了重大變化，社會經濟、文化有顯著的發展和進步。江州的設立，使江西地區第一次成為直屬於中央的州一級獨立行政單位；而南北分裂的政治局面，又使江西地區處於特殊的戰略制衡地位，東晉以王、庾、桓、謝為代表的門閥士族對江州展開了激烈的爭奪。兩晉之交及東晉晚期，江西地區戰亂頻仍，流民起義，孫恩、盧循之亂及軍閥間的戰爭接連不斷，硝煙四起，給當地的社會與經濟一度帶來慘重的破壞，人民歷經磨難。但是，在這近一個半世紀的時間裡，戰亂畢竟是短暫的，江西人民利用長期的和平安定局面，勤奮耕耘，努力發展自己的經濟和文化，使家鄉的面貌不斷發生改變。

第一節▶江州的設立及其特殊的戰略地位

一　江州的設立與郡縣變動及人戶

兩晉時期，江西的行政建制發生了重大變化。太康三年（282年），即晉武帝滅吳、統一全國後的第三年，改廬陵南部都尉為南康郡。晉惠帝元康元年（291年），因荊、揚兩州疆土廣遠，難於治理，加之江西地區經過東吳以來近百年的開發和發展，社會經濟、文化都有了很大的進步，在全國的地位日趨重要，於是割揚州之豫章、鄱陽、廬陵、臨川、南康、建安、晉安，荊州之武昌、桂陽、安成合十郡，因江水之名而置江州。從此，江西作為直屬於中央州一級的獨立行政機構，躋身於全國大州的行列，這是江西地區在行政建制上的一次重大變化，也為江西日後的進一步發展提供了新的條件和機遇。晉懷帝永嘉元年（307年），置立湘州，桂陽郡從江州劃出。江州初治豫章，晉成帝咸康六年（331年）移治尋陽，庾翼又治豫章，不久還治尋陽。

晉惠帝永興元年（304年），又分廬江之尋陽、武昌之柴桑兩縣置尋陽郡，屬江州。這是新增的一郡，初治尋陽，後移治柴桑。

兩晉時期，江西共有七郡五十八縣。各郡統縣情況如下：

豫章郡，統十六縣：南昌、海昏、新淦、建城（今高安）、望蔡（今上高）、永脩、建昌、吳平、豫章、彭澤、艾、康樂

（今萬載縣北）、豐城、新吳（今奉新）、宜豐、鐘陵。

臨川郡，統十縣：臨汝（今撫州市西）、西豐（今臨川縣南）、南城、東興（今黎川縣境內）、南豐、永成（今黎川縣境內）、宜黃、安浦、西寧、新建。

鄱陽郡，統八縣：廣晉（今景德鎮與彭澤之間地）、鄱陽、樂安（今樂平）、餘汗（餘幹）、鄡陽（今都昌縣東南）、曆陵（今德安東）、葛陽（今弋陽）、晉興。

廬陵郡，統十縣：西昌（今泰和）、高昌、石陽（今吉水縣北）、巴丘（今峽江）、南野、東昌（今吉安縣地）、遂興（今遂川）、吉陽、興平（今永豐縣東北）、陽豐（今峽江縣南）。

南康郡，統五縣：贛、雩都、平固（今興國）、南康、揭陽。

安成郡，統七縣：平都（今安福）、宜春、新喻、永興、安複（今安福縣西）、萍鄉、廣興（今永興西北、蓮花以南）。

尋陽郡，統二縣：尋陽、柴桑。

東晉時，郡縣有若干變動。晉元帝初，尋陽郡又置九江、上甲兩縣，不久又省九江縣屬尋陽縣。安帝義熙八年（412 年），省尋陽縣入柴桑縣，柴桑仍為郡，後又省上甲縣入彭澤縣。尋陽乃戰略要地，根據形勢需要，尋陽郡所統縣變動較大，多時統四縣，少時僅統一縣，而以統二縣的情況居多。

設置僑州郡縣，是東晉政權在行政建制上採取的一項特殊措施。西晉末，北方大亂，中原人民為躲避戰亂，像潮水般越淮渡江，奔向江南。永嘉元年（307 年），司馬睿移鎮江東，一大批北方流民相率過江。太興元年（321 年），祖逖病死，北伐失敗，黃河以南、淮水以北土地盡失，流民渡江者轉多。成帝時期，蘇峻、祖約叛亂，穆帝以後又相繼發生了後趙政權瓦解、桓溫出兵關中。淝水戰後，苻堅敗亡，黃河流域再度分裂，以及劉裕北伐、關中得而復失等重大事件，北方流民又一批批渡江南來。東晉政權為了維護南遷士族豪強的利益，穩定統治秩序，擴大剝削對象，便在南渡北人比較集中的地區，採用他們原籍的名稱，僑置州郡縣。南渡北人稱僑民，僑者即喬遷、客居之意。當時，在尋陽郡境內先後設置的僑郡有新蔡郡、松滋郡、弘農郡、安豐郡、西陽郡、太原郡等。安帝時改松滋郡為松滋縣、弘農郡為弘農縣，並屬尋陽郡。僑民另立戶籍，稱白籍，以示與土著人相區別。土著人則立黃籍。僑民起初並不納稅服役，主要是為了照顧北來士族地主的利益，因為他們庇蔭著大量的佃客、部曲。隨著時間的推移，僑民久安其業，為了增加封建國家的租稅收入，擴大兵員，成帝咸和年間（326-334年）開始實行「土斷」，即不論僑民、土著人，一律按土斷籍，向國家納稅服役。正如豫章太守范甯向晉孝武帝陳時政所說：

古者分土割境，以益百姓之心；聖王作制，籍無黃白之分。昔中原喪亂，流寓江左，庶有旋反之期，故許其挾注本郡。自爾漸久，人安其業，丘壟墳柏，皆以成行，雖無本邦之名，而有安土之實。今宜正其封疆，以土斷人戶，明考課之科，修閭伍之法。[1]

通過土斷，僑州郡縣被相繼撤銷併合，僑民的優復待遇也隨之被取消。政府的剝削物件大為增加，因此而造成一時的「財阜國豐」現象。但由於北方流民持續不斷地渡江南來，土斷也相繼進行，自東晉至南朝，前後共實行了九次土斷，直至陳文帝天嘉元年（560 年），南朝實行最後一次土斷為止。土斷政策的實行，逐步泯滅了僑民與土著人之間的界線，有利於南北各族人民的相互融合，大大促進了江南社會經濟和文化的發展。

據《晉書・地理志》對太康元年（280 年）全國各州郡戶口的統計記載，現將江州各郡的戶數列表如下：

郡別	豫章	臨川	鄱陽	廬陵	南康	安成	尋陽
戶數	35,000	8,500	6,100	12,200	1,400	3,000	？

從上表看出，時豫章、臨川、鄱陽、廬陵、南康、安成六郡共有戶數六六二〇〇，而當時全國有戶二四八〇七九七[2]，江西占百分之二點六七。尋陽郡戶數史籍缺載，但它是一個僅統二縣的小郡，戶數當不會太多，姑按豫章等六郡平均每縣（共 56 縣）

1 《晉書》卷七五《范汪傳子寧附傳》，第 1986 頁。
2 表中全國戶數根據《晉書・地理志》所列十九州戶數統計所得，而該志《總敘》謂為二四五九八四〇戶，與此不符。

的戶數估算，則尋陽郡有戶二三六四。這樣，江西全境七郡共有戶六八五六四。西晉太康初，全國戶數為二四八〇七九七，口數為一六一六三八六三，平均每戶六點五人。依此推算，當時江西的人口約為四四五六六六。而東漢順帝永和五年（140 年），全國有戶九三三六六六五，口四七八九二四一三；豫章郡有戶四〇六四九六，口一六六八九〇六[3]，戶、口數分別占全國的百分之四點三五和百分之三點四八。自漢末以來，江西地區同全國一樣，戶口急劇下降。三國時東吳有戶僅五二〇三〇〇，口二四〇〇〇〇〇，江西戶口雖史籍無載，但數量之少可想而知。二八〇年，西晉滅吳統一全國後，江西的戶數和口數僅為東漢永和五年的百分之十六點九和百分之二十六點七，分別銳減了百分之八十三點一和百分之七十三點三，跌落到自秦漢以後歷代人口記錄的最低谷。不過比西晉名士傅咸所說「戶口比漢十分之一」[4]的全國情況要好。

人口銳減，原因是多方面的。

首先是漢末以來的長期戰亂，造成人口大量非正常減耗，正如曹操在其著名的《蒿里行》詩中所說：「萬姓以死亡，白骨露於野；千里無雞鳴，生民百遺一。」這一情況在中原一帶尤為嚴重。

二是豪強地主大量隱占戶口，統計嚴重失實。

3　範曄《後漢書》卷三二《郡國志》，第 3491 頁，中華書局，一九六五。
4　《晉書》卷四七《傅玄傳子咸附傳》，第 1324 頁。

三是疾疫流行，造成一定數量的人口死亡。當時三國魏、吳境內均有疾疫流行，駱統在給孫權的上書中說到，由於吳國賦役繁重，「加之殃疫死喪之災，郡縣荒虛，田疇蕪曠，聽聞屬城，民戶浸寡，又多殘老，少有丁夫，聞此之日，心若焚燎」[5]。可見，東吳因疾疫而死亡的人口應不在少數。江西是東吳經營的重要地區，情況當不例外。

四是人口自然出生率的空前下降。由於長期戰亂，賦役繁重，疾疫流行，人民無生產生活之保障，難以安居樂業，故人口的自然出生率很低。即或生兒育女，存活率也不高，必然會導致人口再生產的嚴重下降。史載漢末三國之際，「天下未定，民皆驃輕，不念生殖；其生子無以相活，率皆不舉」[6]。東吳的情況也不例外，駱統曾上疏孫權說：「又聞民間，非居處小能自供，生產兒子，多不起養；屯田貧兵，亦多棄子。天則生之，而父母殺之。」如此下去，將使「民兵減耗，後生不育，非所以歷遠年，致成功也。」因而勸諫孫權要「留神思省，補複荒虛，深圖遠計，育殘餘之民，阜人財之用。」[7]

二　江州特殊的戰略地位

東晉時期，江州的戰略地位顯得更加重要。東晉政權為抵禦北方少數民族政權軍事力量的南下，除了以長江天塹為防線，在

5　《三國志》卷五七《吳書·駱統傳》，第1335頁。
6　《三國志》卷一六《魏書·鄭渾傳》，第509頁。
7　《三國志》卷五七《吳書·駱統傳》，第1336頁。

沿江（包括尋陽一帶）常年駐屯重兵外，江州還處於東晉朝廷內部荊揚之爭中特殊的制衡戰略地位。

吳廷燮在《東晉方鎮年表・序》中，論東晉一朝的疆域大勢時說：「東晉疆域，廣狹無恒。揚、荊、徐、豫皆為重鎮；揚本畿甸，穀帛所出，領以宰輔；荊居上流，甲兵所萃，號曰分陝；徐曰北府，豫曰西藩。江、兗、雍、梁亦稱雄劇。益、寧、交、廣斯為邊寄，冀、幽、青、並名存而已。」[8]所謂江州「雄劇」，是說江州是個強大而又形勢險要的軍事重鎮。對此，古代史家多有論述。司馬光在《資治通鑒》中說：「初，晉氏南遷，以揚州為京畿，穀帛所資皆出焉；以荊、江為重鎮，兵甲所聚盡在焉，常使大將居之。」[9]唐代杜佑說：江州「中流襟帶，常為重鎮。」[10]《晉書・劉胤傳》則說：「江州，國之南藩，要害之地。」

江州之為重鎮，主要是由三方面優勢構成的。

一是流民眾多，兵員充足。《晉書・劉胤傳》載：「自江陵至建康，三千餘里，流人萬計，布在江州。」有些學者據此認為，西晉永嘉大亂後，進入江州的北方流民只有一萬餘人，其實這一估計是不夠準確的。所謂「流人萬計」，是說自江陵至建康之間三千餘里的長江沿線，散布在江州境內的流人之多，可以萬數來計算，也可能是若干萬。其實，自永嘉大亂後，北方流民席

8　見《二十五史補編》。
9　《資治通鑒》卷九七・宋孝武帝孝建元年（454），第4020頁。
10　杜佑《通典》卷一八二《州郡十二・江州條》，第4840頁，中華書局，一九九二。

捲而南，勢如潮水，究竟南下有多少人，當時誰也無法進行準確統計，史家也只能作出粗細估計。再說史家撰史一般是十分審慎的，如果是萬人或萬餘人，何不直書「流人萬人（或萬餘人），布在江州」？因此，將之理解為流人可以萬數來計算較為妥當。東晉為安置北來流民，曾在江州境內先後設立了新蔡、松滋、弘農、安豐、西陽、太原等六僑郡，人數應不在少數；《宋史・地理志》也說：江西「川澤沃衍，有水物之饒，永嘉東遷，衣冠多所萃止，其後文物頗盛……」據現有史料估計，永嘉南渡入江州的北方流民至少在數萬人以上。這些流民，勇敢尚武，只需組織起來，略加訓練，便可為兵。

二是盛產糧食，糧儲豐富。經東吳、西晉時期一百餘年的開發，至東晉時，江州的農業生產已有了很大的發展，開始成為江南稻米的重點產區之一，經常向外輸出糧食。當時無論是下游的都城建康，還是上游的軍事重鎮武昌，都要依賴江州的糧食供給；同時，江州還要向其他州鎮提供大量軍糧、軍需，動則米十萬斛、布五千匹，數量特別巨大（詳本書第四章第二節）。如果沒有發達的農業和充足的糧儲，則是難以想像的。

三是交通便捷，商業發達。東晉南朝時，贛江是條黃金水道，由建康經贛江通廣州的航運交通頻繁；南海諸國及西亞與六朝的海上交通貿易也很發達，其貨物到達廣州後，即經贛江航道抵達建康。溫嶠去世後，軍司馬劉胤接任江州刺史，他以官經商，大殖財貨，商販百萬，正是利用江州「商旅繼路」、絡繹不絕的優勢。江州的尋陽是當時著名的商業都會，《晉地道志》稱：「尋陽南開六道，途通五嶺，北導長江，遠行岷漢，來商納賈，亦一都會也。歷宋、齊、梁、陳，彈壓九派，襟帶上流，自晉以來，頗為重鎮。」[11]

江州特殊的制衡戰略地位，其地理條件起著決定性的作用。江州居荊、揚之間的軍事要衝，其治所尋陽地處長江中游，離京畿頗近，順流沿江東下，一日可抵建康。若屯兵湓口，內可屏藩朝廷，外可援助夏口（今漢口），還可為四方聲援。特別是在東晉朝廷與方鎮之間的上下游之爭中，這一制衡地位顯得尤為突出。當代著名史家田余慶先生在《東晉門閥政治》一書中指出：「江州若合於荊州，上游就更能自主，從而對下游的優勢也會加大，建康將受到威脅；江州若控制在建康朝廷之手，荊州方鎮將難於獨立，有可能受制於建康。」東晉一朝方鎮與朝廷的矛盾和衝突，始終圍繞著上下游荊、揚之爭展開，而處於荊、揚之間的江州，其制衡戰略地位表現得極為突出。

東晉之權臣，凡於上游荊州起兵反叛朝廷，或以荊州為基地而遙控朝權者，莫不同時奪取江州，然後合荊、江兩州之力，以達到自己的政治目的。東晉是個典型的門閥社會，大族專兵擅權、皇權駕空是其鮮明的政治特徵。東晉人韋華奔後秦後，論本朝政治云：「晉主雖有南面之尊，而無統禦之實。政出多門，權去公家，遂成風俗。」[12]東晉大族專兵擅權的關鍵是出鎮上游、手控強兵，以上游而制建康。這一現象貫穿於東晉一朝的始終，

11 《太平寰宇記》卷一一一・江州條。
12 《晉書》卷一一七《姚興載記上》，第 2980 頁。

自東晉初年的王敦之亂到後期的桓玄篡位，莫不如此。

建興三年（315 年）二月，王敦被司馬睿擢升為鎮東大將軍，加都督江、揚、荊、湘、交、廣六州諸軍事，兼江州刺史。這是東晉首任江州刺史。東晉立國的第二年即太興元年（318 年）四月，加王敦江州牧，江州置牧始於此。江州置牧之事在歷史上極為罕見。自漢以來，州一級行政長官本為刺史，東漢後期，漢靈帝為了防範農民起義和加強對地方豪強、州郡官吏的控制，于中平五年（188 年）採納了大臣劉焉的建議，改刺史為州牧，選擇那些有名望而又可靠的宗室重臣充任，給予他們一州之軍政大權，統治一方，「州牧之任，自此重矣」[13]。魏晉以來，只有少數權臣才能出任重要州鎮的州牧。王敦首任江州牧，既是他位高權重的表現，也反映江州地位的重要。這年十月，又以王敦為荊州牧。自此，王敦手握強兵，專任閫外，利用荊、江兩州的優越條件，極力壯大個人實力，逐漸驕橫起來，遂欲專制朝廷，有問鼎之心。自永昌元年（322 年）正月至太寧二年（324 年），王敦前後兩次舉兵作亂。王敦之亂雖自荊州發動，但其勢力的逐步形成實始於江州。由於王敦合荊、江兩州之力，政治上顯得極為主動，故敢於發動叛亂。

王敦之亂後，明、成二帝有了前車之鑒，乃以陶侃為荊州刺史，同時先後選派得力的心腹重臣應詹、溫嶠出任江州刺史。應詹是參與平定王敦之亂的功臣，頗受朝廷信賴；溫嶠則是從中原

13 杜佑《通典》卷三三《職官十四・州牧刺史》，第 885 頁。

來到建康向司馬睿奉表勸進的老臣，對司馬氏皇室忠心耿耿。應詹、溫嶠刺江州的真正目的，《晉書・溫嶠傳》說得很明確：「征西將軍陶侃有威名於荊楚，又以西夏為虞，故使嶠為上游形援。咸和初，代應詹為江州刺史。」原來朝廷對陶侃也不放心，怕荊州再出亂子，再次為之憂慮，故使溫嶠刺江州，居上流以援朝廷，以江州而制上游。咸和二年（327 年）四月，曆陽太守蘇峻、豫州刺史祖約聯兵反叛朝廷，溫嶠欲率兵勤王，當權的外戚庾亮馬上致書溫嶠，憂心忡忡地勸阻說：「足下無過雷池一步也！」雷池位今安徽望城縣東南，庾亮的意思是要溫嶠好好坐鎮江州，不要越過雷池到京師去，以防荊州不測，足見朝廷對江州的重視和對荊州的高度警惕。應詹、溫嶠沒有辜負朝廷的重托，前後刺江州七年（323-329 年），不但使江州得到較好的治理，還對上游荊州起到了重要的制約作用。在這幾年時間內，由於江州對荊州的有效制約，加之陶侃並非王敦之類的政治野心家，能常「懷止足之分，不與朝權」，故上游方鎮與下游朝廷之間保持了數年之久的安定局面。

咸和四年（329 年）二月，蘇峻之亂剛剛平定，江州接連發生了兩起亂子。四月，溫嶠病卒，軍司馬劉胤繼為江州刺史。隨著職位的提高，劉胤日漸驕縱起來，終日「縱酒耽樂，不恤政事，大殖財貨，商販百萬」。當時曾有人擔心地說：江州「要害之地，而胤以侈汏之性，臥而對之，不有外變，必有內患。」[14]

14　《晉書》卷八一《劉胤傳》，第 2114 頁。

果不出所料，就在朝廷下令罷免其官之際，後將軍郭默乘機擅殺劉胤，佔據湓口。司徒王導姑息養奸，不僅不予追究，反而用他為江州刺史。太尉陶侃聞之大怒，即出兵東下湓口，斬郭默於軍門。朝廷無力控制方鎮，只好承認既成事實，以陶侃兼領江州刺史。陶侃前後刺江州五年，繼續與朝廷相安無事。

咸和九年（334 年）六月，陶侃病逝，庾亮都督江、荊、豫、益、梁、雍六州諸軍事，領江、荊、豫三州刺史，鎮武昌，終於實現了控制江州的多年夙願。從此，庾氏坐鎮上流，擁強兵，遙執朝廷之權。庾亮刺江、荊二州共六年，咸康六年（340 年）正月卒。其弟庾翼、庾冰繼為江、荊等六州都督，兼江州刺史。庾氏獨佔江、荊二州，使司徒王導坐困建康，動彈不得。為此，王導心中憤懣，卻又無可奈何，每當遇到刮西風的日子，他一面舉起手中的扇子去擋灰塵，一面慢悠悠地說：「元規塵汙人。」[15]意思是說，從上流庾亮（字元規）那裡刮來的灰塵太髒了。不滿之情，溢於言表。從庾亮至庾冰，庾氏刺江、荊二州前後達十一年之久，在此期間，一直遙執朝權。

桓氏繼庾氏之後世蒞荊土，又控攝江州，執掌朝權。穆帝永和元年（345 年），久據荊州的庾翼病死，其子年少乏才，難以擔當重任，朝廷乃以桓溫為都督荊梁等四州諸軍事、安西將軍、荊州刺史，領護南蠻校尉、假節，上游兵權遂集中於桓溫之手。但這時居中輔政的是會稽王司馬昱，江州刺史為王羲之，在荊、

15　《晉書》卷六五《王導傳》，第 1753 頁。

揚之爭中居於緩衝地位。終永和（345-356 年）之世，桓溫始終未能控制江州，故無力專制朝政，其勢力只能向西、北發展。永和二年，桓溫率眾西伐，次年三月滅蜀，聲望得到極大提高。以後又連續進行了三次北伐，太和四年（369 年）最後一次北伐前燕而兵敗枋頭（今河南浚縣西南淇門渡），威望因此低落。桓溫希圖通過北伐而達到禪代的目的雖然未能實現，但卻達到了控制江州的目的。就在北伐期間，先是以其二弟桓雲出任江州刺史，領鎮蠻護軍；興甯元年（363 年）十月，其五弟桓沖繼為江州刺史，前後凡十年，直到孝武帝甯康元年（373 年）桓溫去世時為止。正因為桓溫將荊、江二州牢牢地控制在自己手中，故能左右朝政，廢立專權。太和六年（371 年），廢海西公司馬奕而立簡文帝司馬昱。簡文帝名義上是皇帝，實際上是「常懼廢黜」的傀儡。

桓溫死後，桓氏家族繼續控制荊、江二州。桓溫三弟桓豁、五弟桓沖相繼出任荊州刺史，其侄桓石秀、桓石生、桓嗣及族人桓伊等相繼為江州刺史。其時謝安當國，桓氏讓出了揚州。謝安是東晉著名的賢相，他無意與桓氏爭奪上游，而是在下游組建了一支精悍善戰的北府兵，從而使荊、揚之間出現平衡狀態，矛盾暫趨緩和。

東晉晚期，宗室司馬道子、司馬元顯父子掌權，朝政腐敗，導致方鎮紛紛起兵和桓玄簒位的局面。桓玄簒位的關鍵一步也是首先奪得江州，再取荊州。隆安元年（398 年）七月，桓玄聯合兗州刺史王恭、豫州刺史庾楷、荊州刺史殷仲堪，共同舉兵對抗朝廷，他們進攻的第一個目標便是江州，並很快擒獲了司馬道子的心腹、江州刺史王愉於臨川，從而解除了下游對上游的直接威脅。次年十二月，桓玄又火拼了荊州刺史殷仲堪、雍州刺史楊佺期，專有荊楚，一時勢力大盛，朝廷被迫任命他為荊、司、雍等八州都督，領荊、江二州刺史。此時，孫恩、盧循一夥五斗米道徒乘機從海島登陸作亂，造成東土饑荒，漕運不繼。桓玄利用荊、江二州在地理和物資上的優勢，封鎖長江，禁止上游物資向下游運輸，使下游糧荒更加嚴重。一切準備就緒後，元興元年（402 年）正月，桓玄舉兵東下，經尋陽直指建康，大敗司馬氏的軍隊，順利奪取政權。次年十二月，逼晉安帝退位，自己登上皇帝寶座，建國號曰楚。桓玄稱帝雖然很快失敗，但他卻不肯輕易放棄江州。元興三年二月，桓玄挾安帝退兵尋陽；四月，與劉裕大戰於桑落洲（今都昌縣內），雙方對江州進行了激烈的爭奪。

劉裕討滅桓玄後，於義熙二年（406 年）十二月派遣得力大將何無忌都督荊、江、豫三州八郡軍事，兼江州刺史，駐兵尋陽，自己率部北伐南燕。其時，佔據廣州的盧循見有機可趁，遂採納了徐道覆「直指尋陽」的建議，率軍從廣州直向江州推進。於是，江州又成了雙方反覆爭奪的重要戰場。前後經三次激戰，直至義熙六年（410 年）十二月，才將盧循勢力逐出江州，穩住了那裡的局勢。

縱觀東晉一朝百餘年的歷史，江州在上游方鎮與下游朝廷的長期相爭中，起著舉足輕重的作用，其特殊的制衡戰略地位非他州所能及。

第二節 ▶ 兩晉之交的江州政局

一　張昌起兵和對江州的短暫控制

二九一年，晉武帝病死，太子司馬衷繼位，是為惠帝。由於惠帝是個著名的白癡皇帝，毫無執政能力，統治集團內部立即爆發了一場激烈的爭權奪利鬥爭，參與這場鬥爭的主要有宗室八王，史稱「八王之亂。」晉末的「八王之亂」給人民帶來了深重的災難，隨之而來的是幾乎發生在全國各地的旱、澇、蟲、霜等嚴重的自然災害；與此同時，大饑饉、大瘟疫接踵而至。空前的天災人禍使大量無辜的人民幾乎陷於絕境，從而出現了西晉末年的人民大流徙。隨著戰亂的持續，自然災害的日益嚴重，以及官僚的極端腐敗，流民問題愈演愈烈。

西晉末年的流民總數，見於正史記載的達三十餘萬戶，占當時全國戶口的十二分之一強。這些流民懷著求生的欲望，拖兒帶女、背井離鄉，但到達目的地後，或仍是滿目瘡痍，無法安身立命；或被當地官府和地主豪強任意欺淩，被迫起來反抗。因此，全國各地相繼爆發了流民大起義。三〇一年，當秦、雍六郡流民在李特的率領下於益州起義時，荊州地區也相繼發生了張昌起義。

張昌，本義陽（今河南信陽縣北）蠻人，年青時為平氏縣吏，武力過人，好論攻戰，每自占卜，言應當富貴。時新野王、荊州都督、鎮南大將軍司馬歆為政苛暴，不得民心，蠻夷並怨，張昌聚眾數千人，欲起兵。恰在此時，朝廷發布《壬午詔書》，徵發荊州武勇赴益州鎮壓那裡的流民起義，號曰「壬午兵」。人民懼怕遠征，都不願行，而詔書督遣嚴急，所經地界停留五日者，二千石一律免官。於是郡縣官長皆親自出面驅逐，輾轉不遠，則屯聚而為劫掠。是歲江夏郡（今湖北雲夢一帶）喜獲豐收，流民前往就食者數千人，張昌趁機進行煽動。

惠帝太安二年（303 年）五月，張昌於安陸縣（今湖北安陸）石岩山屯聚，很多流民及避戍役者都去投奔他。張昌見時機成熟，乃以道教為號召，正式發動流民起義。他利用在群眾中廣泛流行的「老君當治，李弘應出」的讖語，改姓名曰李辰，極力拉近與李弘的關係，以救世「真君」的面目出現，並宣稱：「當有聖人出為民主。」得山都縣吏丘沈，更其姓名曰劉尼，詐稱漢帝后代，立之為天子，說：「此聖人也。」張昌自為相國，建國號曰漢，署置百官。「於石岩中作宮殿，又於岩上織竹為鳥形，衣以五彩，聚肉於其傍，眾鳥群集，詐雲鳳凰降，又言珠袍、玉璽、鐵券、金鼓自然而至」。乃下赦書，改元神鳳。又造流言說：「江淮已南當圖反逆，官軍大起，悉誅討之。」[16]於是人們互相煽動，人心惶懼，百姓從之如歸，江沔間一時猋起，豎牙旗，鳴鼓角，以應張昌，旬日之間，眾至三萬。起義軍皆以絳帕裹頭，以羽毛著面，這與張角起義軍皆頭著黃巾有些近似。流民軍聲勢浩大，善於作戰、英勇無敵。新野王司馬歆上表朝廷請討張昌說：「妖賊張昌、劉尼，妄稱神聖，犬羊萬計，絳頭毛面，挑刀走戟，其鋒不可當。請台敕諸軍，三道救助。」張昌遣軍四

16 《晉書》卷一〇〇《張昌傳》，第 2612 頁。下引史料同。

路出擊，北向豫州，東攻弋陽，西攻宛，破武昌，圍襄陽，將前來圍剿的各路官軍打得大敗，先後擊破太守弓欽、騎督靳滿，斬殺了南陽太守劉彬、平南將軍羊伊、鎮南大將軍司馬歆等。朝廷急調劉弘代歆為鎮南將軍、荊州都督，結果劉弘統率的大批官軍也被流民軍擊敗。

太安二年七月，張昌趁勝攻取江南諸郡。起義軍的一支由石冰率領進攻揚州，大敗刺史陳徽，諸郡盡沒。又攻破江州，佔領豫章，並相繼佔領武陵、零陵、長沙、武昌等郡，豫章太守閻濟、武陵太守賈隆、零陵太守孔紘、武昌太守劉根皆被殺。臨淮人封雲也起兵攻徐州以回應石冰。這樣，在短短的三個月時間內，起義軍控制了荊、江、徐、揚、豫五州大部分地區，並在各州郡建立政權，署置官吏。

是年八月，劉弘遣司馬陶侃、參軍蒯桓、皮初等率軍圍攻張昌於竟陵（今湖北鐘祥縣一帶），豫州刺史劉喬又遣將軍李楊、督護尹奉統兵向江夏以相互配合。張昌與陶侃等苦戰累日，終為所敗，乃與丘沈走入下儁山（今湖北通城縣西北）。

這年十二月，義興（今江蘇宜興）豪強周玘率領江東地主武裝討伐石冰。在官軍的配合下，永興元年（304 年）三月，石冰兵敗被殺。同年八月，張昌也為荊州官兵所擒殺，同黨皆夷三族。至此，荊楚流民起義慘遭鎮壓，宣告失敗。

張昌從起兵到最後失敗，前後歷時一年零三個月，而其控制江州的時間則更短，僅僅只有兩個月之久，未能產生多大影響。但畢竟在江州建立過政權，署置了官吏，從而作為江西古代史上的一件大事而載入史冊。

二　陳敏割據勢力對江州的滲入

張昌起義失敗後，陳敏割據勢力又開始覬覦江西，妄圖把江州變成自己的勢力範圍。

陳敏，廬江（今安徽廬江西南）人。年青時有些辦事能力，以郡廉吏補尚書倉部令史，管理國家糧庫。「八王之亂」期間，趙王倫篡逆，齊王冏、河間王顒、成都王穎共起兵討倫，雙方相持不下，久屯不散，京師倉廩空虛，軍糧奇缺，陳敏建議把南方積壓數十年的米谷漕運到中原，以解燃眉之急。朝廷從之，以敏為合肥度支，遷廣陵（今江蘇揚州）度支，負責漕運事宜。由此，他掌握了一支漕運兵，並利用這支軍隊配合江東地主武裝，殘酷地鎮壓了石冰流民起義軍，因功而拜廣陵相。

陳敏既克石冰，自謂勇略無敵，逐漸滋長個人野心，遂欲效法孫權，有割據江東之志。其父聞之，憤怒地說：「滅我門者，必此兒也。」[17]不久憂憤而死，敏以喪去職。守喪期滿，執掌朝權的東海王司馬越起用陳敏為右將軍、前鋒都督，以壯大個人實力。此時，中原大亂，四方交爭，天下無主，民不聊生。陳敏認為時機已到，遂請求東歸，大肆招兵買馬。永興二年（305 年）十二月，正式據曆陽（今安徽和縣）起兵反晉。這時，吳王常侍甘卓自洛陽棄官東歸，來到曆陽，陳敏極力拉攏，為子景娶卓女，並讓卓假稱皇太弟令，拜敏為揚州刺史，兩人相為表裡。原揚州刺史劉機、丹楊太守王曠畏懼陳敏勢力，皆棄城望風而逃。

17　《晉書》卷一〇〇《陳敏傳》，第 2615 頁。

陳敏自稱揚州刺史後，立即派兵四處攻略。遣其弟陳恢率錢端等將領南取江州，刺史應邈逃奔弋陽，江州成了他奪取的第一個重要目標，相繼佔領了豫章、廬陵等地。接著，又遣其弟陳斌東略江浙諸郡，佔有吳越之地。同年底，敏以陳恢為荊州刺史，命其與錢端率部溯江西上攻武昌，敏遂據有江東。但陳恢部在武昌遭到了晉軍的沉重打擊，晉荊州刺史劉弘以陶侃為前鋒都護進行抵禦。侃以運船為戰艦，與恢戰，屢破之；又與皮初、張光、苗光共破錢端於長岐（今武昌附近）。

在江州，陳敏割據勢力也遭到了當地人民的頑強抵抗，醴陵（今湖南醴陵縣）令虞潭東下，組織力量「討敏弟贊於江州」。廣州刺史王矩上表朝廷以潭領廬陵太守。由於陳敏割據勢力的殺戮破壞，虞潭「綏撫荒餘，咸得其所。又與諸軍共平陳恢，仍轉南康太守」[18]。

為了鞏固割據政權，陳敏極力拉攏、籠絡江東名士與地主豪強。以顧榮為右將軍，賀循為丹楊內史，周玘為安豐太守，「凡江東豪傑、名士，咸加收禮，為將軍、郡守者四十餘人；或有老疾，就加秩命」[19]。並命僚佐推舉自己為都督江東諸軍事、大司馬、楚公，加九錫。又稱說得到朝廷詔命，要自江入沔、漢，奉迎鑾駕，以圖與執掌朝權的司馬越爭雄。然陳敏刑政無章，不為英俊所附；子弟兇暴，所在為患。顧榮、周　等憂之。廬江內史

18　《晉書》卷七六《虞潭傳》，第 2013 頁。
19　《資治通鑒》卷八六・惠帝永興二年（305），第 2715 頁。

華譚給顧榮寫信說：「陳敏盜據吳、會，命危朝露……今以陳敏凶狡，七第頑冗，欲躡桓王（指孫策）之高蹤，蹈大皇（指孫權）之絕軌，遠度諸賢，猶當未許也。」[20]華譚在信中指出陳敏割據江東，危如累卵；大罵他凶狡頑冗，是個下才，要效法孫策、孫權是不可能的，並力勸顧榮不要為之所用。顧榮本有圖敏之心，及得書，甚為慚愧，於是遣使密報征東大將軍劉准，使發兵臨江，自己為內應，剪髮為信。劉准得報，於永嘉元年（307年）二月遣揚州刺史劉機等出曆陽討敏。

陳敏使其弟廣武將軍昶及將軍錢廣率兵數萬屯烏江，又遣弟宏為曆陽太守，屯牛渚，以備官軍。周玘收買同郡人、昶司馬錢廣殺昶。陳敏遣甘卓討廣，堅甲利兵全都交給他。周玘又與顧榮遊說甘卓，勸其反正，卓遂詐稱疾病，迎女、斷橋，收船南岸，與玘、榮及丹楊紀瞻共攻敏。陳敏自率萬人討卓，顧榮統一指揮諸軍一齊進攻。在官軍的配合下，敏軍一時潰散。陳敏單騎北走，被追獲於江乘（今江蘇句容縣北），斬於建鄴，夷三族。於是會稽等郡盡殺陳敏諸弟。

陳敏割據政權只經過短短的一年零三個月便遭到徹底的覆滅，其勢力滲入江州也僅是曇花一現。

三　司馬睿平華軼，定江州

永嘉（307-313年）中，華軼出任江州刺史。

20　《資治通鑒》卷八六・晉懷帝永嘉元年（307），第2725頁。

華軼，字彥夏，平原（今山東平原縣西南）人，漢末豫章太守華歆曾孫。年輕時富有才幹，名聞當世，仁厚愛人，博采眾議，受到人們的普遍讚譽。初為博士，累官至散騎常侍。東海王司馬越為兗州牧，引為留府長史，繼遷江州刺史。

時值亂世，禮教凋零，華軼卻在江州崇尚儒家禮儀，以「才學精博，道行優備」的杜夷為儒林祭酒，興學崇儒，大力弘揚儒家文化。他廣泛結交當地人士，大家都把他當朋友對待。他實行善政，使亂世中遭受苦難的人們有了安居樂業的基本生存條件，大批流亡之士都來投奔他。因為他為江州人民辦了不少好事，故史家高度評價說：「軼在州甚有威惠，州之豪士接之以友道，得江表之歡心，流亡之士赴之如歸。」[21]

華軼對司馬氏朝廷忠心耿耿。時天子孤危，四方瓦解，軼有匡扶天下之志，每每遣使貢獻入洛，不失臣節。曾對使者說：「若洛都（指京都洛陽）道斷，可輸之琅邪王（指司馬睿），以明吾之為司馬氏也。」

永嘉元年（307 年）七月，司馬越以琅邪王司馬睿為安東將軍、都督揚州江南諸軍事，鎮建鄴，在王導、顧榮等南北士族的聯合支持下，於南方初步站穩腳跟，政權初具規模，開始節制江南各州郡。華軼自以為受洛京所遣，而為琅邪王所督，心中不悅。時西晉尚存，故不能恭奉元帝（即司馬睿）教命，郡縣多勸

21 《晉書》卷六一《華軼傳》，第 1671 頁。下引史料皆見《晉書》華軼本傳。

他不要這樣做，軼不聽，說：「吾欲見詔書耳。」司馬睿聞知，大為惱火。他不能容忍華軼帶頭與自己作對、有損宗王尊嚴的所作所為，更不能沒有江州這一戰略要地。雙方的矛盾由此產生並逐步激化。

司馬睿決心嚴懲華軼，急調揚烈將軍周訪出兵彭澤，準備以兵戎相見。華軼也派兵嚴守州境，以防不測。雙方劍拔弩張。周訪預感到這場戰事不可避免，過姑孰（今安徽當塗）時，對著作郎干寶說：我受命屯兵彭澤，「彭澤，江州西門也。華彥夏有憂天下之心，而不欲碌碌受人控禦，頃來紛紜，粗有嫌隙。今又無故以兵守其門，將成其釁。」事隔不久，洛陽失守，司空荀藩移檄各地，而以司馬睿為盟主，組織抗胡，共赴國難。司馬睿大權在握，乃承制改易官長，華軼又不從命，矛盾進一步激化。

為了孤立華軼，司馬睿採取釜底抽薪的辦法，先將他手下一支有生力量拉走。華軼曾薦舉陶侃為揚武將軍，使屯兵夏口，又以侃兄子陶臻為參軍。華軼與司馬睿向來不和的事實為朝野所共知，陶臻懼大難將至，託病而歸，對侃說：「華彥夏有憂天下之志，而才不足，且與琅邪不平，難將作矣。」[22]侃怒，遣臻回到華軼身邊，但陶臻卻往東投歸了司馬睿。司馬睿見臻，大悅，命之為參軍，而加侃奮威將軍，並送去赤幢曲蓋軺車、鼓吹等儀仗。陶侃遂宣布與華軼斷絕關係，而歸於司馬氏。陶侃是當時最有才幹的軍事將領之一，他的離去，無疑大大加速了華軼的敗

22　《晉書》卷六六《陶侃傳》，第1770頁。

亡。

永嘉五年（311 年）六月，司馬睿遣左將軍王敦都督曆陽內史甘卓、揚烈將軍周訪及宋典、趙誘諸將合兵擊軼，雙方於鄱陽湖區展開水陸大戰。華軼遣別駕陳雄屯兵彭澤以拒王敦，自己率舟師以為外援。武昌太守馮逸陳兵湓口（即湓口城，坐落於湓水之口，位今九江市區龍開河西岸），與周訪激戰，一戰而敗。逸退保柴桑，訪趁勝追擊。華軼遣其將王約、傅劄等率軍萬餘人助逸，大戰於湓口，約等又敗。周訪與甘卓等會兵於彭澤，與軼水軍將領朱矩等戰，又敗之。正當戰事吃緊的關鍵時刻，華軼又挨了背後致命的一刀。前江州刺史衛展因得不到華軼禮遇，心中十分不快。至是，與豫章太守周廣為內應，暗中出兵偷襲華軼。華軼腹背受敵，眾軍潰散，逃奔安城（今安福），被追殺，其五子皆遇難。司馬睿以武力平定華軼，奪得江州，終於如願以償。

華軼雖死，但其在江州的恩德並沒有被人們所遺忘。廣陵人高悝曾寓居江州，軼辟之為西曹掾。及軼敗，悝藏匿軼二子及妻，在困難艱險的處境中度過一年之久，直到遇赦，才攜之出面自首，得到了司馬睿的嘉獎和寬恕。

四　晉軍與杜弢流民起義軍在江州的戰爭

兩晉之交，乃江州多事之秋，真可謂一波未平，一波又起。就在司馬睿平華軼、定江州的當年，湘州發生了以杜弢為首的更大規模的流民起義。一年之後，流民軍進入江州，與晉軍發生了一系列的戰爭。

西晉末，巴蜀流民汝班、蹇碩等數萬家散佈在荊、湘間，遭到當地豪強地主的壓迫和欺凌，生活無著，處境艱難，並懷怨恨。永嘉五年（311 年）正月，蜀人李驤聚眾據樂鄉（今湖北松滋縣東），殺縣令，扯旗造反，遭到荊州刺史王澄的血腥鎮壓。接著，蜀人杜疇、蹇碩聚眾又反。湘州刺史荀眺打算殺盡流民，流民大懼，四五萬家一時俱反，共推益州秀才杜弢為主。弢自稱梁、益二州牧、平難將軍、湘州刺史，一場大規模的流民起義爆發了。

永嘉五年五月，杜弢攻長沙，荀眺棄城逃奔廣州，途中被追擒。流民軍作戰英勇，所向無前，先後擊敗始興內史嚴佐、成都內史王機、安成太守郭察。杜弢率流民軍攻破荊、湘諸郡縣，南破零陵，東攻武昌，殺長沙太守崔敷、宜都太守杜鑒、邵陵太守鄭融、衡陽內史滕育等，又屢敗荊州刺史王澄，一時勢力大盛。

六年（312 年）十二月，杜弢率流民軍進入江州。司馬睿以周玘代王澄為荊州刺史，率兵討杜弢。次年八月，周玘屯兵潯水城（即古潯陽城），遭杜弢層層圍困，無法脫身。陶侃使明威將軍朱伺出兵相救，才得以突圍。杜弢退保冷口，繼攻武昌，在與朱伺的爭戰中失利，退歸長沙。周玘與杜弢作戰連吃敗仗，被迫出潯陽投奔王敦於豫章，隨後被司馬睿撤職，調回建鄴，用為軍諮祭酒。

建興三年（315 年）二月，司馬睿遣征討都督王敦率武昌太守陶侃、尋陽太守周訪、曆陽內史甘卓共擊弢。敦進屯豫章，為諸軍繼援。晉軍與流民軍前後數十戰，勝少負多，杜弢將士多戰死，乃請降於司馬睿。睿使前南海太守王運受弢降，赦其反逆之罪，以弢為巴東監軍。弢既受命，晉軍諸將圖爭功，仍攻之不已。弢不勝憤怒，乃殺王運再次造反。杜弢指揮流民軍與晉軍大戰於尋陽城，弢作桔槔（古代類似汲水工具的水戰武器）擊打官軍船艦，周訪則作長岐棖（一種長形木棒）以拒之。杜弢從青草湖秘密抄襲官軍，又遣其將杜弘、張彥入海昏（今永修），與臨川內史謝摛戰，摛戰敗而死，弢遂攻陷豫章，焚毀城邑。王敦時鎮湓口，急遣督護繆蕤、李恒受周訪節度，共擊彥。三月，雙方大戰於豫章石頭城下，張彥戰敗被殺，杜弘退保廬陵（今吉安）。周訪也被流矢射中，折斷兩顆牙齒。戰爭持續到傍晚時分，兩軍隔水相望，流民軍數倍於晉軍，周訪自知力量相差懸殊，乃設計退敵。他首先秘密派人喬裝成樵夫而出，然後結陣鳴鼓而回，大呼曰：「左軍至！」士卒皆稱萬歲。至夜晚，下令軍中多點火把而食，敵方誤以為官軍大增，未及天亮便撤退了。退兵途中，流民軍發現上當，欲回身再戰，但渡橋已被官軍切斷，隔水無法北進，只好退回湘州。周訪不顧傷痛，又沿途追擊杜弘，圍之於廬陵。杜弘大扔寶物於城外，晉軍紛紛拾取，弘因陣勢大亂突圍而出，訪率軍追擊，獲鞍馬鎧杖無數。弘入南康，南康太守率兵迎擊，又破之。杜弘無法立足江州，一直逃至臨賀（今廣西賀縣）。

建興三年（315 年）八月，陶侃率周訪等入湘，使都尉楊奉為先鋒，擊杜弢，大破之，屯兵於城西。杜弢遣其將王真率精兵三千出武陵江，招誘武溪蠻，以舟師斷官軍運道，直趨武昌。侃使鄭攀及伏波將軍陶延夜趨巴陵（今湖南岳陽），暗中出師掩其不備，又大破之，斬首千餘級，降萬餘人。流民軍連遭重創，軍心浮動，降者日多。王真遁還湘城，再次向陶侃挑戰。侃曉之以理，動之以情，真遂來降，眾軍潰散，杜弢隨之敗走。陶侃進克長沙，平定湘州，獲其將毛寶、高寶、梁堪而還。杜弢流民軍前後苦戰四年零三個月，最終在晉軍的殘酷鎮壓下失敗了。

關於杜弢的結局，舊史記載不一。《晉書・杜弢傳》說：「弢乃逃遁，不知所在。」《通鑒考異》引《晉春秋》說：「城潰，弢投水死。」司馬光據此作《通鑒》說：「弢眾潰，遁走，道死。」[23]當以司馬光所說為信。

流民問題是中國歷史上嚴重的社會問題之一，大小流民起義時有發生。廣大流民在暴政、戰亂及災荒的摧殘、折磨下，喪失了起碼的生存條件，被迫揭竿而起，他們的處境值得深深同情，他們的行為富於正義性。他們用自己的實際行動給予封建統治者以沉重的打擊和深刻的教訓，從長遠而言，有利於歷史的發展和進步。但是，由於時代和階級的局限，流民及其起義又有著許多致命的缺陷，其中最突出的是其破壞性。毛澤東同志在《中國社會各階級的分析》一文中指出：「此外，還有數量不少的遊民無產者，為失了土地的農民和失了工作機會的手工業工人。他們是人類生活中最不安定者。……這一批人很能勇敢奮鬥，但有破壞性，如引導得法，可以變成一種革命力量。」[24]古代流民和毛主席所說的近代遊民無產者並無本質區別，他們是失了土地的農民，其特徵也與遊民無產者相同。

23 《資治通鑒》卷八九・晉湣帝建興三年（315），第2821頁。
24 《毛澤東選集》第一卷，第8頁，人民出版社，一九五一。

杜弢流民起義軍同樣表現出了明顯的破壞性。他們擄掠財物，挖掘墳墓，焚毀城邑，甚至殺戮無辜人民，使亂世中的社會更加雪上加霜。兩晉之交的江西，在短短的數年之內，相繼經歷了張昌、杜弢兩次流民起義和陳敏之亂，而杜弢入江州時達二三年之久，與晉軍大小數十戰，其破壞也必然更甚。加之官軍的搜奪，使當時的江西社會，特別是豫章郡一帶遭受嚴重的破壞，其狀慘不忍睹。琅邪國侍郎王鑒曾上疏勸司馬睿親征杜弢，他描述當時江州的情況說：「江州蕭條，白骨塗地，豫章一郡，十殘其八。繼之以荒年，公私虛匱，倉庫無旬月之儲，三軍有絕乏之色。賦斂搜奪，周而復始，卒散人流，相望於道。」[25]這是怎樣的一幅慘狀啊！戰亂、殺戮、破壞，人民大批死亡，白骨遍地；生產無法正常進行，經濟蕭條，到處是一遍殘破的景象。繼之以荒年和沉重的賦稅，糧食空前乏絕，劫後餘生的人們又被迫走上流亡之路，成為新的流民。本來經東吳時期得到一定發展和進步的江西社會和經濟，經過這次浩劫，又被迫走了一段曲折的路程。

25　《晉書》卷七一《王鑒傳》，第1889頁。

第三節 ▶ 溫嶠、陶侃治江州和王、庾、桓、謝對江州的爭奪

一　王氏刺江州與王敦之亂

王敦因坐鎮豫章指揮平定杜弢流民起義有功，建興三年（315 年）八月被司馬睿擢升為鎮東大將軍，加都督江、揚、荊、湘、交、廣六州諸軍事，兼江州刺史。東晉立國的第二年即太元元年（318 年）四月，又以王敦為江州牧；十一月，加荊州刺史。作為六州都督、荊州刺史，王敦控制了上游兵權；作為東晉的第一任江州刺史，則控制了整個江州政局，為他日後作亂奠定了基礎。六朝時期，荊州最為重鎮，乃兵甲所聚之地，所謂「江左大鎮，莫過荊揚」。江州地處荊、揚之間的緩衝地帶，在上下游之爭中具有舉足輕重的制衡戰略地位。誰控制了江、荊二州，誰就能遙執朝權，甚至取司馬氏而代之，此乃東晉權臣多所企求的。

司馬睿何以對王敦如此信賴，將中上游之軍政大權悉數託付於他個中自有深刻原因。

首先，南渡的司馬氏政權需要依賴高門大族、特別是僑姓高門大族。王敦屬琅邪（今山東臨沂）王氏，是魏晉之際崛起的大士族。其族祖王祥以「孝」著稱，魏末晉初，官拜太尉、太保，爵封公侯，位極人臣；其祖王覽以「悌」聞名，曾被晉武帝下詔褒獎，位至宗正卿，封即丘子，地位也不低。西晉一朝，王氏兄弟紆金拖紫，榮極當世。王敦的從兄王戎官居吏部尚書，遷司徒，封安豐縣侯；王衍曆位尚書令、中書令，後拜司空、司徒，

繼遷太尉；衍弟澄為荊州刺史，族弟敦為青州刺史。真可謂公侯繼踵，冠冕連鑣。晉室南渡之初，司馬睿名微眾寡，勢單力薄，既需要有名望的大族為之延譽，廣攬天下名士豪傑，擴大統治基礎；又需要利用他們原有的勢力，組織新的力量，才能在江左立住腳跟。幾經權衡，琅邪王氏則成為最理想的選擇對象。

其次，琅邪王氏與司馬氏之間有著特殊的地域和歷史關係。司馬睿之祖司馬伷於西晉平吳之前徙封琅邪國，司馬伷、司馬覲、司馬睿祖孫三代相繼為琅邪王，其時琅邪國內最顯赫的門第當數琅邪王氏。琅邪王要在自己的封國內擴大影響、壯大實力，就必須結交宗族繁衍、門第顯赫的王氏家族。通過交好聯姻，雙方的友好關係綿延數十年之久。所以南渡後，王氏兄弟與晉元帝司馬睿在述及王、馬關係時，總說是朋友之誼、手足之情。例如王導與司馬睿素相親善，「契同友執」，「眷同布衣」。司馬睿曾對王敦說：「吾與卿及茂弘（王導）當管鮑之交。」[26]管仲、鮑叔牙是春秋時期的知音摯友，交情深厚，司馬睿以此為喻，說明他與王氏的關係何等密切。

與此同時，王氏與司馬氏之間還有著特殊的歷史關係。晉末八王之亂結束後，東海王司馬越取得了最後勝利，贏得了滿目瘡痍的山河，也獨吞了戰亂的全部惡果，羯人石勒、王彌率鐵騎進逼洛陽，使司馬越不遑寧處。而司馬越非皇室近屬，號召力有

26　分見《晉書》卷六五《王導傳》，第 1745 頁；卷九八《王敦傳》，第 2556 頁。

限。在艱難的條件下，他看中了琅邪王氏，以王衍為征討都督、太傅軍司，負責組織抵抗少數民族；又以王導參軍事，為之出謀劃策。他們密切合作，共同經營風雨飄搖的西晉王朝。在司馬越、王衍的共同操縱下，琅邪王司馬睿與王導兄弟又開始結合。永興二年（305 年）八月，司馬睿被司馬越任命為平東將軍，受命監徐州諸軍事，留守下邳（今江蘇睢寧西北），為他看守後方。臨行前，司馬睿請王衍從弟、參東海王越軍事的王導為司馬，委以重任。這樣，由司馬越、王衍在洛陽的關係，派生出了司馬睿、王導在徐州下邳的關係，王氏兄弟在司馬睿心目中的分量和地位可想而知。

在王導、王敦兄弟的秘密策劃下，永嘉元年（307 年）七月，司馬越以琅邪王司馬睿為安東將軍、都督江南諸軍事，出鎮建鄴（今南京）。司馬睿初鎮江東，威名未著，南方士族持冷眼旁觀態度，不肯合作，王導十分憂慮。於是利用三月上巳節的機會，讓司馬睿親自觀禊[27]，乘坐肩輿，王敦、王導及諸名流皆騎馬跟隨，前呼後擁，好不威風。吳土名士紀瞻、顧榮見其如此，乃相率拜於道旁。王導趁機獻計，邀請南方首望顧榮、賀循出來做官，以結人心。司馬睿親自登門拜訪顧榮、賀循，二人皆應命而至。由是吳人歸附，君臣之禮始定。在南北門閥士族的聯合支持下，司馬氏在南方終於站穩腳跟，政權初具規模。

27 禊：古代民俗。人們在三月三日上巳節于水濱洗濯，消除不祥，清除宿垢稱為禊。

由於王敦、王導兄弟對司馬氏擁戴之功最多，故東晉立國前後，司馬睿對之格外寵信，待以殊禮，號王導曰「仲父」。在權力上，以王導為丞相，掌機樞；以王敦總征討，執兵權。從而形成了「王與馬，共天下」的政治格局，琅邪王氏也一躍而成為江左第一高門。

明白上述原因，我們就不難理解，為什麼司馬睿以王敦為六州都督及江荊二州刺史，將上游軍政大權全部託付於他。

然而，王敦絕非等閒之輩，而是一個野心勃勃的陰謀家。憑藉王家的聲威和巨大的勢力，他根本不把司馬小兒放在眼裡，決心與之一爭高下，進而奪取皇帝寶座。自從做了六州都督、江、荊二州刺史後，日漸驕橫起來。他自選僚吏，兼統州郡，結黨營私，極力發展個人勢力，以流民起義軍的叛徒杜弘為將，加以寵待；南康人何欽聚黨數千人，他擅自用為四品將軍。王敦「既素有重名，又立大功於江左，專任閫外，手控強兵，群從貴顯，威權莫二，遂欲專制朝廷，有問鼎之心」[28]。他每每酒後吟詠曹操的樂府詩：「老驥伏櫪，志在千里。烈士暮年，壯心不已。」一邊吟誦，一邊用如意敲擊唾壺打著節拍，以致壺邊盡缺。晉元帝司馬睿對王敦的勃勃野心感到厭惡和警惕，遂引劉隗、刁協等人以為心膂，以分王氏之權。王敦愈感不平，於是雙方的猜忌和矛盾由此產生。晉元帝以湘州刺史甘卓遷梁州刺史（治漢中），王敦欲以從事中郎陳頒代卓，元帝不從，更以譙王司馬承鎮湘州。

28　《晉書》卷九八《王敦傳》，第2557頁。

這時，王敦已按捺不住心頭怒火，口出怨言，公然上表元帝，稱自己是忠臣，所以遭君王懷疑，是因為有蒼蠅之人從中挑撥離間所致。王敦的公開挑釁，使晉元帝又恨又怕。為麻痹王敦，元帝仍採取攏絡的方針，不但沒有加罪於他，反而給他增加羽葆鼓吹等儀仗及屬吏。為防王敦作亂，元帝也積極部署力量，組建軍隊，以劉隗為鎮北將軍，戴淵為征西將軍，徵發所有揚州家奴為兵，外以征討少數民族，實禦王敦。至此，雙方矛盾空前激化，如箭在弦上，一觸即發。

永昌元年（322 年）正月，王敦以討劉隗、清君側為名，舉兵武昌，公開作亂。其党吳興人沈充起兵回應。王敦自武昌沿江東下，至蕪湖，又上表罪狀刁協。元帝大怒，下詔親討叛逆。叛軍沿途未遇任何抵抗，直造建鄴石頭城下。右將軍周劄開城門納敵，諸將與敦戰，王師敗績。王敦既入石頭，肆無忌憚，擁兵不朝，放縱兵士劫掠內外，宮省百官奔散，京城一片混亂。又殺大臣周顗、戴淵，刁協被迫逃奔後趙。皇太子司馬紹神武明略，為朝野所欽重，敦欲誣以不孝之罪而廢之。元帝無可奈何，以敦為丞相、江州牧，進爵武昌郡公，邑萬戶，又加羽葆鼓吹等儀仗，王敦假裝不接受。隨後退還武昌，多害忠良，寵樹親黨，以兄王含為衛將軍，都督沔南諸軍事，領南蠻校尉、荊州刺史，又自為寧、益二州都督。

同年閏十一月，晉元帝在憂憤中死去，明帝司馬紹即位，被迫徵召王敦入朝輔政，授以黃鉞，班劍虎賁二十人，奏事不稱名，入朝不趨拜，劍履上殿。此乃權臣篡位前的殊禮，這時的王敦離皇帝寶座只有一步之遙了。接著，王敦自為揚州牧，移鎮姑孰（今安徽當塗），以便就近監視朝廷，隨時準備入朝稱帝。

王敦既得志，氣焰更加囂張，四方貢獻多入已府，將相嶽牧悉出其門。為強其宗族，削弱帝室，調其兄王含任征東將軍，都督揚州江西諸軍事；以從弟舒為荊州刺史，彬為江州刺史，邃為徐州刺史。以沈充、錢鳳為謀主，網羅大批爪牙。又大興土木，營建府第，「侵入田宅，發掘古墓，剽掠市道」[29]，弄得士庶解體，天怒人怨，人們都知道他的末日快到了。果不出人們所料，不久王敦病重，但他仍念念不忘篡權奪位。

太寧二年（324 年）七月，王敦遣其兄含及錢鳳等率水陸兵五萬，再次舉兵反叛。叛軍直抵京城南岸，明帝親率六軍迎擊。由於叛軍不得民心，加之王敦病入膏肓，無法親自指揮戰鬥，在官軍的奮力反擊下一戰而潰，王敦憤慨而死。其死黨錢鳳、沈充等也相繼兵敗被殺。隨後，各地大肆誅除王敦所署郡縣長官，將叛亂一舉平息。

在王敦之亂中，作為丞相的王導扮演了不光彩的角色。他表面上忠於司馬氏皇帝，每日清晨率群從昆弟子侄二十餘人至朝廷待罪，並大罵王敦是逆臣賊子。而實際上為了家族利益卻站在王敦一邊，當王敦讓其為司徒、守尚書令時，他痛快地接受了。王敦之亂雖然平息了，但鑒於王氏勢力太強，晉明帝仍然不敢得罪，乃下詔王敦群從一無所問，王導照常居太保、司徒的高位，整個王氏家族毫髮無損，從而保證了琅邪王氏第一高門不替的地

29 《晉書》卷九八《王敦傳》，第 2560 頁。

位。

從王敦之亂中，我們可以看到：他始為六州都督、江州刺史，繼為荊州刺史。由於江州所處地理位置的特殊性和戰略地位的重要性，在作亂前後，王敦始終把江州牢牢地控制在自己手中。自為揚州牧後，則以從弟彬為江州刺史，決不肯輕易讓人。王敦的做法為以後庾、桓等高門大族所效尤，開啟了爭奪江州的先例。

二　應詹、溫嶠治江州與郭默滋事

王敦之亂給東晉朝廷敲響了警鐘，司馬氏皇帝深深感到江州戰略地位的重要，江州刺史需慎選其人，否則將釀成禍患，自食苦果。

太寧二年（324 六）十月，王敦之亂剛剛平息，晉明帝即選任應詹為平南將軍、都督江州諸軍事、江州刺史。

應詹，字思遠，汝南南頓（今河南項城縣西）人，出身於儒學世家。其祖應璩，魏侍中；族祖應瑒，著名的建安七子之一。詹弱冠知名，為人直率純樸，文雅而有度量，以學藝文章見稱於世。他反對崇尚玄虛、不經世務的玄學清談風氣，提倡儒學，主張務實。在八王之亂中，曾任鎮南大將軍劉弘長史，被委以軍政大事。他勤於為政，著績漢南。當洛陽失陷、西晉垂危之際，應詹捋臂奮起，流涕滿面，力勸荊州刺史王澄出兵赴援，並替澄起草檄文，下筆立成，辭義壯烈，見者慷慨，其忠於司馬氏王室之情溢於言表。晉室南渡後，先後任建武將軍，監巴東五郡軍事，遷益州刺史。他為官清廉，不貪錢財，曾與陶侃破杜弢於長沙，流民軍中金寶溢目，詹一無所取，唯收圖書而已，見者莫不嘆服。他勤政愛民，當離任益州刺史、巴東監軍時，當地士庶攀車號泣，若戀所生，都不願讓他離去。王敦作亂時，他又積極參加平亂鬥爭。明帝選任應詹為江州刺史，不失為明智之舉。

應詹赴任時，上疏明帝，建議慎選官吏，加強考課，各級長官不得擾亂百姓，實行精兵簡政，減輕人民負擔。來到江州後，他針對王敦之亂新平、人心未安的現實，關心民間疾苦，努力組織人民發展生產，恢復社會經濟，以撫平戰亂所造成的創傷，江州人民無不感到歡欣鼓舞。史稱：「時王敦新平，人情未安，詹撫而懷之，莫不得其歡心，百姓賴之。」[30]應詹在任兩年，為江州的社會發展作出了一定的貢獻。咸和元年（326 年）七月卒，時年五十二。

同年八月，溫嶠繼為平南將軍、江州刺史。

溫嶠，字太真，太原祁（今山西太原市祁縣東南）人。出身於大士族家庭，父祖世代為官，其父兄弟六人並知名於世，號曰「六龍」。其伯羨，西晉末官拜司徒；父憺，河東太守。嶠性聰敏，有膽識，博學善文章，從少以孝悌稱著於鄉邦同族。年十七，為都官從事。後舉秀才，補上黨潞縣令。八王之亂後期，中原離亂，民生塗炭，並土（今山西）荒殘，寇盜群起。嶠為上党太守，追隨姨丈、大將軍劉琨，在艱難困苦的環境中，堅持鬥爭，頑強抗擊石勒、劉聰等少數民族統治者，出生入死，收拾破

30　《晉書》卷七〇《應詹傳》，第 1860 頁。

碎山河。值洛陽、長安相繼失陷，社稷淪亡，司馬睿初鎮江左，劉琨誠系王室，乃命嶠渡江南來，奉表勸進。從此，溫嶠留在南方，成為司馬氏的股肱重臣。東晉初，歷官散騎侍郎、驃騎長史、太子中庶子等職。明帝即位，拜侍中，機密大謀皆所參綜，詔命文翰亦悉為之。王敦之亂中，溫嶠盡忠王室，親自揮戈上陣，敗王含，擊錢鳳，多立軍功。王敦之亂後，天下凋敝，國用不足，溫嶠上奏軍國要務，建議朝廷應加強對壽陽（今安徽壽縣）的防務，以防叛亂再次發生；實行勸課農桑，減輕賦役，興兵屯田；省官吏，選拔賢才。其奏議多為朝廷所採納。明帝病重期間，溫嶠與王導、郗鑒、庾亮等同受顧命。

成帝初即位，朝廷又面臨新的不穩定因素。曆陽（今安徽和縣）內史蘇峻自恃平定王敦之亂立有大功，頗為驕縱，憑藉其兵強馬壯，器械精利，暗有異志，多納亡命，結黨營私，專用威刑。他手下精卒萬人，皆仰賴國家供給，稍不如意，便肆意忿言，隨時都有作亂的可能。而征西將軍陶侃居兵上游，素有威名於荊楚，朝廷又以西夏（此指荊州）為憂。兩者相比，朝廷最擔心的倒是上游軍事重鎮荊州。為了牽制荊州，防患於未然，故使溫嶠為江州刺史。溫嶠就是在這種背景下走馬上任的。

溫嶠刺江州期間，頗有惠政。他注意察別和選用德才兼備之士為官，以加強對地方的治理；敬重前賢，親至南昌祭掃徐孺子之墓，以樹立良好的社會風尚。並上書朝廷，指出：「豫章十郡之要，宜以刺史居之。尋陽濱江，都督應鎮其地。今以州帖府[31]，進退不便。……宜選單車刺史[32]別撫豫章，專理黎庶。」[33]西晉惠帝元康元年（291 年），始立江州，轄豫章、鄱陽、廬陵、臨川、南康、建安、晉安、武昌、桂陽、安成十郡。不過，西晉懷帝永嘉元年（307 年）置立湘州，桂陽郡已從江州劃出，至東晉初，江州只剩九郡了。溫嶠所說十郡，當指江州始立之政區。他認為，十郡之中，豫章郡最為重要，應有刺史常居郡中才合適，而且要選用單車刺史專門治理民眾，方能把州郡治理好。尋陽臨江，是軍事要地，應該由都督鎮守。如果州府、軍府混在一起，進退不方便，不利於對整個江州的治理。溫嶠的意見無疑是對的，說明他對江州的關注和對治理江州的高度重視。如能按此建議實行，對江西社會發展必將大有裨益。但是，在門閥士族當權的東晉，高門大族對江州虎視眈眈，誰也不肯輕易放棄那裡的軍政大權，他的建議不可能被採納。因此，詔不許，實際上是當權的大族庾亮不允許。溫嶠對叛逆恨入骨髓，在鎮見到王敦畫像，恨恨地說：王敦是個大逆臣賊子，應當剖棺戮屍，哪有受戮於天子而為其畫像於眾人之中的道理？即命人將王敦畫像削去。

咸和二年（327 年）十月，庾亮不顧舉朝大臣的反對，強征曆陽內史蘇峻為大司農，欲奪其兵權，以防禍亂，蘇峻拒不應

31 以州帖府：意為以州府帖附於軍府，二者合署辦公。東晉多以鎮將領州，以州帖府，仗節握兵，執掌一方之軍政大權。

32 單車刺史：自魏以來，凡庶姓為州而無將軍號者謂之單車刺史。它只理民政而無兵權。

33 《晉書》卷六七《溫嶠傳》，第 1790 頁。

命。由於庾亮對蘇峻事件處置失宜，引起蘇峻的強烈不滿，終於釀成大禍。

同年十一月，蘇峻聯合豫州刺史祖約發動了一場更大規模的反叛。溫嶠聞變，心急如焚，立即出師勤王。親自屯兵尋陽，遣都護王愆期、西陽太守鄧岳、鄱陽內史紀睦等率舟師赴難。叛軍勢如破竹，十二月襲陷姑孰。次年二月，攻克建康。溫嶠聞京師傾覆，號啕大哭；與人相見，相對悲哭。身為征討大都督的庾亮，此時全無抵抗能力，軍未成列，士卒皆棄甲而走；倉皇之中覓得一條小船，攜其三弟懌、條、翼及郭默、趙胤諸將西奔尋陽，投奔溫嶠。三月，溫嶠遣都護王愆期至荊州，邀請陶侃與之同赴國難。陶侃本對庾亮無端猜忌自己不滿，心懷怨忿，但在國難當頭之際不計前嫌，慨然應允；庾亮也引咎自責，風止可觀。溫嶠、庾亮共推陶侃為盟主，克日同趨建康。五月，陶侃率眾至尋陽，合荊、江二州之兵，戎卒六萬，旌旗七百餘里，鉦鼓之聲震於百里，浩浩蕩蕩，直指石頭城下。這時，東部各郡也紛紛起兵以救京師。陶侃指揮官軍並殊死戰，在東西兩路大軍的夾擊下，叛軍紛紛潰散。七月，祖約敗奔曆陽。九月，蘇峻於戰陣中被殺，餘眾大潰。峻司馬任讓等共推蘇峻之弟蘇逸為主，閉城自守。溫嶠乃立行台，布告遠近，凡故吏二千石以下，皆令赴台城，於是至者雲集。咸和四年（329 年）二月，蘇峻之亂被最後平息。溫嶠因平亂立有大功，拜驃騎將軍，加散騎常侍，封始安郡公。

蘇峻之亂歷時一年零三個月之久，使建康一帶遭到慘重破壞。是時宮闕化為灰燼，民物凋敝，京邑荒殘。溫嶠欲遷都豫章，三吳豪強請都會稽，二論紛紜未決。司徒王導認為「建康王者之都」，宜鎮之以靜，群情自安，由是不再遷都。時朝廷資用不能自給，溫嶠又藉以資蓄，備好各種器具，謝絕留朝輔政，而後凱旋回到武昌。

咸和四年（329 年）四月，溫嶠至鎮不到十天，因患齒疾，拔牙中風而死，時年四十二歲。「江州士庶聞之，莫不相顧而泣」。成帝下詔褒美，盛讚他帶頭起兵勤王，平定叛亂，使「王室危而復安」；稱其「功格宇宙，勳著八表」[34]。追贈侍中、大將軍、都督，賜錢百萬，布千匹，諡曰忠武。葬於豫章（今南昌），後遷喪還都，葬於晉元帝建平陵北。

溫嶠死後，劉胤代嶠為平南將軍，都督江州諸軍事，領江州刺史。

劉胤原為溫嶠軍司馬，受溫嶠生前薦舉而代領其職。陶侃、郗鑒都認為劉胤非方伯之才，不宜居要害之地而擔此重任，然司徒王導不從。溫嶠薦舉劉胤代為江州刺史本已失策，王導又一意孤行，不肯聽取陶侃等大臣的意見，更是錯上加錯。後將軍郭默趁機滋事，結果釀成變亂。

劉胤上任之後，隨著職務和地位的提高，驕傲自負日甚一日，把溫嶠在世時的許多惠政一古腦兒拋到九霄雲外。他「縱酒耽樂，不恤政事」；以官經商，「大殖財貨，商販百萬」。是時朝廷經蘇峻大亂，物資嚴重匱乏，百官無俸祿，全靠江州漕運供

34 《晉書》卷六七《溫嶠傳》，第 1795 頁。

給。劉胤卻視而不見，不聞不問，而是利用江州水運便捷、物產富饒的優越條件，「商旅繼路，以私廢公」[35]。有關官員奏免其職。

郭默本是河內一塢堡主，永嘉之亂中，靠漁舟抄劫行旅而致巨富，遂為流民首領。東晉初南渡，被用為北中郎將，轉後將軍。蘇峻之亂中，隨庾亮出逃至尋陽。郭默驍勇，為人狡猾多詐，樂為邊將。居尋陽時，不被劉胤禮遇，心懷怨恨。而尋陽重要的戰略地位和優越的經商條件，更使他垂涎欲滴，故早有取劉胤而代之的野心。蘇峻之亂平定後，朝廷征之為右軍將軍，入朝宿衛，郭默心中不願。出發前，他藉口向劉胤求取行資，得知劉胤雖被朝廷免官，卻不即歸罪，正準備申訴，遂詐稱受詔書討胤，斬胤及其僚佐，掠其妻女並金寶還船。初稱下還建康，旋又停留于劉胤故府不走。司徒王導想利用這一事件將江州控制在自己手中，削弱上游方鎮，故立刻承認這一既成事實，當即宣布大赦天下，梟劉胤之首於大航（建康朱雀航），以郭默為西中郎將、江州刺史。太尉、荊州刺史陶侃聞之大怒，搶先下手，於咸和五年（330 年）正月起兵討郭默，並致書斥責王導說：「郭默殺方州即用為方州，害宰相便為宰相乎？」[36]王導自知不是陶侃對手，趕緊派人收起劉胤之首。與此同時，豫州刺史庾亮率步騎兩萬，也加入討伐行列。三月，陶侃、庾亮會兵湓口。郭默欲南

35　《晉書》卷八一《劉胤傳》，第 2114 頁。
36　《晉書》卷六八《陶侃傳》，第 1776 頁。

據豫章，而侃兵已至城下。隨後諸軍大集，圍之數重。五月，陶侃斬郭默於軍門，傳首建康。成帝遂下詔以侃為江州都督，領刺史。這樣，郭默滋事被很快平息，陶侃得以兼有荊、江兩州之地，破壞了上下游平衡的局面。

三　陶侃發跡及其對荊、江二州的治理

東晉一朝，陶侃是位頗為特殊的重要人物，甚至帶有幾分傳奇色彩。他既非高門，也非望族，在等級森嚴的東晉門閥社會，居然能逐步發跡而榮登三公高位，位元極人臣，既富且貴。身為八州都督，手控強兵，長期居藩上游，卻不參與朝權，與下游朝廷平和相處，相安無事，使上下游之間保持了十幾年之久的平靜安定局面。他身兼荊、江二州刺史，理政愛民，「作藩於外，八州肅清；勤王於內，皇家以寧」[37]。從而在官場和百姓中都贏得了極好的口碑。兩晉玄學盛行，上層社會的官僚名士手握麈尾，口尚清談，競為風流。他不染流俗，不附風雅，痛斥老莊浮華，而惜陰如金。凡此種種，都說明陶侃與眾不同，這些與其出身、從小所受家庭教育及坎坷人生等因素密切相關。

陶侃（259-334 年），字士行，原籍鄱陽（今波陽縣東），西晉平吳後，徙居廬江尋陽縣（今九江市西）。當時的廬江郡一帶是盤瓠蠻即谿族雜居之地，谿族因雜處五溪之內，故也稱溪族或傒族。陶侃的相貌與眾不同，又「俗異諸華」，溫嶠曾罵之為

37　《晉書》卷六六《陶侃傳》，第 1778 頁。

「溪狗」[38]。可見，他是少數民族。谿族拳腳敏捷，善於格鬥，陶侃作戰勇猛，大約與此有關。南北朝以後，谿族罕見諸史籍，基本融合於漢族之中。

陶侃出身寒微，其先輩史載不詳，仕宦不顯。其父陶丹，東吳時官拜揚武將軍。揚武是雜號，居官八品，地位不高。陶侃年輕時曾為尋陽魚梁吏，替官府看護魚池，服過賤役，故其自稱「少長孤寒」，史家也謂之「望非世族」。

陶侃早年孤貧，與母親湛氏相依為命。湛氏，豫章新淦人，陶丹聘以為妾，生侃。這是一位賢明、知書達理而又堅強的女性，家風極嚴，使陶侃從小就受到良好的家庭教育。陶侃作魚梁吏時，曾托人捎回一罐醃魚給母親吃，湛氏原封不動地將魚讓來人拿走，並寫信責備兒子說：「汝為吏，以官物見餉，非唯不益，乃增吾憂也！」陶侃年輕時曾有酒失，遭到父母的訓斥和嚴格約束，以至終身不敢飲酒過量。多年以後，陶侃在荊州刺史任上，每次與佐吏從容飲宴，常有限量，或有人勸他多喝一點，他淒然良久地說：「昔年少曾有酒失，二親見約，故不敢逾限。」[39]陶家貧賤，湛氏立志要使兒子顯身揚名，乃勤於紡織以資助兒子廣交朋友。陶侃也很爭氣，「少長勤整，自強不息」，有著「綱維宇宙」的遠大志向。後經縣功曹周訪的舉薦，當上縣主簿，才開始擺脫充賤役的地位。鄱陽孝廉范逵素知名，一天投宿陶侃

38 《世說新語・容止篇》，第330頁。
39 《世說新語・賢媛篇》，第364頁。

家。時冰雪積日，侃家一無所有，而范逵馬匹、僕人甚多，倉促之間無以待客。湛氏急忙將自己一頭長長的秀髮剪下，賣得數斛米，又讓侃將屋柱砍下為薪，將草席切碎以為馬草。經過一番忙碌，至傍晚時分，居然備下一桌「精食」。范逵為陶侃母子的盛情所感動，遂向廬江太守張夔稱美之，夔召侃為督郵，領樅陽令。因為幹得出色，不久遷郡主簿。陶侃也傾力報答張夔的知遇之恩，又被舉為孝廉。有了這種身份，便可以進入洛陽去結識上層名流，為日後的發跡創造了條件。

大約在二九六年，陶侃來到洛陽，首先去拜訪「性好人物」的司空張華。張華卻「初以遠人，不甚接遇」。但陶侃對張華的輕視並不灰心，多次求見，「每往，神無忤色」[40]。後在一次交談中，張華發現他才華出眾，有異常人，遂寄予厚望，並當面誇讚說：「後來匡主寧民，君其人也。」[41]即薦之為郎中。郎中是重要的晉身之階，有資格入選各類官職。但在九品中正至盛行的西晉，選官已形成「上品無寒門，下品無世族」的局面。陶侃幾經拼搏，雖然得到郎中一職，仍不免被上層名流視為「小人」。由於出身寒微，又無權門可托，陶侃要想擠入上流社會，真比登天還難。

就這樣，陶侃在洛陽呆了五六年。在此期間，只做過舍人一類的寒官，還不時被中原士族名流斥為「小人」，眼前的境況使

40 《晉書》卷六六《陶侃傳》，第1768頁。
41 《世說新語・言語篇》，第74頁。

他感到前途渺茫。就在此時，八王之亂發生，京城洛陽戰亂不已，陶侃決心南下。經吏部令史黃慶的推薦，他來到荊州南部一個偏遠之地，補任武岡縣令。上任不久，因與太守呂岳關係緊張，遂棄官還鄉，隨後當過郡小中正。這時的陶侃已經四十多歲了，在仕途上始終難以得志。

八王之亂導致江南出現動盪不安的局面，陶侃決心投身戎旅，以施展自己的才能，實現多年的抱負。太安三年（303年），他首先投依荊州刺史、南蠻校尉劉弘，被辟為南蠻長史，受命為先鋒，率軍於襄陽鎮壓了以義陽蠻張昌為首的流民起義，因軍功而封東鄉侯，邑千戶。永興二年（305 年），廣陵相陳敏據曆陽（今安徽和縣）起兵反晉，自稱揚州刺史，企圖割據江南，並遣其弟陳恢溯江西上，入江州，攻武昌。

劉弘以陶侃為江夏太守，加鷹揚將軍，命他率兵抵禦陳恢。這時的陶侃已不再是地位卑賤的「小人」，而成為大郡的太守和有實力的地方將領，由此逐漸發跡。為了顯示尊榮，他上任的第一件事就是盛排儀仗，風風光光地將母親迎至任所。接著，出兵進擊陳恢，經與諸軍並力奮戰，所向必破。他軍紀嚴明，所獲戰利品全部分給士卒，自己秋毫不取，深得將士擁戴。劉弘非常賞識陶侃的軍事才能，接著又提拔他為長史，並當面對他說：「吾昔為羊公（羊祜）參軍，謂吾其後當居身處。今相觀察，必繼老夫矣。」[42]若干年後，陶侃果然繼為荊州刺史，不負劉弘厚望。

42 《晉書》卷六六《陶侃傳》，第 1769 頁。

光熙元年（306 年），劉弘病故。不久，陶母病逝（葬於臨川南五十里抱岡山村），陶侃也因此去職。雷次宗《豫章記》說：「侃至孝，感得仙人來弔，化為雙鶴而去。」在家守喪期間，全國政局發生了很大變化，東海王司馬越成為八王之亂的最終勝利者，執掌西晉實權。此時的西晉王朝已岌岌可危，為了留條後路，永嘉元年（307 年），司馬越以宗室琅邪王司馬睿為安東將軍、都督江南諸軍事，出鎮建鄴。

陶侃服喪期滿後投依司馬越，被用為參軍，督護江南諸軍事。江州刺史華軼也表薦他為揚武將軍，率兵三千駐屯夏口（今漢口）。華軼與琅邪王司馬睿向來不和，其後雙方矛盾日趨激化。為了瓦解對方和壯大自己實力，司馬睿極力拉攏陶侃，加侃奮威將軍，送去赤幢曲蓋軺車、鼓吹等儀仗。陶侃宣布與華軼斷絕關係，華軼因元氣大傷而兵敗被殺。陶侃則官升龍驤將軍、武昌太守。

永嘉五年至建興三年（311-315 年），陶侃與周訪、甘卓等被征討都督王敦派往荊、湘一帶，鎮壓了以杜弢為首的流民大起義，因戰功卓著而晉升為荊州刺史，地位逐漸顯赫。

正當陶侃躊躇滿志準備赴荊州上任時，卻遭到了王敦的猜忌和排斥。王敦欲自己居兵上游，不願意讓陶侃坐鎮荊州，又懼其功高難制，結果陶侃被軟禁，左轉廣州刺史、平越中郎將，並險遭殺身之禍。由於得到親家周訪的外援，才倖免於難。

陶侃將入廣州，及時識破了佔據廣州的杜弢余部杜弘等人詐降的陰謀，一舉將杜弘擊潰。建興三年（315 年）八月順利進入廣州城。及王敦舉兵反叛，晉元帝司馬睿下詔陶侃領江州刺史，繼轉都督、湘州刺史，領交州刺史。以其前後功，又進號鎮南大將軍。這時的陶侃已經是重要的高級將領了。

陶侃前後居廣州十年，由於治理有方，使得境內無事，戰事稀少。但他並不甘心在邊州當刺史。為了鍛練意志和體魄，以實現自己致力中原的遠大抱負，每天「朝運百甓（磚）於齋外，暮運於齋內。人問其故，答曰：『吾方致力中原，過爾優逸，恐不堪事』」。其勵志勤力，可管窺一二。

太寧三年（325 年）五月，王敦之亂平定後，晉明帝為防止琅邪王氏再次專兵擅權，以改變元帝以來「王與馬，共天下」的政治格局，立即提拔陶侃為荊、湘、雍、梁四州都督、荊州刺史、征西大將軍。「楚郢士女莫不相慶」[43]。

同年閏八月，明帝病逝，五歲的成帝即位，外戚庾亮掌權。咸和二年（327 年），由於庾亮政事處置失宜，激起曆陽內史蘇峻反叛。蘇峻舉兵攻破建康，挾持成帝，庾亮倉惶逃往江州。在此危難之際，陶侃以位重兵強而被推為盟主，與溫嶠、庾亮等人共討蘇峻。他運籌帷幄，指揮若定，一舉平定蘇峻之亂，使東晉王朝轉危為安。

陶侃因平亂立有大功而晉升太尉，都督七州軍事，封長沙郡公。咸和五年（330 年），出兵斬殺了驍勇難制的右軍將軍郭默，奪得江州，成帝以侃都督江州，領刺史。至此，他身為太

43 《晉書》卷六六《陶侃傳》，第 1773 頁。本目以下引文未註明出處者，皆見陶侃本傳。

尉、八州都督及荊、江二州刺史。不久，又官拜大將軍，成帝給以殊禮，劍履上殿，入朝不趨，贊拜不名。其權位之顯赫，東晉一朝很少能有人與之相匹。

陶侃性聰敏，恪盡職守，勤於政事，待人謙恭有禮，喜歡與人交往，善處各種關係。在任荊、江二州刺史期間，他採取了一些較好的治理措施。

首先，他決心改變西晉以來浮華放蕩、崇尚空談的不良社會風氣。東晉政風仍承西晉之弊，「今當官者以理事為俗吏，奉法為苛刻」，「從容為高妙，放蕩為達士，驕蹇為簡雅」[44]。對於這種風氣，陶侃深惡痛絕。因此，他「終日斂膝危坐，閫外多事，千頭萬緒，罔有遺漏。遠近書疏，莫不手答，筆翰如流，未嘗壅滯。引接疏遠，門無停客」。他自強不息，好督勸於人，常說：「大禹聖者，乃惜寸陰，至於眾人，當惜分陰，豈可逸遊荒醉，生無益於時，死無聞於後，是自棄也。」反對玄學空談、酗酒誤事，自己每次飲酒必有定限，常歡有餘而酒量已盡。「諸參佐或以談戲廢事者，乃命取其酒器、蒱博之具，悉投之於江，吏將則加鞭打」。並說：「樗蒱者，牧豬奴戲耳！老子浮華，非先王之法言，不可行也。君子當正衣冠，攝其威儀，何有亂頭養望自謂宏達邪！」這種作風在晉代官場中實屬僅見。

其次，他特別注意發展農業生產，改善人民生活境遇，穩定社會秩序。王敦之亂平定後，荊州大饑，百姓多餓死，他下令秋

44 《晉書》卷七一《熊遠傳》，第 1887 頁。

收時大量購進糧食，遇到荒年則減價賣出，因而救活不少人，士庶無不歡悅。一次外出，見人手持一把未熟稻，陶侃問：「用此何為？」人云：「行道所見，聊取之耳。」侃大怒，斥責說：「汝既不田，而戲賊人稻！」於是，「執而鞭之」。他常帶頭參加農業勞動，雖戎陣武士，也都勸勵他們勤於耕作，「是以軍民勤於農稼，家給人足」[45]。在他的治理下，荊、江二州社會秩序良好，「自南陵（今安徽蕪湖一帶，江州東界盡於此）迄於白帝數千里中，路不拾遺」。

與此同時，他還十分珍惜公物，嚴禁貪污浪費。如「有奉饋者，皆問其所由。若力作所至，雖微必喜，慰賜參倍；若非禮得之，則切厲訶辱，還其所饋」。造船所剩木屑、竹頭，命專人記錄保管，不許丟失，起初人們都不知其用意。「後正會，雪後始晴，聽事廳前餘雪猶濕，於是以屑布地。及桓溫伐蜀，又以侃所貯竹頭作釘裝船」。廢物全部派上用場。

陶侃「性纖密好問」，又善於察訪，發奸擿伏如神，人比之趙廣漢（西漢人，以善於揭發奸邪、吏治廉明著稱）。他曾令諸軍營種柳，「都尉夏施盜官柳植之於己門。侃後見，駐車問曰：『此是武昌西門前柳，何因盜來此種？』施惶怖謝罪」。

陶侃的道德才能為時人所稱道，尚書梅陶評價說：「陶公機神明鑒似魏武，忠順勤勞似孔明，陸抗諸人不能及也。」宰相謝

45　劉義慶《世說新語・政事》注引《晉陽秋》，第 108 頁，上海古籍出版社，一九八二。

安每每說：「陶公雖用法，而恒得法外意。」其為世人敬重如此。

陶侃在門閥制度盛行的兩晉王朝苦苦掙扎數十年，在軍四十一載，才得以出人頭地。但因出身寒微而有自知之明，他不願捲入朝廷內部激烈權力爭奪的政治旋渦，也不敢輕易侵犯士族的權益。晚年雖位極人臣，卻能「懷止足之分，不與朝權」。這一明智選擇，既可保家族富貴，維持「家僮千餘，珍奇寶貨富於天府」的巨大產業，又可保子孫前途。《晉書》陶侃本傳說：

又夢生八翼，飛而上天，見天門九重，已登其八，唯一門不得入。閽者以杖擊之，因墜地，折其左翼。……有善相者師圭謂侃曰：「君左手中指有豎理，當為公。若徹於上，貴不可言。」侃以針決之見血，灑壁而為公字，以紙帙之，公字愈明。及都督八州，據上流，握強兵，潛有窺窬之志，每思折翼之祥，自抑而止。

此類神奇的莫名臆說，把陶侃刻畫成一個有野心的人物。對此，著名史家胡三省在為《資治通鑒》作注時，憤憤不平地說：「觀陶侃在西藩顛末，豈有非望之圖哉！晉史所記決指之事，折翼之夢，蓋庾亮之党傅致之耳。」[46]胡氏所說極是。宋代王應麟《困學紀聞》載蘇東坡謂劉壯輿曰：「陶威公忠義之節，橫秋霜而貫白日，晉史書折翼之事，豈有事乎？」

46 《資治通鑒》卷九五・晉成帝咸和九年（334），第2995頁。

陶侃晚年深以滿盈自懼，屢欲告老歸國（其封地長沙國），手下佐吏苦苦挽留。咸和九年（334 年）六月，陶侃病重，上表成帝遜位。這時，他仍念念不忘經略中原。表中說：「欲為陛下西平李雄，北吞石季龍，是以遣毌丘奧於巴東，授桓宣於襄陽。」終因病重而良圖未果。在表疏中，他還特意提醒成帝，指出荊、江二州刺史之任，「內外之要，願陛下速選臣代使，必得良才，奉宣王猷，遵成臣志，則臣死之日猶生之年」。隨後，遣左長史殷羨將官印、節傳、儀仗等送還朝廷；凡軍資器仗牛馬舟船皆有固定帳簿，封印倉庫，親加鎖鑰，將後事一一托附於右司馬王愆期。第二天，啟程返長沙國，途中病逝於樊溪（武昌西三裡），時年七十六。

人們遵其遺囑，葬之於長沙縣南三十里。故吏於武昌城西為之刊石立碑畫像，晉成帝下詔盛讚陶侃說：「作藩於外，八州肅清；勤王於內，皇家以寧。」並將其勳業與春秋時期的齊桓公、晉文公相提並論。東晉史家袁宏作《東征賦》，贊陶侃云：「精金百煉，在割能斷；功則治人，職思靖亂。長沙之勳，為史所贊。」[47]這是對陶侃一生事業的中肯評價。

四　庾、王江州之爭

陶侃剛剛去世，晉成帝即以庾亮為征西將軍，江、荊、豫、益、梁、雍六州都督，領江、豫、荊三州刺史。庾亮之能順利取

47　劉義慶《世説新語・文學》，第 156 頁。

得江、荊二州，關鍵在於他是掌權的外戚。

庾亮（289-340 年），字元規，潁川鄢陵（今河南鄢陵西北）人。出身於門第顯赫的高門大族，其父以上三代均在魏晉時期先後出任尚書、侍中、中書令等顯要官職。永嘉初，中原大亂，庾氏舉家南遷，其父庾琛出仕會稽太守，庾亮隨父居於會稽，深居簡出。

其時，鎮東大將軍、琅邪王司馬睿出鎮建鄴（後更名建康），圖謀建立江左政權。在王導的謀劃下，網羅了一大批南北士族擔任幕僚。庾亮因為出身高門大族，人又長得俊美，儀表不凡，喜讀《老子》、《莊子》一類的書籍，擅長清談，很有一些名氣。司馬睿聞其名，辟之為西曹掾。及引見，這位風度翩翩、舉止嫻雅的年輕人立即博得了司馬睿的好感和器重。司馬睿聽說庾亮的妹妹庾文君尚待字閨中，主動提出和他聯姻，聘其妹為皇太子（即明帝司馬紹）妃。自此，庾亮春風得意，官位扶搖直上，從丞相參軍很快升遷為中領軍，統率禁軍，負責宮廷宿衛，權勢至大。明帝時，因平定王敦之亂有功，封永昌縣開國公，轉護軍將軍。明帝臨終前，庾亮與王導、郗鑒、溫嶠等七大臣受遺詔輔政，加中書令。

成帝五歲即位，不能親理朝政，皇太后庾氏臨朝而委政於庾亮。庾亮以皇舅的身份，在謀反的罪名下，首先誅殺了南頓王司馬宗，廢西陽王司馬羕；後又一手釀成了蘇峻之亂，造成了巨大的災難。庾亮自感具有不可推卸的重大責任，被迫引咎出都，離開朝廷。咸和四年（329 年），庾亮出任平西將軍、豫州刺史，鎮蕪湖。庾亮離朝，王導再度執政，並把自己淩駕於成帝之上。

王導的擅權，引起了荊州刺史陶侃和庾亮的嚴重不滿，陶侃曾倡議起兵廢黜王導，因為郗鑒反對，才避免了一場干戈。咸和九年（334 年）六月，陶侃病故。陶侃臨終前，曾上表朝廷，特別提醒成帝，指出荊、江二州刺史之任特別重要，應慎選良才以接替其任。應該選誰呢？當時居朝秉政最有權勢的高門大族莫過王、庾二家，而琅邪王氏已有王敦作亂的前車之鑒，自然不能輕易託付。而庾氏是外戚，心向王室，又有皇太后庾氏為之撐腰，庾亮雖然暫時出居外任，仍然是最佳人選。在這一形勢下，庾亮出任荊、江二州刺史便成為順理成章之事。更何況庾亮早已垂涎江州，當郭默滋事江州，王導用之為江州刺史時，庾亮便立即出兵兩萬助陶侃討郭默，不無奪取江州之意，只是無力與陶侃爭奪罷了。

庾亮自豫州徙居荊州後，他與王導之間爭奪對江州控制權的鬥爭，便成為政局的焦點所在。由於江州戰略地位的特殊性和極端重要性，如果庾亮能牢牢地控制江州，就能合荊、江二州之力，以上游而制建康，遙控朝權，使軍事優勢轉變為政治優勢；王導如能奪得江州，就不至坐困建康，甚至可以遏制上游。這是生死攸關的政治大事，雙方都不敢掉以輕心，故鬥爭至為激烈。但這一鬥爭又不能大事聲張地進行，而只是暗中激烈地較量。

庾、王江州之爭自庾亮徙鎮武昌後便開始了，不過最初爭奪的直接目標不是江州，而是與江州毗鄰的豫州。東晉豫州屬僑州，治蕪湖（今安徽蕪湖），上鄰江州，下近建康，奪取豫州是爭奪江州的第一步。咸和九年（334 年）六月，庾亮領江、荊、豫三州刺史，自蕪湖遷鎮武昌。庾亮前腳離開豫州，王導後腳接踵而至，乘虛而入。當月，王導以其侄王允之為宣城內史，監揚州江西四郡諸軍事，鎮於湖，佔領了豫州四郡之地。於湖貼近蕪湖，王允之鎮於湖，大有取代庾亮為豫州刺史之勢。第二年四月，王導又以後趙石虎入侵事件為藉口，趁機調兵遣將，完成了對豫州治所周圍要地的佔領，並使王允之由於湖改鎮蕪湖。這樣，庾亮原來所領豫州諸郡，統統歸於琅邪王氏的勢力範圍。面對王氏的步步進逼，庾亮也不示弱，採取了有力的反擊措施。咸康五年（339 年）秋，庾亮以「所在險遠，糧遠不繼」為口實，將其弟、梁州刺史庾懌從偏遠的魏興（今陝西安康）急忙調至江州的半洲。半洲與尋陽毗鄰，是一軍事要地。庾懌遠道進駐半洲，目的在於穩定江州局勢，同時對付下游王氏勢力的擴張，既可守，也可攻。庾懌駐屯半洲後，尋遷豫州刺史，進號西中郎將，監宣城、廬江、曆陽、安豐四郡軍事，鎮蕪湖。庾懌刺豫州，監宣城等四郡，實際恢復了庾亮咸和九年出鎮荊州以前在豫州的態勢。庾亮採取的反擊措施，使琅邪王氏遭受一次重大挫折。

咸康五年（339 年）七月，王導死去，成帝征庾亮入朝輔政，擔任丞相、揚州刺史，錄尚書事。庾亮不肯就職，他雄心勃勃地移鎮襄陽，準備北伐後趙。但因邾城（今湖北黄岡）突然失守，守將毛寶和突圍而出的六千將士全都淹死在江中。庾亮自請貶官三等，降為平西將軍，詔不許。庾亮從此鬱鬱不樂，憂慮成疾，次年正月病死。雖然王、庾二家的兩位主將相繼死去，但爭奪江州的鬥爭不但沒有停止，反而由暗鬥而變為明爭，鬥爭日趨激烈。

咸康六年（340 年），琅邪王氏趁庾亮之死，得到了進入江州的機會。這一年，王允之出任江州刺史，遷南中郎將。王允之本據豫州與江州對峙，爾後庾懌由江州之半洲而得豫州刺史，王允之卻從豫州溯流而上，進到庾懌的後方，奪得江州刺史之職，王、庾兩大家族正好互換了地盤。從王、庾兩家對江州的激烈爭奪程度來看，這顯然不是一次正常的換防行動，而是兩家士族門戶之間的實力較量。

琅邪王氏從庾氏手中奪得江州，直接損害了庾氏大家族的利益，這是庾氏所不願意的。隨後便發生了庾懌向王允之下毒的惡性事件。《晉書》卷七三《庾懌傳》載：豫州刺史庾懌「嘗以酒餉江州刺史王允之。王允之覺其有毒，飲犬，犬斃，乃密奏之。（成）帝曰：『大舅已亂天下，小舅復欲爾邪！』懌聞，遂飲鴆而卒。」此事發生於咸康八年（342 年）春，距成帝死前數月。庾懌何以謀害王允之，史載不明，一些學者也認為殊不可解。其實，只要我們緊密聯繫庾、王兩大家族的深刻矛盾及其對江州的激烈爭奪，就不難發現其中奧妙。庾懌之所以向王允之下此毒手，主要是為了發洩對琅邪王氏奪取江州的嚴重不滿，企圖通過不光彩的暗算手段來達到自己的目的。晉成帝對此十分生氣，所謂「大舅已亂天下」，是指庾亮剪除宗室、激起蘇峻反叛，以及後來謀廢王導之事。所謂「小舅復欲爾」，當指庾懌謀害王允之，想再次挑起王、庾兩家矛盾，並認為此事與庾亮「亂天下」的後果相當。但晉成帝的一怒還不足以使庾懌自裁，因為當時掌權的是庾懌之弟庾冰，成帝毫無實權，主要原因當來自王允之及其家族的巨大壓力。庾冰為了整個家族的長遠利益，不能公然坦護自己兄弟，只好大義滅親，庾懌便不得不死。由此看出，庾、王江州之爭的尖銳、激烈程度。

庾懌之死，使庾氏家族受到沉重打擊，王氏家族一時得勢。但庾氏並未就此甘休，王允之仍不能自安於江州，雙方的鬥爭仍在激烈地進行著，而且不斷出現新的變局。

咸康八年（342 年）六月，成帝死，成帝之弟康帝即位，委政於庾冰、何充，門閥士族權力重新配置，庾、王之間的鬥爭焦點還是對江州的爭奪。何充是王導外甥、庾亮妹夫，與庾、王二家皆為親戚，是兩大家族都可以接受的人物。何充雖居庾、王之間，但因與王導有著直接的血緣關係，所以實際上是袒護王的。儘管如此，由於何充是二等高門，無論在地位、權勢或社會影響諸方面都不能與庾氏相抗，庾冰也就沒有把他作為主要對手，而把主要目光集中在江州刺史王允之的身上，注意觀察其動靜，尋找驅逐他的機會，以便重新控制江州，使荊、江合為一體，從而鞏固庾氏在上游的地位，保持門戶勢力。

機會很快來了。就在這一年，王導之子王恬守喪期滿，出任豫章太守。王允之聞之愕然，以為王恬是丞相之子，應被優遇，不可出為遠郡，乃自求解職。王允之本是故作姿態，一是逼庾冰收回以王恬為遠郡的成命，二是想推薦比自己更有地位才能的王恬代為江州刺史，以防庾氏覬覦。庾冰見有機可乘，立刻將計就計，在改署王恬為吳郡太守的同時，又將王允之從江州調出，改任會稽太守，以示將向來由王、謝等高門大族居任的三吳地區劃為其勢力範圍，庾氏不求染指，但求換得江州。王允之自然明白個中原委，拒絕受調。但庾冰卻利用康帝成命，下詔將王允之從江州強行調出。王允之啞巴吃黃連，有苦說不出。這是庾懌死後江州發生的第一次變局。

正當庾冰準備接手江州之際，突然又發生一次波折。是年十二月，皇后褚氏立，後父褚裒不願居朝任事，而求出為江州刺史，鎮於半洲。褚裒是皇后之父，又是大名士，庾冰不便阻攔，致使庾氏取得江州的計畫功敗垂成。這是庾懌死後江州發生的第二次變局。

第二年（建元元年，343 年）八月，形勢又發生新的變化。荊州刺史庾翼準備北伐，乃移鎮襄陽。庾冰也要求外出，詔以冰都督荊、江、寧、益、梁、交、廣七州及豫州之四郡諸軍事，領江州刺史，鎮武昌，以為庾翼繼援。於是，爭奪多年，輾轉易手的江州重鎮，終於被庾氏奪得。然庾冰刺江州的時間甚短，翌年十一月便因病死去，朝廷複以庾翼督江州，領豫州刺史。這是庾懌死後江州發生的第三次變局。

庾翼都督江州近六年，穆帝永和元年（345 年）七月背生毒瘡而死。庾翼死後，庾氏家族乏人，難以擔當江州刺史重任，江州遂轉入桓、謝家族之手，庾、王江州之爭至此宣告結束。

綜觀這段時間的江州形勢，可以看到其變化紛紜。在一年多的時間內，竟經歷了如此之多的複雜變化，江州地位之重要和鬥爭之激烈便可想而知。由於江州所處地理位置的特殊和戰略地位的重要，在東晉荊、揚相持的門閥政治格局中，它始終是一個重要的競爭之地，只要門閥政治的格局不變，江州的重要地位不變，江州之爭也必將不斷發生。庾、王之後，桓、謝兩大家族相繼專權秉政，也出現過類似的江州之爭，只不過由於大敵當前，彼此互相克制，與當年庾、王勢同水火有所不同[48]。

稽諸史籍，知王氏刺江州者共五人，先後有王敦、王敦從弟王彬、王導侄王允之、王羲之、羲之次子王凝之，而以王敦居州時間最長，首尾八年（315 年 8 月-323 年 11 月）。庾氏刺江州者有庾亮、庾翼、庾冰兄弟三人，而以庾亮、庾翼居州時間最長，庾亮六年（334 年 6 月-340 年 1 月），庾翼六年零七個月（340 年 1 月-345 年 7 月）。

無論王氏或庾氏，在任江州刺史期間，大都能恪盡職守，加強對當地的治理，努力發展經濟和文化，政績較為突出。雖然其主要目的是為了各自家族的利益，以便把江州變成自己鞏固的戰略基地，但在客觀上對當地社會和人民是有好處的。如王允之刺江州期間，「蒞政甚有威惠」[49]。庾亮為江州刺史時，基本上繼承了陶侃的政策，農業生產持續發展，社會秩序相對穩定，沒有發生大的變亂。經數年積蓄力量和一系列的準備，於咸康五年（329 年）組織了一次北伐後趙的復土運動，以圖收復中原。庾翼代亮都督江州時，政績更為突出，「每竭志能，勞謙非懈，戎政嚴明，經略深遠，數年之中，公私充實，人情翕然，稱其才幹」[50]。至於王敦，情況則有所不同，《晉書》卷九八《王敦傳》說：「又大起營府，侵人田宅，發掘古墓，剽掠市道，士庶解

48 本目參閱了田余慶先生《東晉門閥政治》一書，北京大學出版社，一九八九。

49 《晉書》卷七六《王舒傳子允之附傳》，第 2002 頁。

50 《晉書》卷七三《庾亮傳弟翼附傳》，第 1932 頁。

體，咸知其禍敗焉。」因為王敦是逆臣，史家從傳統的史學觀點出發，是不會有人替他說一句好話的。王敦以江、荊二州為基地，兩次舉行大規模反叛，人馬數萬，需要大量的軍糧、軍需等後勤供給，如果不發展生產，保障經濟供給，光靠剽掠，則是難以想像的。從這一角度出發，王敦在任江州刺史期間，必定有可稱道之處，至少在組織發展生產方面是作了一些努力的。

五　桓氏左右江州與桓、謝江州之爭

庾翼死後，庾氏子孫缺乏良才，無法繼續分陝上游，家族勢力驟衰。庾翼臨終前，上表朝廷，欲以子爰之為荊州刺史，朝廷以其年少，乃以桓溫為安西將軍，都督荊、司、雍、益、梁、甯六州諸軍事，荊州刺史。自此，桓氏家族崛起，桓溫兄弟子侄相繼專兵上游，並逐漸形成了桓氏長期左右江州的局面。

桓溫，字元子，譙國龍亢（今安徽懷遠縣西北龍亢集）人。龍亢桓氏發跡於東漢初期，桓溫十世祖桓榮崇儒通經，為漢明帝師，備受榮寵。自榮起，父子兄弟世代崇儒攻經，且為帝師，五世顯赫，是靠經術起家的典型的世家舊族。漢魏之際，桓氏家道中落，雖仍為望族，但勢已衰。桓溫第六世祖桓范於建安末入曹操丞相府，仕魏為大司農，成為曹氏集團中的骨幹成員。曹魏嘉平元年（249 年），司馬懿父子發動高平陵事變，將以曹爽為首的曹氏中央集團勢力一網打盡。司馬懿處置曹爽一黨，手段極其殘忍，支黨皆夷及三族，男女無少長、姑姊妹女子之適人者，皆殺之。桓範也因此被殺，家族誅夷甚慘，桓氏孑遺子孫以刑家之後，四散逃匿。故桓溫之父桓彝南渡之初，族單勢孤，不僅與東晉先後執政之王、庾諸士族相比，門戶、地位相差懸殊，甚至不被當作士族看待。

處境雖然對桓氏十分不利，但桓彝自有進身之法。南渡之前，他以善於玄學清談而躋身於「八達」之列，成為名士。過江之後，又志在立功，極力與江左勝流結交，故很快得到司馬睿的信任，被辟為丞相中兵屬。數年之後，一躍而成為東晉名臣，與庾亮、溫嶠等人平起平坐。桓彝得以進入東晉政權上層，並在政治中真正發揮重要作用，主要是由於參與晉明帝密謀，引流民帥以平定王敦之亂立有大功，以功封萬寧縣男，補宣城內史。在蘇峻之亂中，又糾合義眾，積極參與平亂，終因勢孤力屈而被叛軍所害。桓彝作為死節之臣，更提高了桓氏家族在東晉的地位，為爾後桓溫繼王、庾二族居位奠定了基礎。

桓氏家族的崛起，既有桓彝奠定的良好基礎，也與桓溫的雄才大略密不可分。桓溫自青少年時代起，便有著遠大志向和文武之才，深得當時上層名流和士家大族的賞識。名士劉惔認為他是稍遜於「孫仲謀（孫權）、晉宣王（司馬懿）之流」的人物，史家稱他「挺雄豪之逸氣，韞文武之奇才」。他因此得以選尚明帝之女南康長公主，拜駙馬都尉。二十三歲時便做了琅邪太守，登上仕途。庾翼在世時，向成帝推薦說：「桓溫少有雄略，願陛下勿以常人遇之，常婿畜之，宜委以方、召之任，托其弘濟艱難之勳。」[51]庾翼死後，宰相何充又立即向穆帝舉薦桓溫為荊州刺

51　《晉書》卷九八《桓溫傳》，第2568-2569頁。下引此文不另注。

史，認為「桓溫英略過人，有文武識度，西夏之任，無出溫者」[52]。穆帝永和元年（345 年），朝廷以桓溫為安西將軍，持節，都督荊、司、雍、益、梁、甯六州諸軍事，領護南蠻校尉、荊州刺史。桓溫如願以償，走馬上任。

儘管桓氏家族順利地躋身於高門大族的行列，但缺乏王、庾兩大家族那樣的深厚根基和社會影響，再加之桓溫有個人野心，朝廷對他尚存有戒備之心。因此，只讓他出任荊州刺史，而沒有同時把江州刺史的重任交給他。桓溫要想取得江州，完全控制上流，進而染指朝權，還需要作出長時間的艱苦努力。為此，他以西征、北伐為己任，前後為之奮鬥了二十餘年，先後西滅成漢，北伐前秦、姚襄和前燕，終於樹立了自己的威望，攫取到最大的權利，達到了自己的目的。

桓氏家族奪得江州事權是從桓溫二弟桓雲開始的。關於桓雲刺江州的時間，史載不詳。《晉書》卷七四《桓雲傳》載：「襲爵萬寧男，曆位建武將軍、義成太守。遭母憂去職。葬畢，起為江州刺史。……服闋，然後蒞職。」《資治通鑒》也無此事之係年記載。據田余慶先生考證，萬寧男本為桓溫所襲之爵。永和三年（347 年）桓溫滅成漢，四年論功進封臨賀郡公，此時萬寧男始有由溫弟雲襲封之可能。所以桓雲刺江州不得早於永和四年。又《桓溫傳》記其母孔氏死事於永和十（354 年）年和十二年兩次北伐之間。桓雲既於母憂服闋後始蒞江州之職，則又不得早於

52 《晉書》卷七七《何充傳》，第 2030 頁。

永和十二年[53]。據此，桓雲刺江州當在永和十二年為宜。從三四五年桓溫出刺荊州至三五六年的十餘年間，桓氏家族始終未能把江州控制在手。

在桓氏家族未能控制江州的這段時間裡，尚有王羲之、徐甯兩任江州刺史。王羲之是永和元年（345 年）接替其從兄王允之出刺江州的，在任時間僅一年。羲之是文人，號稱「書聖」，缺乏經國之才。在政治態度上，又折中於揚州刺史殷浩和桓溫之間。因此，他居江州可對上下游起到緩衝作用而無礙於桓溫，桓氏不至反對。至於徐甯，曾與桓溫之父桓彝有過交往。據《晉書》卷七四《徐寧傳》載：徐寧，東海郯人。少知名，為輿縣令。時廷尉桓彝有人倫識鑒，曾去職，至廣陵尋親舊，與輿縣縣長徐甯相見。甯博學多識，兩人相遇如故，因留數日。彝大賞之，結交而別。回到京師，桓彝向庾亮推薦徐寧，即遷吏部郎、左將軍、江州刺史，遂曆顯職。徐寧得以從江北一荒縣入朝為官，對桓氏自然感恩戴德。其任江州刺史，更不會對桓溫掣肘。徐甯居江州的時間應較長，之後江州才轉入桓雲之手。

永和八年（352 年），揚州刺史殷浩率軍北伐前秦，大敗而歸。桓溫上疏彈劾，殷浩被免為庶人。自此，朝廷內外大權盡歸於溫。條件已經成熟，桓溫即著手對江州的直接控制，桓雲就是在這一情況下接替徐甯而為江州刺史的。從此，開始了桓氏左右江州的局面。

53　田餘慶《東晉門閥政治》，第 171 頁。

桓雲刺江州共五年（356-360 年）。興平四年（360 年），桓雲死，桓溫以其五弟、征虜將軍桓沖繼為江州刺史。桓沖在桓溫諸弟中最有見識和軍事才能，頗受器重。他曾跟隨桓溫西征北伐，多立戰功，因功而遷都督荊州之南陽、襄陽等七郡軍事，義成、新野二郡太守，鎮襄陽。又進號征虜將軍，賜爵豐城公，遷江州刺史。因此，他居江州的時間也最長，「在江州凡十三年（360-373 年）而溫薨」[54]。

桓沖之後，桓溫之侄、桓豁之子桓石秀出任江州刺史。甯康三年（373 年），桓溫死，臨終前將其所統之地三分以授其子侄。以右將軍、荊州刺史桓豁為征西將軍，都督荊、揚、雍、交、廣五州軍事；桓沖為中軍將軍，都督揚、豫、江三州軍事，揚、豫二州刺史，鎮姑孰，代桓溫居任；以竟陵將軍桓石秀為甯遠將軍、江州刺史，鎮尋陽。桓石秀刺江州首尾五年（373-377 年）。

太元二年（377 年）七月，荊州刺史桓豁卒。十月，桓沖都督江、荊、梁、益、寧、交、廣七州諸軍事，領荊州刺史，以其子桓嗣為江州刺史。桓嗣刺江州共六年（377-383 年）。

太元八年（383 年）七月，淝水之戰爆發前夕，由於尋陽地處戰爭前沿，為戰略要地。加之桓、謝兩家的矛盾，桓沖親自鎮守江州，二為江州刺史，歷時半年，直到次年正月去世時為止。

桓沖卒後，東晉朝廷以桓伊為江州刺史。桓伊係銍縣桓氏，

54 《晉書》卷七四《桓彝傳子沖附傳》，第 1949 頁。

與龍亢桓氏是同宗而支脈疏遠。桓伊出任江州刺史，與當時政治形勢的微妙變化有著密切的關係。由於桓溫的去世，桓氏家族從權力的頂峰逐漸滑落。而隨著桓沖的去世，桓、謝兩家共同掌權的局面被打破，謝安獨攬朝政。但此時的桓氏仍有相當實力，謝安不敢過於得罪，卻又不願讓桓氏繼續左右江州。在這種情況下，桓伊出任江州刺史則成為最合適的人選。因為桓伊與龍亢桓氏畢竟是同宗，雙方有一定的感情基礎。桓伊又曾與謝氏兄弟謝玄、謝琰密切合作，並肩作戰於淝水，大敗前秦，與謝氏的關係也較為密切。這種特殊身份背景，由其出任江州刺史，桓、謝雙方都能接受。桓伊刺江州的時間史載不詳，只說他「在任累年」[55]，離任不久便去世了，估計他在任有四五年之久（約 384-388 年）。此後約有十年時間，桓氏失去了對江州的控制。

繼桓伊之後，王凝之出任江州刺史。凝之乃王羲之之子，他在任期間，為迎合司馬道子以求容身自保，曾以違背封建禮儀為由，彈劾過在郡大興教育的豫章太守范甯。范甯出任豫章太守的時間是在晉孝武帝太元十四年（389 年）十一月，估計王凝之刺江州的時間比范寧略早，應在該年的上半年。至於何時離任，史無明載，難以確知。王凝之之後，應還有幾任江州刺史，惜史籍無載，無從知曉。

直至隆安二年（398 年）二月，司馬道子以其心腹太原王愉為江州刺史。八月，即發生桓溫世子桓玄聯合豫州刺史庾楷等起

55 《晉書》卷八一《桓宣傳族子伊附傳》，第 2119 頁。

兵共討王愉事件，王愉倉促無備，出逃臨川，被桓玄偏師擒獲。九月，司馬道子被迫以桓玄為江州刺史，再次出現桓氏左右江州的局面。桓玄從專權到禪代稱帝，於隆安五年（401 年）以其兄偉為江州刺史，桓偉在任兩年。元興元年（402 年），又以其從兄桓石生為江州刺史，桓石生在任三年。元興三年二月，寒門劉裕起兵討桓玄，桓玄兵敗被殺，這才徹底結束桓氏左右江州的局面。

從上述史實看出，自三五六年桓雲首為江州刺史起，直至桓玄篡位，五十餘年間，桓氏兄弟子侄輪流刺江州，中間除間斷十年外，江州一直為桓氏所控制。其中桓雲刺江州五年，桓沖二為江州刺史，歷時十三年六個月，桓石秀出刺五年，桓嗣六年。東晉後期，桓玄刺江州三年、桓偉二年、桓石生三年。桓氏家族居江州共達三十七年之久。如果算上疏宗桓伊出刺江州的五年，時間竟長達近半個世紀，占整個東晉王朝一〇四年統治時間的五分之二強。桓氏家族左右江州的局面在歷史上是絕無僅有的。

桓氏刺江州數十年，對江州人民還是有所貢獻的。史載桓沖「性儉素，而謙虛愛士」[56]。他一生極為節儉，不好穿新衣。一次，沐浴後，其妻故意送去一套新衣，沖大怒，催妻趕緊拿走。不一會，妻子又讓人把新衣送來，傳話說：衣不經新，何能變舊。桓沖大笑，這才穿上。對於有賢才的士人，隨時辟舉，用為僚屬，如辟處士長沙人鄧粲為別駕，備禮恭敬。鄧粲為其好賢所

56 《晉書》卷七四《桓彝傳子沖附傳》，第 1952 頁。

感動，乃起應命。他一心為公，言不及私，受到人們的高度讚譽。他死後，士女老幼都來送喪，號哭盡哀。桓沖的美德，對於扭轉官場的腐敗作風和培養良好的社會風氣是有好處的；同時，也有利於人民的休養生息，促進生產的發展和社會的進步。其子桓嗣繼承父親優良傳統，辦事簡樸節儉，從不鋪張浪費，修理所住房舍，本應用木板夾土夯牆，製作屋簷，他命人以茅草代之，木板交付船官用來造船。

桓伊的政績也很突出。他上任以後，以邊境安寧，為政務在寬舒，勤於體恤百姓。並上表朝廷，指出江州因受淝水之戰的影響，又經常向上游荊州和下游揚州輸送糧米，虛耗嚴重；加之連年收成不好，現有餘戶僅五萬六千。建議合併小縣，精簡機構，減省官員，以減輕人民負擔。同時，免除江州各郡所欠國家租米，移治所還鎮豫章。詔令移州治於尋陽，其餘都按他提出的去做。桓伊在任多年，「隨宜拯撫，百姓賴焉」[57]。

諸桓之中，也有個別不太過問政事的。如桓石秀博覽群書，尤善談《老子》、《莊子》，因受時風的影響，性情放蕩曠達。在任江州刺史期間，常打獵於山林，弋釣於川澤，不把榮譽爵位掛在心上。在州五年，以疾去職。桓石秀作為一名典型的玄學名士，以清談弋釣為務，自然就沒有興趣和餘力去過問政事，更談不上對州事如何治理了。

桓溫死後，桓沖、謝安共管朝政。在江州問題上，桓、謝兩

57　《晉書》卷八一《桓宣傳族子伊附傳》，第 2119 頁。

家也曾有過矛盾、衝突和爭奪。

淝水戰前，桓沖上表朝廷，以為「尋陽北接強蠻，西連荊楚，亦一任之要。今府州既分，請以王薈補江州刺史」[58]。朝廷從之。王薈系琅邪王氏，其侄女王女宗是桓沖之妻，桓沖提出要以妻之叔父王薈補江州刺史，理由有二：一是尋陽戰略地位重要，是任職要地；二是此時江州刺史府與都督府已經分開治事，江州刺史不帶將軍銜，領州而不領軍府，即所謂單車刺史。其實，桓沖想用王薈刺江州，還有一個不便明說的重要原因，即琅邪王氏與陳郡（今河南淮陽）謝氏因婚姻問題而結下怨仇，關係一直非常緊張。《晉書》卷六五《王導傳》載：王導之孫「（王）珣兄弟皆謝氏婿，以猜嫌致隙。太傅（謝）安既與珣絕婚，又離珉妻，由是二族遂成仇釁。」王薈既是桓沖親戚，性又淡泊，不競榮利，且琅邪王氏與謝安一族素不和睦，讓他接任自己的兒子桓嗣為江州刺史，桓沖當然放心，還可借王氏勢力以對抗謝氏。但當時王薈始遭兄劭喪，將葬，推辭不願出任。謝安見有機可乘，馬上提出要以謝輶代為江州刺史。謝輶是會稽（今浙江紹興）謝氏而非陳郡謝氏，兩謝一南一北，天各一方。謝安與謝輶的關係如何，雖不可知，但非同一般則無庸置疑，否則謝安絕不會予以推薦。結果桓沖怒，自為江州刺史。桓沖、謝安各以自己的親信刺江州，既反映了桓、謝兩家對江州的爭奪，也折射出門閥士族之間的利害衝突。

58　《晉書》卷七四《桓彝傳子沖附傳》，第1951頁。

然綜觀史實，桓、謝爭奪江州的明爭暗鬥並不很多，與庾、王兩家激烈爭奪、勢同水火大不相同。不僅如此，且桓沖、謝安的道德與為人有許多相似之處，桓沖不像其兄桓溫那樣有九五之心，而是忠於王室。謝安當政，盡力做到「君臣和睦，上下同心」。故在關鍵時刻，兩人都能識大體，顧大局，甚至還能照顧對方家族的利益。甯康三年（375 年）五月，桓沖將揚州讓給謝安，桓氏族黨皆以為非計，莫不扼腕固諫，沖皆不聽，處之淡然，朝廷即以謝安為揚州刺史。謝安以德報德，淝水戰後，桓沖病逝，荊、江二州刺史並缺。朝議欲以謝玄為江州刺史。謝安自以為父子名位太盛，恐為朝廷所疑，又擔心桓氏失職怨望，乃以桓石民刺荊州，桓伊刺江州，桓石虔刺豫州。既以三桓居三州，彼此無怨，各得其任。謝安之世，謝氏家族致力於下游揚、徐等州的經營，儘量不觸犯桓氏的利益；桓氏家族繼續控制上游荊、江二州，也不侵犯謝氏家族的利益。桓、謝二家彼此互諒互讓，相安無事，使東晉王朝保持了十幾年之久的穩定局面。

第四節 ▶ 東晉後期江州境內的戰事

一　王恭起兵與尋陽之盟

桓沖、謝安相繼去世後，當軸士族中再難找到足以當大任、成大業的人物，門閥士族日漸衰微和腐朽，這本是東晉伸張王權的良機。太元十年（385 年）八月，晉孝武帝以琅邪王司馬道子領揚州刺史，錄尚書，都督中外諸軍事，在經過數十年的皇權駕空之後，中樞大權又重新回到司馬氏王室手中。晉孝武帝在唯一的皇弟司馬道子的輔佐下，開始行使內外大權。然而，這兩人之中，一個是昏君，一個是亂臣，他們在伸張王權方面成事不足，而在競為奢侈、相互政爭方面卻敗事有餘。當政之後，他們嗜酒好內，日夕以酣歌為事；又崇尚佛教，窮奢極侈。所親昵者皆乳母、僧尼，左右親近小人，爭弄權柄，交通請托，賄賂公行，官賞濫雜，刑獄謬亂，政治極為腐敗。

伴隨腐敗而來的是朝中朋黨相爭。一方以晉孝武帝為代表，圍繞在其周圍的是王皇后的父兄王蘊、王恭等人，即後黨；另一方以司馬道子為代表，圍繞在其周圍的是道子之妃王氏的父兄王坦之及坦之之子王國寶、王緒兄弟等人，即妃黨。王蘊、王坦之同屬太原王氏，是不同支脈的兩支。太原王氏雖屬高門大族，但自東晉初以來，卻無當軸人物出現。甯康元年（373 年），因王坦之擁立孝武帝立有大功，此後太原王氏遂成為居於鼎盛地位的士族。但他們之中並無建功立業的棟樑之材，卻只能搬弄是非，簸揚於主、相之間，結果造成了嚴重的朋黨之爭。腐敗的政治和朋黨相爭，加之乳母、僧尼撥弄其間，使東晉後期政治呈現出紛繁複雜的混亂局面，同時也誘發了江左社會內部可能出現的各種矛盾。後、妃兩黨之間爾虞我詐，相互爭權奪利，矛盾日趨激化，最後，由孝武帝與司馬道子主相之間的矛盾鬥爭，逐漸演化為皇后、王妃家族也即太原王氏兩支之間的生死大搏鬥。王恭起兵作亂，矛頭直指王國寶，就是這種政治背景下的產物。

司馬道子昏亂而勢傾內外，遠近小人爭相奔赴，門庭若市。晉孝武帝心中不平，然在外表上仍然優崇他。太元十四年（389

年）十一月，深受司馬道子寵倖的侍中王國寶趁機煽動朝臣，想讓司馬道子作丞相、揚州牧，並假黃鉞，待以殊禮，像當年周成王尊周公那樣，以駕空孝武帝。孝武帝大怒，對王國寶極為不滿。司馬道子的另一寵臣陳郡袁悅之又趕緊出來替王國寶說話，通過尼姑妙音致書於太子母陳淑媛，說國寶忠謹，宜見親信。孝武帝更加怒火中燒，中書令王恭請孝武帝殺袁悅之，孝武帝托以他罪斬悅之於市。「既而朋黨同異之聲，播於朝野矣」[59]。這樣，主相之間的矛盾因袁悅之被殺而公開化了。

太元十四年六月，荊州刺史桓石民卒；次年，青兗二州刺史、譙王司馬恬死。上下兩個重要藩鎮的空缺，一時又成為主相爭奪的焦點。太元十四年七月，司馬道子以王國寶之弟王忱為荊州刺史，鎮江陵；太元十五年二月，孝武帝以後兄王恭為青、兗二州刺史，鎮京口（今江蘇鎮江）；十五年八月，司馬道子又以其黨庾楷為豫州刺史，鎮曆陽。這些藩鎮各屬一黨，各附一方。於是，主相之間的政爭，遂演化為方鎮之間的對抗。

太元十七年（392 年），王忱死於荊州，司馬道子欲以王國寶代之。孝武帝先下手為強，直接下詔書提拔自己的親信殷仲堪為都督荊、益、甯三州諸軍事、荊州刺史，鎮江陵。孝武帝奪得上游重鎮荊州，是對司馬道子鬥爭的一大勝利。殷仲堪刺荊州，是桓玄所企望的，一則因殷仲堪才弱，容易駕馭；二則自桓玄襲爵南郡公居於江陵後，雖仍有一定的實力和影響，卻不時受到王

59 《世說新語・險讒》注引《袁氏譜》，第 464 頁。

忱、司馬道子的排抑和輕侮。桓玄自恃門第高、有才能，常以英雄豪傑自負，朝廷卻疑而不用。曾造訪司馬道子，道子趁著喝醉了酒，竟當著許多坐客的面，睜大眼睛問桓玄：「桓溫晚塗欲作賊（意為篡權），云何？」[60]桓玄伏地流汗不能起，由是對道子恨得咬牙切齒。後出補義興太守，鬱鬱不得志，常歎息道：「父為九州伯，兒為五湖長。」桓玄在江陵，殷仲堪既敬他，又怕他。桓氏累世蒞荊州，加之桓玄橫行當地，士民對他的畏懼甚至超過殷仲堪。殷仲堪出任荊州刺史，不僅使桓玄的境況得到根本改觀，為日後桓玄勢力的坐大創造了條件，同時，也為後來上下游藩鎮聯兵共同對付司馬道子埋下了隱患。

太元二十一年（396 年）九月，晉孝武帝暴死宮中，安帝繼立。安帝是個著名的白癡皇帝，口不能言，不辨寒暑饑飽。他繼位後，朝中大權全歸司馬道子掌握，改變了過去君相相持的局面。黨附於司馬道子的佞臣王國寶及其從弟王緒二人相為唇齒，並弄權要，道子倚為心腹，遂參管朝權，威震內外，引起王恭等人的嚴重不滿。中樞與藩鎮的矛盾空前激化，大有一觸即發之勢。

隆安元年（397 年）四月，王國寶、王緒力勸司馬道子裁損上游荊州殷仲堪和下游青、兗二州王恭的兵權，弄得朝廷內外人心惶惶。王恭等人則以北伐為名，繕甲勒兵，嚴陣以待。接著，王恭遣人與殷仲堪合謀共討王國寶。桓玄因長期遭受排抑，仕進

60 《資治通鑒》卷一〇八・晉孝武帝太元十七年（392），第 3408 頁。

不得志，這時又極力慫恿殷仲堪出兵，於是三人一拍即合。隨後，王恭上表罪狀王國寶，舉兵討伐。

上下游兩強藩聯兵對抗朝廷，夾擊建康，給司馬道子造成巨大的壓力。與此同時，王恭又以王導之孫王欽為吳國內史，讓他起兵三吳；王欽約合會稽虞嘯父募眾於吳興、義興，應者萬計。三吳是東晉最富庶的地區，毗鄰建康，王欽起兵，使建康面臨斷絕補給的危險。在緊迫的形勢下，司馬道子不得不忍痛割愛，賜王國寶死，斬王緒於市，向王恭等人承認過錯。王恭的目的初步達到，乃罷兵回京口；殷仲堪聞王國寶死，才遲遲舉兵，遣南郡相楊佺期屯兵巴陵（今湖南岳陽）。司馬道子寫信要他停兵，仲堪隨後也退回江陵。

司馬道子懼王恭、殷仲堪之逼，引譙王司馬尚之及其弟司馬休之以為腹心，又以王國寶之兄、桓玄女婿王愉為江州刺史、都督江州及豫州四郡諸軍事，作為建康屏藩。此前，處於荊州和青、兗二強藩之間的江州和豫州，分別控制在王凝之和庾楷之手。王凝之是王羲之之子，庾楷是庾亮之孫，他們分別鎮守江、豫二州，多少能起到上下之間的緩衝作用。但以政治態度而言，王凝之是迎合司馬道子的，庾楷則黨附於司馬道子。隆安二年（398 年）七月，司馬道子為加強江州的屏藩作用，下令割取豫州四郡入江州，直接損害了庾氏的利益，引起庾楷的強烈不滿，他上疏激烈反對，以為江州內地，而西府（豫州治曆陽，在建康以西，故稱西府）北帶寇戎，不應使愉分督。朝廷不許。庾楷懷恨，乃使子庾鴻遊說王恭，認為司馬道子以譙王尚之兄弟復握機權，勢過王國寶，欲借朝廷之威削弱方鎮，為禍不測，今及其謀議未成，宜早下手除掉他。王恭也向來忌恨司馬尚之，遂連謀起兵。又聯絡上游的殷仲堪與桓玄，仲堪、桓玄許之，共推恭為盟主，克期同赴京師。

同月，王恭首先舉兵，上表請討王愉及司馬尚之、休之兄弟。殷仲堪應期發兵，遣南郡相楊佺期兄弟率舟師五千為前鋒，桓玄次之，殷仲堪自率軍兩萬殿后，相繼而下。是年八月，楊佺期、桓玄率兵突至湓口，江州刺史王愉無備，倉促逃奔臨川，被桓玄偏師追獲。九月，司馬道子以世子司馬元顯為征討都督；遣衛將軍王珣、右將軍謝琰率兵討王恭，譙王司馬尚之率兵討庾楷。尚之大破庾楷於牛渚，楷單騎奔桓玄。道子即以尚之為豫州刺史，將豫州控制在自己手中。隨後，桓玄大破官軍於白石（今安徽巢縣），與楊佺期進軍至橫江。尚之兵敗退走，官軍水師全軍覆沒。

桓玄、楊佺期沿江東下，兵鋒直至建康石頭城下，殷仲堪軍至蕪湖，王恭所遣北府將劉牢之率軍據竹裡，共同夾擊建康。但王恭以門第傲物，既恃劉牢之的武力，又以部曲將薄待他。此時，朝中中樞大權已轉移到司馬道子、世子司馬元顯之手，司馬元顯遂利用這一矛盾，以高官厚祿收買劉牢之。結果劉牢之倒戈，縱兵擊王恭，王恭兵敗被殺，其子弟黨羽皆死。劉牢之又率北府兵馳援建康，駐軍新亭。桓玄、楊佺期見北府兵力量強大，大驚失色，回軍蔡洲。但朝廷不知西軍虛實，殷仲堪等擁眾數萬，充斥京郊，內憂外逼。

在此危難之際，司馬道子輕信左衛將軍桓修（桓沖之子，桓玄從兄，尚簡文帝女武昌公主）之謀，以桓玄為江州刺史，楊佺期為雍州刺史，桓修為荊州刺史，獨黜殷仲堪為廣州刺史。殷仲堪接到詔書，大怒，催促桓玄、楊佺期進軍。但桓玄一則喜得江州，二則喜於與荊州桓修為鄰。桓氏世蒞荊州，又長期控攝江州，現在荊、江二州重新回到桓氏手中，這正是桓玄夢寐以求的事，豈有不喜之理！故欲接受朝命，但考慮到殷仲堪的處境，猶豫未決。楊佺期的態度也在可否之間。由於桓、楊將士家屬多在殷仲堪治下的江陵，殷仲堪威逼將士南歸荊州，而置朝命於不顧，以此脅迫桓、楊。楊佺期的部將劉系率兩千人先歸荊州，桓玄大懼，狼狽西還，直到尋陽才追上殷仲堪。

殷仲堪既失職，需依靠桓玄等人為援，桓玄也需要借助殷仲堪的兵力。他們之間既相互利用，又相互猜疑，大勢不得不合。於是彼此以子弟為質，在尋陽立壇結盟。桓玄憑藉自己的聲威和門第，被推為盟主，開始得志。他們宣布都不接受朝命，聯名上疏為王恭申冤，請求誅殺劉牢之及譙王司馬尚之，並訴說殷仲堪無罪，卻獨被降黜。就在尋陽之盟中，三人的矛盾公開化。楊佺期為人驕悍，常自以為出身高門，江表無人可比，而桓玄卻每每以寒士對待他，這使他極為不滿，欲借結盟之機，於壇所襲擊桓玄。而殷仲堪則厭惡楊佺期兄弟驍勇，擔心克玄之後反而對自己有害，故苦苦禁止楊佺期，使之無法下手，隨後各自收兵還鎮。桓、殷、楊之盟，使朝廷深感畏懼，引起內外一片騷動。司馬道子出於無奈，乃下令罷免桓修，將荊州交還殷仲堪，並讓安帝下詔慰諭，以求和解，殷仲堪這才接受詔命。此時，孫恩已率眾從海島登陸作亂於會稽，朝廷已無力顧及上游之事。

隆安三年（399 年）十二月，上游軍閥之間發生了嚴重的內訌。殷仲堪懼怕桓玄跋扈，乃與楊佺期締結婚姻為援；桓玄也擔心終為殷、楊所滅，乃上表當權的司馬元顯，請求增加其所統的地盤。司馬元顯正想挑撥他們的關係，以引起其內部紛爭，於是加桓玄都督荊州四郡軍事，又以其兄偉代楊佺期兄廣為南蠻校尉。楊佺期極為惱怒，秣馬厲兵，與殷仲堪共謀襲擊桓玄，結果反被桓玄分別消滅。桓玄併吞殷、楊之眾，獨居上游，一時勢力大增，對下游建康形成巨大的威脅。只是由於孫恩正率眾橫掃三吳地區，故上下游之間一時未動干戈。

二　桓玄、劉裕戰江州

桓玄既克荊、雍二州，乃上表朝廷，求為荊、江二州刺史，以便把荊、江二州實實在在地控制在自己手中。鑒於桓玄得勢，朝廷不敢違背，詔以玄為荊、司、雍、秦、梁、益、甯七州都督，荊州刺史，以其從兄桓修為江州刺史。由於江州戰略地位特別重要，桓玄則上疏堅持求為江州刺史，於是進玄都督八州及揚、豫八郡諸軍事，兼江州刺史。桓玄又以其兄偉為冠軍將軍、雍州刺史。時孫恩之亂未平，朝廷難違其意。

這時，孫恩的勢力得到迅速發展。隆安五年（401 年）六月，孫恩從海上突然奔襲丹徒（今江蘇鎮江市東南），士卒十餘萬，樓船千餘艘，建康震恐。桓玄自奪得荊、江二州後，厲兵訓卒，常伺朝廷之隙，準備選擇時機，以實現其奪取政權的野心。聞知孫恩逼近京師，即建牙旗聚兵眾，外托勤王，實欲趁機而進，乃上疏請討恩。司馬元顯大懼。不久，孫恩被劉牢之、劉裕等人擊退，元顯以詔書止之，桓玄這才奉詔解嚴。

桓玄自以為佔有晉國的三分之二，日益專橫跋扈，根本不把朝廷放在眼中。此所謂三分之二，是說當時東晉國土全實的只有荊、江、揚三州，徐、雍、青、兗等州為僑州，有其名而無其實。桓玄據有荊、江二州，就等於佔有東晉國土的三分之二。他不顧朝命，擅自以其兄偉為江州刺史，鎮夏口；以司馬刁暢為輔國將軍，督八郡軍事，鎮襄陽；遣其將桓振、皇甫敷、馮該等戍湓口；遷移沮、漳蠻兩千餘戶於江南，立武寧郡；更招集流民，立綏安郡；對荊、江二州大肆經營，嚴密控制。他還多次指使人給自己上呈符瑞，欲以惑眾。時東部一帶遭遇孫恩之亂，饑荒嚴重，漕運不繼，桓玄又遣人斷絕長江運路，使下游建康等地糧食更加困難，以至公私匱乏，軍隊也只能以野菜、野果充饑。桓玄的所作所為，使司馬元顯深感憂懼，於是大治水軍，徵兵裝艦，準備討伐桓玄。

元興元年（402 年）正月，朝廷下詔罪狀桓玄，以司馬元顯為驃騎大將軍、征討大都督、都督十八州諸軍事，以鎮北將軍劉牢之為前鋒都督，前將軍譙王司馬尚之為後部，準備興兵討玄。時桓玄從兄為太傅長史，立即修書密報玄。桓玄得到消息，馬上採取行動，留其兄偉守江陵，上表率眾，下至尋陽，發布檄文，罪狀元顯。二月，司馬元顯率兵討玄，桓玄的檄文也剛剛到達建康，元顯大懼，雖下船卻不敢出發，留下失敗的陰影。桓玄率部經過尋陽，不見官軍，心中大喜，眾將士也為之振奮。桓玄順利進抵姑孰，遣其將馮該、苻宏、皇甫敷、索元等先攻豫州刺史、譙王司馬尚之。尚之一戰而潰，被俘。襄城太守司馬休之出戰而敗，棄城而逃。三月，官軍主力劉牢之部臨陣倒戈，向桓玄投降。桓玄兵至建康附近的新亭，司馬元顯不戰自潰，遭擒獲。桓玄入京師，稱詔解嚴，自總朝政，都督中外諸軍事，自為丞相、錄尚書事、揚州牧，領徐、荊、揚三州刺史。以桓偉為荊州刺史，桓謙為尚書左僕射，桓修為徐、兗二州刺史，桓石生為江州刺史。這樣，東晉最重要的荊、江、揚三州及北府重鎮徐、兗二州全部為桓氏家族所控制。接著，徙司馬道子於安成郡（今安福縣），後派人用毒藥把他毒死；斬司馬元顯及其黨羽譙王尚之、張法順、毛泰等於建康市。

北府兵是當年由謝安及其子侄共同創建的、東晉最強大的一支軍事力量，向為桓玄所懼。為控制這支軍隊，桓玄首先剝奪北府兵主帥劉牢之的兵權，以其為會稽太守。劉牢之深為不滿，大集僚佐，準備於江北興兵討玄。但因劉牢之是個反覆小人，其參軍劉襲當面指斥他說：「事不可者莫大於反。而將軍往年反王兗州（指王恭），近日反司馬郎君（指司馬元顯），今復欲反桓公。一人而三反，豈得立也。」[61]由於劉牢之大失將士之心，佐吏多散走，被迫自縊而死。桓玄又殺死吳興太守高素、將軍竺謙之、謙之從兄朗之、劉襲及襲弟季式等一大批北府舊將，引起北府兵其他重要將領劉裕等人的恐懼和憎恨，由此而埋下了劉裕起兵反玄，桓玄、劉裕大戰江州及桓玄慘敗的禍根。

元興二年（403 年）九月，桓玄自為楚王。十二月，正式禪代稱帝，建國號曰楚，改元永始。封晉安帝為平固王，遷之於尋

61　《晉書》卷八四《劉牢之傳》，第 2191 頁。

陽。桓玄初至建康，尚能黜奸佞，擢賢良，頗有一番革新景象，京師上下歡欣鼓舞。但時隔不久，其貪婪虛偽的本來面目便暴露無遺。他奢豪縱逸，政令無常，朋黨互起。「性貪鄙，好奇異，尤愛寶物，珠玉不離於手。人士有好法書好畫及佳園宅者，悉欲歸己，猶難逼奪之，皆蒱博而取。遣臣佐四出，掘果移木，不遠數千里，百姓佳果美竹無復遺餘」[62]。稱帝以後，更加驕奢淫逸，遊獵無度，以夜繼晝。百姓終日辛勞，不堪重負，怨怒思亂者十室而八九。這給劉裕等人提供了起兵的良機。

元興三年二月，劉裕與劉毅、何無忌、王元德、王仲德、孟昶、劉道規等一批北府舊將正式起兵於京口（今江蘇鎮江）。先殺桓玄所署徐、兗二州刺史桓修，據京口；繼殺青州刺史、桓修之弟桓弘，據廣陵（今江蘇揚州）。劉裕率義軍乘勝進軍建康，桓玄不堪一擊，其麾下數萬人一時奔潰。桓玄不敢再戰，攜其子升及左右親信倉皇南逃，直奔老根據地尋陽。這樣，桓玄只過了八十多天的皇帝癮便徹底失敗了。劉裕開始執掌東晉朝權。

桓玄逃至尋陽，其所署江州刺史郭昶之給其器用、兵力，又收得殘兵敗將兩千餘人。為了保衛江州這塊重要的根據地，他留下龍驤將軍何澹之、前將軍郭銓與郭昶之率重兵共守湓口。隨後，挾安帝西走江陵。劉裕遣劉毅率何元忌、劉道規等諸軍在後緊追不捨。桓玄在江陵大興舟師，不出一月，眾至二萬，樓船器械頗為壯觀。為了加強對江州的防衛，桓玄又增派武衛將軍庾稚

62 《晉書》卷九九《桓玄傳》，第2594頁。

祖、江夏太守桓道恭率兵數千人隨何澹之，助郭昶之共同扼守湓口。

是年四月，桓玄的軍隊與劉毅、何無忌率領的官軍相遇於桑落洲（今九江市東北長江中），雙方展開大戰。這是一場十分關鍵的戰役，對桓玄一方來說，它直接關係到江州乃至桓氏的存亡；對劉裕一方來說，它是奪取江州這一重要戰略基地和進一步消滅桓玄勢力的重要一步。為此，桓玄派出了上萬人的軍隊參戰，劉裕也投入了主力部隊。

何無忌、劉道規指揮官軍首先發動進攻，玄軍主帥何澹之引舟師迎戰。官軍人少，何無忌採取集中優勢兵力先擊弱敵，然後全面進攻的戰略戰術。何澹之平時所乘坐的戰艦，此時遍插各色旗幟，宛如旗艦。何無忌判斷說：「賊帥必不居此，欲詐我耳，宜亟攻之。」眾將士卻說：「澹之不在其中，其徒得之無益。」何無忌分析說：「今眾寡不敵，戰無全勝。澹之既不居此舫，取之易獲，因縱兵騰之，可以一鼓而敗也。」遂進攻，一舉奪取該艦，繼而傳令眾將士大聲呼叫：「已得何澹之矣！」[63]這一招果然奏效，雙方都信以為真，澹之軍中驚擾，何無忌部眾也以為信然。官軍趁勝進攻澹之等，大破之。何無忌順利攻佔湓口，進據尋陽，遣使奉送晉宗廟神主還京師。劉裕因功而加都督江州諸軍事。自此，江州又落入劉裕之手。

桑落之戰中，豫章南昌人胡藩表現得頗為英勇。胡藩字道

63 《晉書》卷八五《何無忌傳》，第 2215 頁。

序，出身於士族家庭。祖隨，官拜散騎常侍。父仲任，治書侍御史。其表兄羅企生為殷仲堪參軍，因忠於仲堪而遇禍，知名當世。胡藩仕於桓玄，先後為桓玄後將軍府、太尉府、大將軍府、相國府參軍。桑落之戰，胡藩所乘船艦被官軍所燒，全身披著鎧甲落入水中，潛游三十餘步才得以登岸。因通往江陵的道路斷絕，無法西進，乃還豫章。劉裕以藩為人忠直，召為員外散騎常侍，參鎮軍府軍事。劉宋一朝，胡藩曆官江夏太守、遊擊將軍、太子左衛率等。元嘉十年（433 年）卒，年六十二。

桑落洲戰敗後，桓玄又率舟師自江陵東下。五月十七日，與劉毅軍相遇於武昌附近的崢嶸洲（今湖北黃岡西北長江中）。劉毅率軍奮戰，以少勝多，大敗桓玄軍。玄命人燒毀輜重，連夜狼狽西逃。

桓玄再次逃回江陵。然大勢已去，號令不行，人心離散，城內一片混亂。桓玄走投無路，最後決定逃奔漢中，投依梁州刺史桓希。西行途中，被益州刺史毛璩手下誘騙入蜀。船行至江陵城西的枚回洲時，益州都護馮遷抽刀斬玄。

三　盧循與劉裕對江州的反覆爭奪

東晉後期，由於朝政極端腐敗，導致了孫恩、盧循大規模的起兵事件。孫恩、盧循起兵，從整個事件的性質來看，應是一次五斗米道徒作亂[64]。

64　關於孫恩、盧循起兵的性質，長期以來史學界一直存在兩種迴然不同孫恩起兵是晉安帝隆安年間的一件大事。孫恩本琅邪人，出身於五斗米道世家。其叔孫泰，師事錢唐杜子恭學習道術，子恭死，泰傳其術。孫泰「浮狡有小才」，因利用道術「誑誘百姓」[65]，被司馬道子流放至廣州。廣州刺史王懷之崇奉道教，以泰為郁林太守。晉孝武帝以泰知養生之術，又將他從廣州召回。司馬道子用之為徐州主簿，猶以道術惑亂士庶，後遷新安太守。隆安元年（397 年）四月，王恭等人起兵討王國寶，孫泰見天下兵起，以為晉祚將終，乃煽動百姓，私集徒眾，三吳士庶多從之。其圖謀不軌的陰謀被會稽內史謝輶揭發，司馬道子誅泰。孫恩懼怕誅連，逃於海中，聚合亡命之徒百餘人，志在復仇。

孫恩起兵的導火線是所謂「元顯縱暴」。對此，《晉書》卷六四《會稽文孝王道子傳子元顯附傳》記載甚明：元顯「又發東土諸郡免奴為客者，號曰『樂屬』，移置京師，以充兵役，東土囂然，人不堪命，天下苦之矣。既而孫恩趁釁作亂。」這是說，先有司馬元顯「發東土諸郡免奴為客者」當兵，引起東土囂然，後有孫恩的趁釁作亂。司馬元顯徵發的「客」，是指「注家籍」

的觀點：以史學大師陳寅恪、著名史家范文瀾等人為代表，將其視為五斗米道徒作亂，分見陳寅恪《魏晉南北朝史講演錄》第十篇《孫恩、盧循之亂》第 160-171 頁，萬繩楠整理，黃山書社，一九九九；範文瀾《中國通史簡編》修訂本第二編，第 366-367 頁，人民出版社，一九六四。另一種觀點將其歸於農民起義，此說可以朱紹侯主編的《中國古代史》為代表，見該書上冊第 435-436 頁，福建人民出版社，二〇〇〇。

65　《晉書》卷一〇〇《孫恩傳》，第 2632 頁。下引本傳不另注。

的佃客，他們是士、庶地主的主要勞動力，元顯徵發他們去當兵，無疑大大地損害了士、庶地主的利益，引起其強烈不滿和東部的一片騷動。孫恩趁機從海上登陸，殺縣令，襲會稽，眾至數萬。於是會稽、吳郡、吳興、義興、臨海、永嘉、東陽、興安等八郡，「一時俱起，殺長吏以應之，旬日之中，眾數十萬」。可見，孫恩起兵的根本目的是「志在復仇」，導火線是利用民心騷動。司馬元顯「發東土諸郡免奴為客者」當兵，時在安帝隆安三年（399 年）十月，同月，便發生了孫恩作亂事件。

孫恩號其黨曰「長生人」，下令誅除異己，「有不同者戮及嬰孩，由是死者十七八」。吳郡、會稽一帶是東晉最富庶的地區，孫恩一夥對之破壞不遺餘力，史稱：「吳會承平日久，人不習戰，又無器械，故所在多被破亡。諸賊皆燒倉廩，焚邑屋，刊木堙井，虜掠財貨，相率聚於會稽。其婦女有嬰累不能去者，囊簏盛嬰兒投於水。」在官軍的打擊下，孫恩多次逃亡入海，又多次登陸作亂。

元興元年（402 年）三月，孫恩寇臨海（今浙江臨海縣），臨海太守辛景擊破之，其所虜三吳男女死亡殆盡。孫恩恐為官軍所獲，走投無路，被迫投海而死，其黨羽及妓妾從死者以百數，謂之「水仙」。孫恩死後，餘眾數千人又推舉孫恩妹夫盧循為首領，繼續作亂。時桓玄當權，為安撫東土，乃以循為永嘉太守。循雖受命，仍寇暴不已。

元興二年正月，盧循寇東陽；八月，攻永嘉。劉裕破之，追至晉安。盧循窘急，泛海南走，至番禺，攻廣州，廣州刺史吳隱之拒守百餘日。次年十月，盧循攻陷廣州，「燒府舍、民室俱盡，執吳隱之」[66]。自攝州事，號平南將軍，又使其姊夫徐道覆攻始興（今廣東韶關），執始興相阮腆之。時朝廷新平桓玄，無暇征討。義熙元年（405 年）四月，以盧循為廣州刺史，徐道覆為始興相。

義熙五年（409 年）四月，劉裕北伐南燕慕容超。徐道覆聞知，即勸盧循趁虛襲建康，盧循不從，徐道覆又親至番禺說之，盧循乃從其計。此前，徐道覆為實現其奪取建康的野心，欲秘密建造船艦，曾遣人到南康山中大伐船材，詭說要到都下貨賣。後又稱力量不夠，無法將木材運出，即於郡中賤價賣之，價減數倍，郡人貪圖便宜，不惜賣衣服購買。贛江上游石多水急，出船甚難，於是百姓都將木材儲存在家中。如是者數四，故船板大積，而百姓不疑。及徐道覆舉兵，遂命人按賣券將材板全部收回。於是在贛南並力裝船，僅十餘天便裝配了大批船艦。

義熙六年（410 年）二月，盧循自始興攻長沙。徐道覆率眾沿贛江順流而下，舟船器械齊備，相繼攻南康、廬陵、豫章諸郡，各郡守相皆棄官而逃。朝廷急徵劉裕，劉裕得到詔書，立即率兵南歸。為阻止盧循、徐道覆繼續東下，鎮南將軍何無忌率先自尋陽引兵拒敵。是月，兩軍相遇於豫章，發生了一場激戰。

豫章之戰是盧循與劉裕之間為爭奪江州而進行的首場重要戰役。何無忌抵達豫章後，求戰心切，急於決戰。長史鄧潛勸諫說：「國家安危，在此一舉。聞循兵艦大盛，勢居上流。宜決南

66　《資治通鑒》卷一三一・晉安帝元興三年（404），第 3575 頁。

塘（屬南昌縣，位於徐孺子宅西），守二城（指豫章、尋陽）以待之，彼必不敢捨我遠下。蓄力養銳，俟其疲老，然後擊之，此萬全之策也。今決成敗於一戰，萬一失利，悔將無及。」[67]參軍殷闡也勸說道：「循所將之眾皆三吳舊賊，百戰餘勇，始興溪子，拳捷善鬥，未易輕也。將軍宜留屯豫章，調兵屬城，兵至合戰，未為晚也；若以此眾輕進，殆必有悔。」[68]對於這些正確建議，何無忌全都聽不進去。三月，與徐道覆相遇於豫章，敵軍下令強弩數百登贛江西岸小山向晉軍迎面猛射。這時，又刮起了強勁的西風，將何無忌所乘小艦飄向東岸。敵軍乘著風勢，以大艦逼迫晉軍，晉軍一時奔潰。何無忌臨危不懼，厲聲叫道：「取我蘇武節來！」於是執節督戰。敵軍雲集，將晉軍團團圍住，敵兵數十人登上何無忌戰艦，無忌不屈不撓，最後握節而死。晉軍慘敗的消息傳到建康，朝廷上下一片驚慌，朝議甚至想奉安帝北走，以投中軍劉裕，後得知盧循未至建康，才人情稍安。

為了奪回江州，同年五月，晉軍與盧循又進行了著名的桑落洲之戰。豫章一役，盧循奪得江州，對下游京師形成嚴重的威脅，大有沿江東下一舉奪取建康之勢。此時，劉裕已從北伐途中返京，以江州覆沒，自感責任重大，上表解職，詔不許。面對建康的緊張形勢，青州刺史諸葛長民、兗州刺史劉藩、並州刺史劉

67 《資治通鑒》卷一一五・晉安帝義熙六年（410），第3629頁。
68 引文出處同上。徐道覆所統始興（今廣東韶關）兵，多由溪人組成，拳腳敏捷，善於格鬥，故稱始興溪子。

道憐各自將兵回京，以保衛建康。劉裕長期與孫恩、盧循周旋，多次大敗之，對敵情瞭若指掌，在作了一番準備後，本欲親自率兵與盧循決一雌雄，然衛將軍、豫州刺史劉毅與之爭功，不等劉裕批准，即率舟師二萬自姑孰（今安徽當塗）出發直奔尋陽。劉毅既不瞭解敵情，戰前又無完整的戰略構想，僅憑一時意氣便倉促迎敵，其結果可想而知。時徐道覆西攻江陵（今湖北江陵，荊州治所），尚未抵達，盧循已進至巴陵（今湖南岳陽），兩人正並力攻奪荊州。徐道覆聞劉毅將至，馬上派人報知盧循說：劉毅兵力頗強，成敗之事，繫於此舉，我軍應合力將他摧毀；若此戰得勝，奪取江陵就不在話下了。盧循接受建議，即日發兵巴陵，與徐道覆連旗東下，戎卒十萬，戰艦千艘，兵鋒直指尋陽。五月戊午，兩軍激戰於桑落洲，劉毅兵大敗，丟盔棄船，僅與數百人步行逃走，餘眾全部被敵軍俘獲，所棄輜重堆如山積。劉毅一行在逃跑途中，經過蠻族地區，饑困死亡，回到建康者僅十之二三。

桑落洲之戰後，盧循、徐道覆之間發生意見分歧。盧循欲退還尋陽，以江州為根據地，進而攻取江陵，據二州以對抗朝廷，採取持久戰術。徐道覆則欲速戰速決，趁勝一鼓作氣奪取建康。盧循猶豫再三，最後聽從了徐的意見。

此時東晉朝廷內部一片混亂。劉毅慘敗的消息傳到建康，舉朝驚恐。時北伐之師剛剛回京，將士多創傷疾病，建康戰士不滿數千。盧循既克江、豫二州，勢力大增，戰士十餘萬，舟車百里不絕，樓船高十二丈，與官軍形成鮮明的對比。在敵我力量眾寡懸殊的嚴峻局勢下，以孟昶、諸葛長民為代表的朝中多數大臣深信劉裕必不能抗拒盧循，因而力主奉安帝過江北遷，以避盧循兵鋒。劉裕堅持不聽，而支持他的只有少數大臣。孟昶見劉裕不納眾人之議，以死抗爭，服毒而亡。

五月，盧循率軍自尋陽順江東下，直抵建康城外的秦淮河口，朝廷內外戒嚴。由於劉裕指揮得當，晉軍嚴密設防，盧循攻石頭城不利，船艦遭遇暴風傾倒，一些人被淹死；列陣南岸，戰又敗績。轉而進攻京口（今江蘇鎮江），劫掠各縣，又一無所獲，弄得師老兵疲。

七月，盧循自蔡洲南還尋陽，留其黨范崇民率五千人守南陵（今屬安徽蕪湖），以加強對鄱陽湖口的防護，準備一旦失敗，想從這裡南逃番禺。建康保衛戰取得勝利後，劉裕大治水軍，所造皆大艦重樓，高者十餘丈。先使輔國將軍王仲德、河間內史蒯恩、廣川太守劉鐘、中軍諮議參軍孟懷玉等率眾追擊盧循，自統大軍繼進。

八月，江州刺史庾悅以鄱陽太守虞丘為前鋒，屢破盧循兵，佔領豫章，斷絕盧循糧道。

十一月，王仲德等敗范崇民於南陵，崇民逃走。盧循失去湖口之險，為劉裕直入江州創造了條件。

十二月，劉裕進軍雷池（今安徽宿松至望江縣東南一帶）。盧循、徐道覆也率眾數萬塞江而下，前後不見船艦盡頭。劉裕出動全部輕艦，率眾軍齊力出擊；又分步騎屯於西岸，預先準備火攻用具。晉軍以勁弩射擊循軍，因風水之勢逼迫敵艦。盧循戰艦全部停泊西岸，岸上官軍投火攻之，煙火連天。循兵大敗，走還尋陽。

是月，劉裕與盧循決戰於左裡（今都昌縣鄱陽湖口左蠡山下）。盧循連吃敗仗，準備從尋陽逃奔豫章，打算長期盤據江州，與官軍一決勝負，乃全力建造柵欄，斷絕左里。劉裕軍至左裡，一時無法推進，於是指揮眾將士強攻敵軍柵欄。晉軍同仇敵愾，勢不可擋，循兵雖殊死戰，仍無法阻擋。結果盧循兵大敗，其本人乘單舸而逃，手下將士被殺及投水死者數萬人。左里之戰，晉軍取得了決定性的勝利。

劉裕和盧循為爭奪江州，前後經豫章、桑落洲、左裡三次大戰和十數次小戰，盧循雖一時得勢，但以失敗而告終。雙方經過反覆爭奪，劉裕終於將盧循勢力逐出江州，使江州重新回到東晉朝廷之手。

盧循失去江州，收拾散卒，尚有數千人，徑直逃往老巢番禺。徐道覆退保始興，因險自固。此前，劉裕先遣將軍孫處從海道攻佔番禺，部勒軍隊，嚴密防守。義熙七年（411 年）二月，右將軍劉藩斬徐道覆於始興。三月，盧循沿途收拾殘兵敗將至番禺，見番禺已失，遂圍之，孫處拒守二十餘日。四月，沈田子引兵救番禺，擊循，大破之，所殺萬餘人。盧循敗走，田子與孫處共同追擊，又破循於蒼梧、郁林、寧浦等地。盧循逃往交州，至龍編（今越南河內東天德江北岸，東漢至南朝曾為交州治所），被交州刺史杜慧度擊敗。盧循自感窮途末路，先鴆殺妻子十餘人，又殺其妓妾，然後投水而死。至此，孫恩、盧循之亂被全部平定。

四　戰亂對江州的嚴重破壞

東晉在一百餘年的統治中，就全境而言，除晚期的孫恩、盧循之亂外，基本沒有大的戰亂，總的政局是穩定的。但江州的情況則有所不同，由於江州地處上游重鎮荊州和下游重鎮揚州之間的中間地帶，地理位置特殊，戰略地位特別重要，且物產富饒，無論是當權的門閥士族，稱雄一方的割據勢力，還是流民起義，甚至五斗米道徒等各派政治勢力都對江州唾涎三尺，相互之間對它進行激烈爭奪。因此，發生在江州境內的戰事頗為頻繁。特別是東晉之初及其晚期，戰亂接踵而至，先有張昌起兵及其對江州的短暫控制；繼有陳敏割據勢力對江州的滲入及杜弢流民起義軍與晉軍在江州的戰爭；中經王敦之亂和王、庾、桓、謝江州之爭；晚期則有王恭起兵與尋陽之盟，桓玄、劉裕戰江州，盧循與劉裕對江州的反覆爭奪等一系列戰亂。戰亂的規模越來越大，對江州社會和經濟都造成了嚴重的破壞，州內人民歷經磨難，飽受戰亂之苦，留下了深深的創傷。

在這些戰亂中，以東晉初年的杜弢流民起義和晚期的孫恩、盧循之亂對江州的破壞最為嚴重。杜弢入江州的時間頗長，前後達二三年之久，與晉軍發生過多次大小戰爭，加之流民軍本身具有破壞性的一面，因而給江州帶來了嚴重的危害。《晉書》卷七一《王鑒傳》記載說：「時杜弢作逆，江湘流弊，王敦不能制，朝廷深以為憂。」

杜弢流民起義後來雖被陶侃等人鎮壓，但江州特別是豫章郡卻被破壞得不成樣子。時「江州蕭條，白骨塗地，豫章一郡，十殘其八。繼以荒年，公私虛匱，倉庫無旬月之儲，三軍有絕乏之色。賦斂搜奪，周而復始，卒散人亡，相望於道」。戰亂使生產停滯，經濟蕭條，人口大量死亡。作為江州最發達、最富庶的豫章郡遭受的破壞最為嚴重，百分之八十的地方變得殘破不堪。加上荒年和官府無休止的賦斂搜奪，廣大人民生活陷入絕境，不得不大批流亡，其狀慘不忍睹。有幸的是，在此後的九十年中，江州境內戰事稀少，其間雖有王、庾、桓、謝等門閥士族對江州的激烈爭奪，但尚未演變成戰爭的形式；王敦之亂雖自江州發動，但爭戰也主要是在下游建康一帶展開，江州並無大礙。在長期安定的社會環境中，江州人民辛勤耕作，不但迅速恢復了因戰亂而遭受嚴重破壞的社會經濟，而且出現了蓬勃發展的勢頭，使江州很快成為餘糧出境大州和新的經濟區。

東晉晚期，江州再次遭受戰亂的嚴重破壞。安帝義熙七年（411 年）四月，即孫恩、盧循之亂剛剛平定後，江州都督劉毅上表朝廷說：

> 自頃戎車屢駭，干戈溢境，所統江州，以一隅之地，當逆順之沖，自桓玄以來，驅蹙殘破，至乃男不被養，女無匹對，逃亡去就，不避幽深，自非財殫力竭，無以至此。若不曲心矜理，有所釐改，則靡遺之歎奄焉必及。[69]

劉毅的表章悽楚動人，真實地描述了當時江州頻頻遭受戰亂

69 《晉書》卷八五《劉毅傳》，第 2208 頁。

及其受到嚴重破壞的生動情景：近來江州連遭桓玄之亂及孫恩、盧循之亂，境內到處是戰爭，戰事頻頻。因為戰亂，百姓被驅趕逼迫，成批地離開家園，至使田地荒蕪，生產停頓，經濟殘破，人民生活無著，陷入痛苦的深淵，以至男子自己不能養活自己，女子無人匹配；為了躲避戰亂，人們不惜逃亡到深險偏僻之地，如果不是財盡力竭，當不至如此。劉毅認為，現在戰爭已經結束，若不對江州人民加以格外關心和精心治理，就會出現境內無民的嚴重後果。劉毅的結論可能有些危言聳聽，但畢竟反映出江州因遭受戰亂的嚴重破壞而急需加強治理的社會現實。

同年十一月，劉裕也曾下教說：

> 江、荊凋殘，刑政多缺，頃年事故，綏撫未周。遂令百姓疲匱，歲月滋甚，財傷役困，慮不幸生。凋殘之餘，而不減舊，刻剝徵求，不循政道。……近因戎役，來涉二州，踐境親民，愈見其瘼，思欲振其所急，恤其所苦。凡租稅調役，悉宜以見戶為正。州郡縣屯田池塞，諸非軍國所資，利入守宰者，今一切除之。[70]

劉裕在教令中，也承認江、荊二州「凋殘」的事實，凋殘的根本原因就在於連年的戰爭。戰後，官府又未能及時安撫好民眾，故使百姓力疲而財匱。這種境況日甚一日，百姓傷於財而困

70 沈約《宋書》卷一《武帝紀・中》，第28-29頁，中華書局，一九七四。

於役，以至無法生存下去。凋殘之餘，各級官吏仍然不顧人民死活，照常盤剝百姓，徵求無已，更使廣大人民雪上加霜。劉裕來到江、荊二州親自體察民情，深深感受到民間的疾苦。為了拯恤民眾，他決定採取兩項重要措施：一是以現有戶口為標準，按戶徵收租調，徵發兵役徭役；二是州郡縣的屯田、池塞，凡非軍國所需，而利入地方官的，一律罷除。劉裕這樣做，在一定程度上既有利於防止各級地方官對人民的橫徵暴斂，又可適當阻止他們利用封建國家資財從中漁利，藉以盤剝人民。廣大人民因此而獲得了喘息的機會，為重建家園、恢復生產創造了條件。

江州人民在走過了一段曲折的路程之後，至劉宋初期，由於劉裕、劉義隆父子在較長一段時間內實行了較好的政策，在「元嘉之治」的大背景下，江西社會又邁入了新的蓬勃發展時期。

・表 I 晉代 任江州刺史表

出刺時間	姓名	在任時間	備註
?	衛展	?	
永嘉二年（308 年）	華軼	4	漢末豫章太守華歆之孫
建興三年（315 年）	王敦	8	琅邪王氏，江左第一高門
永昌元年（322 年）	王彬	3	王敦從弟
太寧二年（324 年）	應詹	2	司馬氏皇室心腹重臣

出刺時間	姓名	在任時間	備註
咸和元年（326年）	溫峤	3	司馬氏皇室心腹重臣
咸和四年（329年）	劉胤	1	
咸和五年（330年）	陶侃	4	八州都督，荊、江二州刺史
咸和九年（334年）	庾亮	6	潁川大族、外戚
咸康六年（340年）	王允之	2	琅邪王氏
咸康八年（342年）	褚裒	1	外戚
建元元年（343年）	庾冰	1	庾亮之弟
建元二年（344年）	庾翼	1	庾冰之弟
永和元年（345年）	王羲之	1	琅邪王氏
永和二年（346年）	徐寧	10	
永和十二年（356年）	桓雲	5	桓溫二弟。高門大族

出刺時間	姓名	在任時間	備註
升平四年（360 年）	桓沖	13	桓溫五弟
甯康元年（373 年）	桓石秀	5	桓溫之侄，桓豁之子
太元二年（377 年）	桓嗣	6	桓沖之子
太元八年（383 年）	桓沖	半年	二為江州刺史
太元十三年（384 年）	桓伊	5	桓溫疏族
太元十四年（389 年）	王凝之	?	穀之之子
隆安二年（398 年）	王愉	半年	太原王氏，司馬道子心腹
隆安二年	桓玄	3	桓溫少子
隆安五年（401 年）	桓偉	2	桓玄之兄
元興元年（402 年）	桓石生	3	桓玄從兄
元興三年（404 年）	郭昶之	1	桓玄同黨
元興三年（404 年）	劉敬宣	2	劉牢之之子。劉裕所任

出刺時間	姓名	在任時間	備註
義熙二年（406年）	何無忌	4	劉牢之外甥，北府舊將
義熙六年（410年）	庾悅	1	庾亮之孫
義熙七年（411年）	劉毅	1	北府舊將，地位僅次於裕
義熙八年（412年）	孟懷玉	3	劉裕心腹愛將
義熙十一年（415年）	劉柳	1	
義熙十二年（416年）	檀韶	2	有佐命之功

第三章——南朝時期的江西政局與南川土著酋豪的崛起

四二〇年，劉裕代晉建宋，開始了南朝的統治，中經齊、梁二朝而至陳。五八九年，隋滅陳，中國重歸統一，南朝四代共統治一七〇年之久。南朝時期，由於南北對峙的政治格局依舊，上游荊州與下游揚州的重鎮地位如前，故江州重要的戰略地位仍然沒有改變。隨著東晉的滅亡和門閥政治的終結，南朝統治者在江州的鬥爭形式也發生了新的變化，這一鬥爭再也不是表現為門閥士族之間對江州的激烈爭奪，而是由王室直接嚴密控制江州，並由此引發出王室內部在江州的種種糾葛和紛爭，使政局呈現出錯綜複雜的局面。梁武帝晚年，侯景之亂發生，江州政局發生重大變化，朝廷失去對地方的控制，南川土著酋豪趁亂崛起，這是古代江西地方勢力蓬勃發展的時期，其勢力的興衰直接導致陳朝的興亡。

第一節 ▶ 劉宋王室在江州的糾葛和紛爭

一　功臣與宗王出鎮江州

劉裕建宋後，吸取了東晉大族出居重鎮，專兵擅權，皇權駕空，以至滅亡的教訓，開始削奪大族兵權，相繼以功臣和宗王出居方面重鎮，尤其重視加強對江州的控制。

早在東晉末年，劉裕在討滅桓玄的過程中，就著手委派心腹控制江州。元興三年（404 年），首先以劉敬宣為江州刺史。劉敬宣是劉牢之之子，與劉裕同為北府舊將，兩人曾並肩共討孫恩，感情深厚，後又參與對桓玄殘餘勢力的清剿，是劉裕最親信的將領之一。義熙二年（406 年），何無忌繼為江州刺史。何無忌是劉牢之的外甥，劉裕「與無忌素相親結」[1]，同在京口密謀討桓玄，共舉義兵。義熙六年三月，無忌與徐道覆激戰於豫章，兵敗而死，其任江州刺史四年。同年六月，以庾悅為江州刺史。庾悅是庾亮之孫，時任劉裕中軍司馬，與劉裕的關係自然非同一般。第二年，衛將軍劉毅取代庾悅而為江州都督。劉毅也是京口舉義中的重要人物，其軍功和地位僅次於劉裕。他在任所曾上表朝廷說：「江州在腹心之內，憑接揚、豫，藩屏所倚，實為重複。」[2]因此，他建議解散江州軍府，將江州治所由尋陽遷至豫章。他的建議得到朝廷批准，毅乃移鎮豫章，遣其親信將領趙恢率兵千人鎮守尋陽。不久，劉毅調任荊州刺史。「毅至江陵，乃輒取江州兵及豫州西府文武萬餘，留而不遣」。劉裕覺得劉毅有野心，對自己是個威脅，於是親自率兵討伐，「命王弘、王鎮惡、蒯恩等率軍至豫章口，於江津燔舟而進」[3]。劉毅被擊滅後，劉裕先後以孟懷玉、劉柳、檀韶、王弘為江州刺史。孟懷玉世居京口，曾追隨劉裕討孫恩，擊盧循，攻桓玄，定京邑，是劉裕的心腹愛將。義熙八年（412 年），遷江州刺史。十一年，卒於任所。同年，劉柳繼為江州刺史，次年六月卒，在任時間極短。劉柳死後，檀韶接替江州刺史。檀韶也世居京口，曾隨劉裕征廣固，滅南燕，討盧循，有佐命之功。義熙十二年（416 年），

1 《晉書》卷八五《何無忌傳》，第 2214 頁。
2 《晉書》卷八五《劉毅傳》，第 2208-2210 頁。
3 《宋書》卷四五《檀韶傳》，第 1373 頁。

遷江州刺史。檀韶雖「嗜酒貪橫，所莅無績」，但劉裕「嘉其合門義從，弟道濟又有大功，故特見寵授」[4]。王弘係琅邪王氏，是東晉開國丞相王導的曾孫，出身江左第一高門，其任江州刺史的時間甚長，從東晉末義熙十四年（418 年）一直任職到劉宋元嘉三年（426 年）召拜司徒為止。王弘既非功臣，又非劉裕的心腹愛將，其能出任江州刺史，主要原因不是因為他出身江左第一高門，而是曾為劉裕加九錫、禪代稱帝立有大功之故。

四二四年，劉裕第三子劉義隆即位，是為文帝。這時，劉宋王朝的統治趨於鞏固，為了便於王室對江州的直接控制，從宋文帝開始，一直到劉宋末，除少數情況外，出任江州刺史者幾乎全是宗室諸王。現按時間先後順序排列如下：

元嘉三年（426 年）五月，宋文帝以檀道濟接替王弘為江州刺史。檀道濟是檀韶之弟，曾跟隨劉裕滅南燕、後秦。元嘉初出兵擊滅領軍將軍謝晦，鞏固了宋文帝的統治地位。元嘉八年率軍北討，大破北魏安平公乙旃眷，斬其濟州刺史、壽昌公悉頰庫結，可謂身經百戰，功勳卓著。對於這樣一位名將、功臣出任江州刺史，劉宋統治者很不放心。史稱：道濟「立功前朝，威名甚重，左右腹心並經百戰，諸子又有才氣，朝廷疑畏之。」元嘉十三年（436 年），宋文帝久病不愈，文帝之弟劉義康擔心文帝一旦崩駕，道濟不可複製，於是假傳聖旨召之入朝，收付廷尉，將道濟及其子檀植等十一人一併殺害。又殺司空參軍薛彤、高進

4　《資治通鑑》卷一二三・宋文帝元嘉十三年（436）。

之，二人皆道濟腹心，作戰勇猛，時人比之張飛、關羽。道濟被收，憤怒至極，目光如炬，脫巾投地曰：「乃壞汝萬里長城。」北魏人聞知此事，高興地說：「道濟死，吳子輩不足復憚。」劉宋統治者自毀長城，為日後北魏大規模的南侵創造了條件。

檀道濟被殺後，朝廷即以南譙王劉義宣為江州刺史，時在元嘉十三年（436 年）三月，這是劉宋歷史上以宗王相繼出任江州刺史的開端。元嘉十六年九月，劉義宣改任南徐州刺史，臨川王劉義慶繼為江州刺史。次年十月，劉義慶改任南兗州刺史，彭城王劉義康出任江州刺史。宋文帝讓劉義康出鎮豫章，目的是為了防止他專總朝政，這是一種臨時性的安排。時隔不久的元嘉十八年（441 年）二月，便任命庾登之為江州刺史。庾登之是東晉重臣庾冰的曾孫，出身高門大族，曾在劉義康司徒府中任司徒左長史，因不滿劉義康專攬朝政，常與義康意見相左，劉義康很不高興，出之為吳郡太守，繼為豫章太守。庾登之的做法正合宋文帝心意，故被文帝看中，用為江州刺史。元嘉二十年（443 年），庾登之卒，以廬陵王劉紹為江州刺史。劉紹本是宋文帝第五子，因過繼給文帝之兄廬陵王劉義真為嗣，故襲封廬陵王。元嘉二十六年九月，劉紹改任南徐州刺史。十月，以宋文帝第七子建平王劉宏為江州刺史。二十八年六月，又以文帝第三子武陵王劉駿為江州刺史。三十年二月，宋文帝為太子劉劭所殺，劉駿起兵江州，率眾入討，消滅劉劭的勢力後，奪得帝位，是為宋孝武帝。宋文帝在位時間很長，前後達三十年（423-453 年）之久。終文帝之世，刺江州者共八人，其中只有檀道濟、庾登之二人為外姓，其餘六人皆為宗室諸王。

宋孝武帝初即位，先以雍州刺史臧質為江州刺史，時在元嘉三十年（453 年）四月。臧質因支持劉駿奪取帝位而居功第一，為獎賞其功績，故有此寵授。然時隔不久的孝建元年（454 年）二月，臧質即與豫州刺史魯爽、荊州刺史南郡王劉義宣、兗州刺史徐遺寶等共起兵反叛朝廷。面對強大的反叛，三月，宋孝武帝不得已而以安北將軍、徐州刺史蕭思話為江州刺史，率兵討伐臧質。六月，臧質被斬，傳首京師。宋孝武帝忌憚荊、江二州強大，乃分割二州之地更置郢州，這是劉宋政權對戰略要地採取分而治之的策略，也是削弱重要方鎮的一種措施。孝武帝以江州而奪得帝位，深知江州的重要，自不肯輕易授人，故蕭思話出任江州刺史的時間極短，僅僅半年之久，同年九月，調任郢州刺史。十月，即以東海王禕為江州刺史。劉禕是宋文帝第八子，元嘉二十二年（445 年），年十歲，封東海王。在宋文帝諸子中，「禕尤凡劣，諸兄弟蚩鄙之」[5]。正因為劉禕平庸無能，被諸兄弟所輕視，所以孝武帝才放心地讓他這個弟弟出任江州刺史這一要職，以便自己直接控制江州。此後，孝武帝沿襲宋文帝以宗室諸王先後出任江州刺史的舊例。大明二年（458 年）十月，以宋文帝第九子、義陽王劉昶為江州刺史；大明三年七月，以宋文帝第十八子桂陽王劉休範為江州刺史；大明七年正月，以自己的第三子、晉安王劉子勳出任江州刺史；次年正月，又任命宋文帝第十二子、建安王劉休仁為江州刺史，但未拜。

5　《宋書》卷七九《文五王・廬江王禕傳》，第 2038 頁。

大明八年（464 年）五月，宋孝武帝死，太子劉子業即位，是為前廢帝。是年七月，廢帝將其弟、晉安王劉子勳從雍州刺史調任為江州刺史，使子勳二次刺江州。前廢帝在位僅一年，就被其叔劉彧奪去帝位。劉彧是宋文帝第十一子，是為明帝。

明帝即位之初的泰始元年（465 年）十二月，即發生了晉安王劉子勳舉兵尋陽、天下同反的重大政治變故。次年正月，子勳於尋陽稱帝，給宋明帝的統治帶來嚴重的威脅。為了控制江州，穩定政局，宋明帝對江州刺史這一重要職務作了精心安排和頻頻調動。在劉子勳舉兵尋陽的同時，明帝立即任命山陽王劉休佑為江州刺史。劉休佑是宋文帝第十三子，明帝第三弟，此人素無才能，只會貪財好色，對明帝的統治不能直接構成威脅，故用之為江州刺史。第二年正月，出於鎮壓反叛的需要，以王玄謨為車騎將軍、江州刺史。八月，劉子勳兵敗被殺，江州平定。九月，又以中軍將軍王景文為江州刺史，都督江州、郢州之西陽、豫州之新蔡、晉熙三郡諸軍事。王景文屬琅邪王氏，門高族大，本人又是宋明帝王皇后之兄，故明帝特意安排這位皇舅出刺江州。泰始六年（470 年）六月，王景文入朝為尚書左僕射、揚州刺史，更以揚州刺史、桂陽王劉休範為江州刺史。宋明帝為了保住皇位，將自己的幾個弟弟全部殺死，「唯桂陽王休範人才本劣，不見疑，出為江州刺史」[6]。第二年六月，劉休範改任南徐州刺史，又以宋文帝第十九子、巴陵王劉休若為江州刺史。七月，劉休若

6　《宋書》卷八五《王景文傳》，第 2184 頁。

尚未赴任而被賜死，劉休範再為江州刺史。

泰豫元年（472 年）四月，宋明帝死，太子劉昱即位，是為後廢帝。後廢帝即位的第三年即元徽二年（474 年）五月，桂陽王劉休範以江州為基地，起兵尋陽，企圖奪取帝位，因其能力十分低下而很快被右衛將軍蕭道成擊敗。自此，劉宋王權轉入蕭道成之手。當月，宋明帝第七子、邵陵王劉友出任江州刺史，年方五歲，完全是個傀儡。

劉宋統治首尾六十年（420-479 年），共有二十二任江州刺史。由於多以宗室諸王充任，目的在於牢牢地控制江州，而不是治理江州，加之出刺江州的諸王大多年幼，如建平王劉宏年十六歲，廬陵王劉紹、桂陽王劉休範年各十二歲，晉安王劉子勳年八歲，邵陵王劉友年僅五歲。年幼必然無知，自己無法理政，只好委政於府州長史、行事等僚屬，而長史、行事又往往沒有實權，也就談不上把一州之事治理好。因此，劉宋一朝與東晉相比，江州刺史少有良吏，大多平庸無能，除了爭權奪利，毫無政績可言，故史籍只好避而不論。就是在出刺江州的功臣、親信之中，政績較為突出的也是鳳毛麟角，只有王弘算是有些政績。《宋書》卷四二《王弘傳》載：弘「至（江）州，省賦簡役，百姓安之。」他還比較關心手下各級官吏，「州統內官長親老，不隨在官舍者，年聽遣五吏餉家」[7]。這樣做有利於調動下屬的積極性，對治理江州是有好處的。

7　《宋書》卷五一《宗室臨川王劉義慶傳》，第 1477 頁。

・表 2 劉宋一朝歷任江州刺史表

時間	姓名	備注
義熙十四年（418 年）	琅邪王弘	王弘有佐命之功，元嘉三年拜司徒
元嘉三年（426 年）	檀道濟	功臣，元嘉十三年三月被誅
元嘉十三年（436 年）	南譙王劉義宣	宋武帝劉裕第六子
元嘉十六年（439 年）	臨川王劉義慶	劉道憐子，劉裕侄
元嘉十七年（440 年）	彭城王劉義康	宋武帝劉裕第四子
元嘉十八年（441 年）	庾登之	原為豫章太守
元嘉二十年（443 年）	廬陵王劉紹	宋文帝第五子
元嘉二十六年（449 年）	建平王劉宏	宋文帝第七子
元嘉二十八年	武陵王劉駿	宋文帝第三子
元嘉三十年（453 年）	雍州刺史臧質	質與劉駿並起義兵討劉劭，功第一
孝建元年（454 年）四月	蕭思話	是年二月，劉義宣等舉兵反，以思話刺江州 以討之
孝建元年十月	東海王劉緯	宋文帝第八子

時間	姓名	備注
大明二年（458年）	義陽王劉昶	宋文帝第九子
大明三年（459年）	桂陽王劉休範	宋文帝第十八子
大明七年（463年）	晉安王劉子勳	宋孝武帝第三子
大明八年正月	建安王劉休仁	未拜，仍為護軍將軍
大明八年七月	晉安王劉子勳	前廢帝五月即位，以子勳再刺江州
泰始元年（465年）	山陽王劉休佑	宋文帝第十三子
泰始二年（466年）正月	領軍將軍王玄謨	宋明帝初即位，四方反叛，以玄謨領水軍南討，尋除江州刺史
泰始二年九月	中軍將軍王景文	宋明帝王皇后之兄，皇舅
泰始六年（470年）六月	桂陽王劉休範	休範二為江州刺史，次年六月改刺徐州
泰始七年（471年）七月	桂陽王劉休範	是年六月以巴陵王休若刺江州，休若未赴任而賜死，休范再刺江州
元徽二年（474年）	邵陵王劉友	宋明帝第七子，時朝權已歸蕭道成

二　江州刺史、彭城王劉義康之死

劉義康（409-451 年），小名車子，宋武帝劉裕第四子，宋文帝之弟。永初元年（420 年），封彭城王，年十二。武帝時，曆位南豫、南徐州刺史；元嘉三年（426 年），改授都督荊、湘、雍、梁、益、甯、南秦、北秦八州諸軍事，荊州刺史；元嘉六年，征為侍中、司徒、錄尚書事，入朝輔政；元嘉九年後，先後領揚州刺史、太子太傅，既專總朝權，生殺大事，決於自己。由於文帝對他十分信賴，「凡所陳奏，入無不可，方伯以下，並委義康授用，由是朝野輻湊，勢傾天下」[8]。元嘉十六年（439 年），又進位大將軍，領司徒，集軍政大權於一身，權勢更加顯赫。

義康既有震主之威，卻不明君臣之道，不識大體，自以為兄弟至親，心中不再存有君臣形跡，任意而行，毫無猜忌和防範之心。他私置僮部六千餘人，而不言明皇上；四方進貢之物，上品都送到自己府中，次品以供御用。宋文帝曾於冬月食柑，歎其形味並差，義康在坐，說：「『今年柑殊有佳者。』遣人還東府取柑，大供禦者三寸。」[9]他又與太子詹事劉湛、司徒左長史劉斌、從事中郎王履、主簿劉敬文、祭酒孔胤秀等人結為朋黨，伺察禁省，排除異己。見文帝病重，眾黨羽躍躍欲試，都說「宮車一日晏駕，宜立長君。」意思是說，等文帝一死，便立即擁立劉義康

8　《宋書》卷六八《武二王・彭城王劉義康傳》，第 1790 頁。

9　《宋書》卷六八《武二王・彭城王劉義康傳》，第 1791 頁。以下未注明出處者皆見本傳。

為帝。及文帝病癒，聞知此事，大為惱怒。這時，王權與相權的矛盾已日趨尖銳，大難不可避免。

為防止劉義康專政篡權，元嘉十七年（440 年）十月，文帝採取果斷措施，誅劉湛、劉斌、劉敬文、孔胤秀等八人，徙尚書庫部郎何默之等五人於廣州，將義康黨羽一網打盡；並將劉義康逐出朝廷，改授都督江州諸軍事、江州刺史，出鎮豫章。同時，以曾經遭受過劉斌等人排斥的征虜司馬蕭斌為義康諮議參軍，領豫章太守。「事無大小，皆以委之」，以奪義康刺史之權。又使龍驤將軍蕭承之率兵防守，嚴加監視。

元嘉十八年正月，劉義康至豫章。宋文帝出於手足之情，對他仍然十分寬容和優待。司徒主簿謝綜，一向為義康所親，用為記室參軍；左右愛念之人，並聽隨從至豫章。而且「資奉優厚，信賜相系，朝廷大事，皆報示之」。不久，又以義康都督江、交、廣三州諸軍事。但劉義康並不滿足，仍時時懷著篡位奪權的野心。昔日受其重用或恩惠的心腹和爪牙，處心積慮地為他奔走呼號；一些在官場不得志的官吏懷著個人的政治目的，也趁機蠢蠢欲動。

時員外散騎侍郎孔熙先，博學有縱橫才志，文史星算，無不兼善，然不為時人所知，職位久久得不到提升，對現實深為不滿。其父孔默之曾為廣州刺史，因貪污罪而下廷尉，為大將軍彭城王劉義康所救，故不及禍。及義康被黜徙，孔熙先密懷報效之情，大肆進行活動。他首先利用自己家富於財的優越條件，以大量財寶收買謝綜和范曄甥舅二人。謝綜本是劉義康的心腹，在義康府中頗有實權。范曄有俊才，而薄情淺行，數犯儒家禮教，為士流所鄙；性又急於進取，自以為才用不盡，常怏怏不得志；時任左衛將軍、太子詹事，手中握有部分禁衛兵權，一旦舉事，便可作為內應，故謝、范二人成為重要的收買對象。其次，他利用天文星算，大造輿論，說什麼宋文帝不得善終，當由骨肉相殘而死，「江州應出天子」[10]。這個天子當然不是別人，而是貶謫在江州的劉義康。再次，他用六十萬錢資助廣州人周靈甫，讓他在廣州組合軍隊，但靈甫一去不返。與此同時，劉義康也積極配合。他多次派出心腹、大將軍府史仲承祖東下建康，與孔熙先、范曄暗中聯絡，並結交丹陽尹徐湛之等人，告以密計。在醞釀篡位的這一巨大陰謀中，曾經被劉義康供養過的僧人法略和王國寺尼法靜，皆感激舊恩，並捲入其中，與孔熙先頻繁往來。熙先讓法略還俗，恢復孫姓，改名景玄，用為臧質寧遠參軍，等於在雍州埋下一顆定時炸彈。法靜的妹夫許耀，是禁衛軍的隊主，宿衛殿省。孔熙先通過法靜為他醫病，又將許耀拉入其中，作為宮中內應。豫章南昌人胡遵世，劉宋開國功臣胡藩第十四子，為臧質寧遠參軍，後去職還家，與法略關係融洽，也密相唱和。為表示對劉義康的一片忠誠，法靜還特意南上江州，孔熙先遣婢女采藻跟隨，付以書信，陳說圖讖。法靜返回時，義康賜給熙先銅匕、銅鑷、袍段、棋奩等物，以示獎賞。為加快篡位奪權的步伐，范曄、徐湛之、孔熙先等人又相互自先安排官職，撰寫檄文。可謂萬事齊備，只欠東風了。

10 《宋書》卷六九《范曄傳》，第1821頁。

元嘉二十二年（445 年）九月，征北將軍衡陽王義季、右將軍南平王鑠出鎮，宋文帝於武帳岡餞行，范曄等人打算於此日作亂，但因計畫不周而未能如願。不料，至當年十一月，曾參與密謀作亂的徐湛之擔心事情不濟，出面自首，向文帝進行告發。文帝感到事態嚴重，立即派兵收捕范曄、謝綜、孔熙先等人，范曄與其一弟三子，孔熙先三弟、一子一孫，謝綜與其三弟及眾黨羽皆被誅。

范曄等謀反，事連義康。朝廷加給他的罪名是：「義康昔擅國權，恣心淩上，結朋樹黨，苞納凶邪。……崎嶇伺隙，不忘窺窬。」「遠投群醜，千里相接，再議宗社，重窺鼎祚。」這裡列舉了他專擅朝權，目無君上，結成朋黨，窺窬皇位四大罪狀。文帝下詔免除他大辟的酷刑，削去王爵，將義康及其一子四女降為庶人，除去宗室屬籍，徙付安成郡（今安福縣）。以甯朔將軍沈邵為安成公相，領兵防守。

義康在安成讀書，見淮南厲王劉長之事，廢書歎曰：「前代乃有此，我得罪為宜也。」劉長，漢高祖劉邦之少子，漢文帝之弟。高祖十一年（前 196 年），封淮南王。漢文帝即位後，劉長自以為與文帝最親，驕橫不法，目無君上，常呼文帝為「大兄」。後謀反，謫徙蜀郡，途中不食而死。劉長死後，民有作歌歌淮南王曰：「一尺布，尚可縫；一斗粟，尚可舂。兄弟二人，不相容。」文帝聞之，頗為傷感，乃追尊諡淮南王為厲王。劉義康深感自己的所作所為與淮南王極為相似，故廢書而歎。但事情並未到此完結。

元嘉二十四年（447 年），江州再次發生擁立劉義康為帝的大事。這年十月，豫章人胡藩第十六子胡誕世、第十七子胡茂世率群從二百餘人攻破郡縣，殺豫章太守桓隆之、南昌縣令諸葛和之，據郡反，欲奉前彭城王劉義康為主。前交州刺史檀和之正好離任路經豫章，迅速將反叛平息。這一突發事件的出現，給劉宋統治者敲響了警鐘，他們感到將劉義康放在江州這一重要地區，實在難以放心。為防微杜漸，太尉江夏王劉義恭建議將義康遠徙廣州。文帝表示同意，並派使臣先通知劉義康，但義康卻說：「人生會死，吾豈愛生？必為亂階，雖遠何益？請死於此，恥復屢遷。」表示自己誓死不願遠徙，以免再次遭受恥辱的決心。文帝原打算仍以安成公相沈邵為廣州事，對義康予以嚴密監視。未及成行，沈邵病死。其時北魏太武帝拓跋燾又率兵大舉南侵，兵鋒直至長江邊上的瓜步（今江蘇六合縣東南），隔江威脅劉宋都城建康，天下擾動。宋文帝擔心不逞之徒再奉義康為亂，太子劉劭及武陵王劉駿、尚書左僕射何尚之屢請文帝，宜早除去義康，以絕後患。為了穩定自己的統治，此時的文帝再也不顧手足之情，終於下定了誅殺劉義康的決心。

元嘉二十八年（451 年）正月，文帝遣中書舍人嚴龍攜毒藥賜義康死。義康不肯服藥，說：「佛教自殺不復得人身，便隨宜見處分。」嚴龍乃以被將其活活掩死，時年四十三歲，以侯禮葬於安成。

三　武陵王劉駿起兵江州奪帝位

元嘉三十年（453 年）正月，劉宋宮廷內發生了一場觸目驚心的骨肉相殘的慘劇，宋文帝被太子劉劭殺死。事情的簡單經過大致如下：太子劉劭與始興王劉濬相互勾結，平時多過失，擔心父皇知道，乃以女巫嚴道育在宮內為巫蠱之術[11]，將文帝像雕琢成玉人，埋於含章殿前，天天祈禱詛咒。不久，事情敗露，文帝命人嚴加追查，對劉劭、劉濬痛加切責。劭、濬惶恐，無言以對，只有叩頭謝罪而已。事後卻不思悔改，仍與嚴道育頻繁往來，並讓嚴道育變服為尼，藏於東宮，又隨始興王濬至京口（今江蘇鎮江）。濬入朝，覆載還東宮。文帝聞知，惆悵驚駭，準備廢太子劭而殺始興王濬，但在重新立太子的人選問題上久議不決。立太子是大事，需慎之又慎，於是文帝每夜與尚書僕射徐湛之屏人商議，有時甚至連日累夕。為防止有人竊聽，常使湛之親自秉燭，繞壁巡查。由於文帝一時疏忽，竟將自己的謀劃告知寵妃潘氏。潘妃正是劉濬的生母，劉濬得到消息，又馳報劉劭。在生死存亡的緊要關頭，劉劭決心孤注一擲，圖謀作亂為逆。甲子日清晨，劉劭率右軍長史蕭斌、齋帥張超之及東宮衛隊發動宮廷政變，殺文帝及大臣徐湛之，又殺文帝左右親信數十人，隨後宣佈即皇帝位，大肆封官許願。

劉劭殺父弒君的大逆不道行為，激起了滿朝文武的憤慨，也為宗王起兵製造了口實。首先起兵的是江州刺史、武陵王劉駿。

劉駿，文帝第三子。元嘉七年（430 年）八月生，十二年立為武陵王，年六歲。在文帝諸子中，武陵王素無寵，故屢出外藩，不得留建康。元嘉十六年後，先後刺湘州、南豫州、雍州和

11　巫蠱之術：古代迷信，即巫師、巫婆使用邪術加禍於人的旁門左道。

兗州。元嘉二十八年（451 年）遷南中郎將、江州刺史。時沿江諸蠻為反抗官府的壓迫和剝削，紛紛起兵，文帝遣太子步兵校尉沈慶之等率軍討伐，由武陵王統領眾軍。元嘉三十年正月戊子日，劉駿奉詔命率諸軍討西陽蠻，駐兵五洲（今湖北黃岡與江西之間）；甲子日，劉劭弒父。是年三月，典籤董元嗣自建康至五洲，帶來了太子弒逆的消息，劉駿讓元嗣將消息遍告僚佐。

隨後，劉駿急忙率軍返回尋陽，在沈慶之的支持下，決定起兵討伐劉劭。由於江州自然條件優越，糧源、兵源充足，不到十天時間，所需兵員、糧草及軍資器械等一切準備齊全。接著，戒嚴誓師。以沈慶之領府司馬，襄陽太守柳元景、隨郡太守宗慤為諮議參軍，領中兵；江夏內史朱修之為平東將軍，記室參軍顏竣領錄事，兼總內外。以劉延孫為長史、尋陽太守，主管留府事宜。並命顏竣撰寫討伐檄文，傳送四方，使共討劉劭。各州郡接到檄文，紛紛響應。於是，荊州刺史劉義宣、雍州刺史臧質、司州刺史魯爽同舉義兵以應劉駿。四月十五日，柳元景統甯朔將軍薛安都等十二軍從湓口出發，擔任前鋒；司空中兵參軍徐遺寶率荊州之眾繼後；武陵王與沈慶之從尋陽出發，總領中軍緊緊相從。大軍沿江東下，一路浩浩蕩蕩，勢如破竹。四月二十三日，柳元景順利進抵建康近郊的新亭，依山為壘。劉劭親自指揮水陸精兵萬餘人，進攻新亭壘，雙方展開大戰。元景水陸受敵，而意志更堅，指揮手下將士殊死戰鬥。結果，劭軍大潰，死者無數，劉劭僅以身免，狼狽逃回宮中。

四月二十六日，武陵王劉駿至江甯（今南京）。二十八日，武陵王軍於新亭，大將軍劉義恭上表勸進。次日，王即皇帝位，是為宋孝武帝。五月十七日，義軍攻克台城，直接加害宋文帝的兇手張超之為軍士所殺，刳腸割心，諸將生吃其肉。劉劭父子五人與劉濬父子四人皆被斬，梟首於大航（即朱雀航，又名朱雀橋，古浮橋名。故址在今南京市秦淮橋東，跨秦淮河上），暴屍於市。

劉駿登上皇位後，對荊、江等重要州鎮進行了重大的人事調整。以荊州刺史、南譙王劉義宣為丞相、揚州刺史，以隨王劉誕為衛將軍、荊州刺史。但劉義宣固辭內任，更以義宣為荊、湘二州刺史。原雍州刺史臧質調任江州刺史，原司州刺史魯爽調任豫州刺史，以江夏內史朱修之為雍州刺史，以衛軍司馬徐遺寶為兗州刺史。上述諸人皆因擁立劉駿為帝而立有大功，故劉駿將荊、江等重要州鎮一一託付於他們，但大亂也因此接踵而至。

在劉宋歷史上，宋孝武帝稱得上是一個驕奢淫逸的暴君。《宋書》的作者沈約稱他「盡民命以自養」，是夏桀、商紂之類的君主[12]。他剛剛登上皇帝寶座，就與劉義宣的女兒、自己的堂妹發生淫亂。孝武帝的無恥行徑激起了劉義宣的憤怒和怨恨。劉義宣曾長期擔任荊州刺史，「在鎮十年，兵強財富」[13]。後又兼任湘州刺史，是當時最強大的方鎮。而新任雍州刺史朱修之、兗州刺史徐遺寶、豫州刺史魯爽諸人，過去或為其部下，或受其管轄。新任江州刺史臧質與義宣關係至密，二人更加連通一氣。緊

12　《宋書》卷六《孝武帝紀》史臣後論，第135頁。

13　《宋書》卷六八《武二王・南郡王劉義宣傳》，第1800頁。

接著便發生了荊、江、兗、豫四州同反的大亂。

四州同反，禍起江州。江州刺史臧質是一個頗有政治野心的人，他出身於外戚家庭，其父臧熹為劉宋開國功臣，官拜散騎常侍，封始興縣五等侯；其姑為武敬皇后。論關係，他與南郡王劉義宣為表兄弟。特殊的家庭背景，使他自劉宋初以來便歷仕重要州郡，直至江州刺史。元嘉三十年，太子劉劭弒父作亂，臧質自以為人才足為一世英雄，便暗有異圖。以荊州刺史劉義宣平庸昏憒，容易挾制，初欲推奉他為帝，以便自己掌權。既至江陵，便稱名拜義宣。質與義宣雖為表兄弟，而年齡大近十歲，義宣驚訝地問：「君何意拜弟？」質答道：「事中宜然。」其意是說，現國家處於多事之秋，宜相推奉。時義宣已推奉武陵王劉駿，故其計不行。及至新亭，又拜江夏王劉義恭，義恭愕然，問其所以，臧質說：「天下屯危，禮異常日，前在荊州，已拜司空（指劉義宣）。」[14]劉劭既誅，義宣與臧質功皆第一，由是驕橫放縱起來，事多專行，凡所求欲，無不必從。臧質自建康赴任江州，舟船千餘艘，部伍前後百餘里。既至江州，一心壯大個人實力，政刑慶賞，皆不諮稟朝廷。江州是重要的糧產區，境內有湓口、鉤圻（即釣磯，位今都昌縣內）兩大著名糧倉，他又擅用二倉之米。及孝武帝與義宣諸女淫亂，引起義宣恨怒，臧質趁機進行煽動說：「震主之威，不可持久；主相勢均，事不兩立。今專據閫

14 《宋書》卷七四《臧質傳》，第1915頁。

外，地勝兵強，持疑不決，則後機致禍。」[15]極力鼓動義宣舉兵造反，奪取帝位。臧質與義宣不僅是表兄弟，而且是兒女親家，質女為義宣子劉采之妻。這種特殊的關係，使義宣對臧質的話深信不疑，遂納其說。加之義宣的腹心將佐蔡超、竺超民之徒希圖富貴，欲借重臧質威名以成其業，又一再加以攛掇，義宣主意乃定。隨後秘密派人報知豫州刺史魯爽及兗州刺史徐遺寶，相約當年秋天共同舉兵。

孝建元年（454 年）二月二十六日，義宣使者至壽陽（今安徽壽縣，時為南豫州治所），豫州刺史魯爽喝醉了酒，誤解義宣旨意，即於當日舉兵。義宣聞知魯爽已反，也與臧質狼狽舉兵。義宣兼荊、江、兗、豫四州之力，威震遠近。宋孝武帝懾於四州的強大實力，一時六神無主，甚至想把皇位讓給劉義宣，竟陵王劉誕堅持不同意，才沒有這樣做。後來，由於劉義宣指揮無能，叛軍內部矛盾重重，互不統轄，孝武帝依靠領軍將軍柳元景、左衛將軍王玄謨和鎮軍將軍沈慶之的力量，將叛軍各個擊破。六月，叛亂被全部平息，魯爽、徐遺寶、臧質、劉義宣等人先後被殺，其子孫與黨羽皆死。

宋孝武帝以江州而奪帝位，臧質又以江州發動大規模的反叛，江、荊二州的強大使孝武帝感到極為不安。叛亂平息後，孝武帝決心分割二州之地，商議更置新州。對此，司馬光評述說：

15 《資治通鑑》卷一二八・宋孝武帝孝建元年（454），第 4020-4021 頁。

「初，晉氏南遷，以揚州為京畿，穀帛所資盡出焉；以荊、江為重鎮，甲兵所聚盡在焉，常使大將居之。三州戶口，居江南之半，上（指宋武帝）惡其強大，故欲分之。」於是，分揚州浙東五郡置東揚州，治會稽（今浙江紹興）；分荊、湘、江、豫州之八郡置郢州，治江夏（今湖北武昌）。自此，荊、江、揚三州勢力逐漸有所削弱。

四　晉安王劉子勳稱帝尋陽

孝武帝在位十一年，大明八年（464 年）閏五月駕崩。太子劉子業即位，是為前廢帝。前廢帝在位僅一年零六個月，就被其叔父、湘東王劉彧殺死。泰始元年（465 年）十二月，劉彧稱皇帝，是為明帝。明帝即位的當月，晉安王劉子勳在長史鄧琬等人的挾制下稱帝尋陽，江州再次發生大亂。

劉子勳，宋孝武帝第三子。大明四年（460 年），年五歲，封晉安王。七年，年八歲，出為前將軍、江州刺史。由於子勳年幼無知，不能理政，第二年孝武帝以鄧琬為子勳鎮軍長史、尋陽內史，行江州事，一州之事全部交由鄧琬處理。

鄧琬，字元琬，豫章南昌人。高祖混，曾祖玄，並為東晉尚書吏部郎。祖潛之，鎮南長史。父胤之，彭城王劉義康大將軍長史、豫章太守，光祿勳。鄧琬父祖四代為官，所任官職都在五六品以上。可見，南昌鄧氏是個典型的次等士族。劉劭殺父為逆後，江州政局呈現出錯綜複雜的局面，鄧琬兄弟也深深捲入政治漩渦之中。武陵王劉駿起兵江州討劉劭，以琬為輔國將軍、南海太守，率軍伐蕭簡於廣州，攻圍逾年乃克，為劉駿佔領廣州立下大功。不久，劉駿稱帝，江州刺史臧質舉兵反叛，琬弟璩跟隨臧質同反，質敗從誅，琬弟環遭誅連。鄧琬因遠在廣州，又立有功勞，免死遠徙，仍停廣州。但鄧琬畢竟是宋孝武帝劉駿信得過的舊臣，當八歲的晉安王劉子勳出任江州刺史時，孝武帝馬上想起居家南昌的鄧琬，以他為長史兼尋陽太守，全力輔佐子勳。

前廢帝是個凶悖荒淫的皇帝。即位以後，誅殺相繼，內外百官，不保首領。在短短一年多的時間裡，先後殺死了叔祖、江夏王劉義恭並其四子，皇弟南平王敬猷、廬陵王敬先、南安侯敬淵及大臣沈慶之、柳元景、顏師伯、劉德願等，又準備殺掉諸叔。廢帝又極為迷信，以為文帝、孝武帝在兄弟之中皆因排行第三而登極位，江州刺史、晉安王劉子勳也排行第三，於己不利，心惡之，乃使左右朱景雲送藥賜子勳死。景雲至湓口，停下不肯繼續前進。子勳典籤謝道遇、齋帥潘新之、侍書褚靈嗣聞知此事，立即報告長史鄧琬，哭著請他想辦法。鄧琬果斷地說：「身南土寒士，蒙先帝（指宋孝武帝）殊恩，以愛子見托，豈得惜門戶百口，其當以死報效。幼主昏暴，雖曰天子，事猶獨夫。今便指率文武，直造京邑，與群公卿士，廢昏立明。」[16]鄧琬於此表明了自己的兩大意願：一是自己蒙受孝武帝殊恩，以愛子相托，當不惜身家性命，以死報效；二是指斥前廢帝昏瞶殘暴，雖說是天子，事實上猶如獨夫，國家岌岌可危，現在要率領江州文武，直

16 《宋書》卷八四《鄧琬傳》，第 2130 頁。本目以下未注明出處者皆見本傳。

攻京城，與群公卿士，廢昏君而立明主。

景和元年（465 年）十一月十九日，鄧琬稱子勳教令，即日戒嚴。劉子勳身著戎服出現在議事大廳，眾僚佐畢集，鄧琬讓齋帥潘新之宣布命令。命令中首先列舉了前廢帝的一系列罪狀：「顧命大臣，悉皆誅戮。驅逼王公，幽辱太后。不逞之徒，共成其釁。京師諸王，並見囚逼。」然後表示自己義兼家國，豈可坐視動盪的局勢，現今要舉九江之眾，立即發布檄文告知遠近，為王室謀劃；並當即徵求眾僚佐的意見。四座未答，錄事參軍、尋陽人陶亮率先表態說：「少主昏狂，醜毒已積。伊、霍行之於古（指商代伊尹放逐商王太甲，漢代霍光廢昌邑王），殿下當之於今。鄙州士子，世習忠節，況屬千載之會，請效死前驅。」眾人並奉命。為適應戰事需要，鄧琬對僚佐的官職進行了重大調整，提拔陶亮為諮議參軍事，領中兵，加甯朔將軍，總統軍事；以功曹張沈為諮議參軍，負責建造舟艦；以南陽太守沈懷寶、彭澤令陳紹宗等人為將帥。在軍事上也積極進行部署，遣將軍俞伯奇率五千人，屯兵大雷（今安徽望江縣地，靠近雷池，晉置大雷戍），於兩岸修築堡壘等工事；使記室參軍荀道林造作檄文，馳告遠近。

正在此時，湘東王劉彧殺死前廢帝，搶先登上皇位，晉升劉子勳為車騎將軍、開府儀同三司。令書至尋陽，諸佐吏都來向鄧琬道喜，高興地說：「暴亂既除，殿下又開黃閣（子勳進位開府儀同三司，位同三公，官署廳門塗黃色，故稱黃閣），實為公私大慶。」鄧琬卻不以為然，在他看來，劉子勳在眾兄弟中排行第三，又以尋陽起事，與宋孝武帝事同符契，大事必然成功；現在皇位卻被子勳的叔父湘東王搶奪而去，心中很不願意。乃取書投地說：「殿下當開端門，黃閣是吾徒事耳。」端門指皇宮宮殿南面正門，鄧琬的意思是說，子勳應當做皇帝，為三公開黃閣是我們這些人的事。眾人對他的話都感到很吃驚。在這種情況下，鄧琬不僅沒有停止軍事行動，反而與陶亮等人加緊準備武器甲冑，徵兵四方。

泰始元年（465 年）十二月底，鄧琬令子勳建牙旗於桑落洲尾，宣布正式起兵。頒布檄文，傳送建康，指責宋明帝奪權篡位，破壞了傳統的父死子繼的皇位繼承制度；並懸賞萬戶侯、布絹兩萬匹、金銀五百斤以捉拿明帝。於是，郢州刺史安陸王劉子綏、荊州刺史臨海王劉子頊、會稽太守尋陽王劉子房、雍州刺史袁顗、梁州刺史柳元怙、益州刺史蕭惠開、廣州刺史袁曇遠、徐州刺史薛安都、青州刺史沈文秀、冀州刺史崔道固、湘州行事何慧文、吳郡太守顧琛、吳興太守王曇生、晉陵太守袁標、義興太守劉延熙等一齊起兵，形成了四方同反的嚴重局面。次年正月初，鄧琬稱說符瑞，造乘輿御物，說什麼松滋縣生豹自來，柴桑縣送來的竹子上有「來奉天子」四字。又說青龍見東淮，白鹿出西岡。令顧昭之撰為《瑞命記》。立宗廟，設壇場，詐稱受路太后璽書，率將佐上尊號於晉安王子勳。

泰始二年正月七日，子勳即皇帝位於尋陽，改景和二年為義嘉元年。備置百官，以安陸王子綏為司徒、揚州刺史，尋陽王子房、臨海王子頊並加開府儀同三司；以鄧琬為左將軍、尚書右僕射，張悅為吏部尚書，袁顗加尚書左僕射，其餘將佐及參與起兵的各州郡刺史、太守一一加官進爵。這一年，四方進貢的方物皆歸尋陽，朝廷所保，唯丹楊、淮南等數郡，其間還有若干縣回應子勳的，東兵已至永世縣（今屬江蘇溧陽縣），宮禁危懼。宋明帝緊急召集群臣謀劃成敗。蔡興宗建議說：「今普天同叛，宜鎮之以靜，以至信待人。……願陛下勿憂。」[17]明帝表示接受。

鄧琬秉性貪鄙而吝嗇，既掌大權，父子賣官鬻爵，所得財貨酒食，都要親加計算，並遣奴婢僕人出市道販賣。「酣歌博弈，日夜不休」。又自高自大，賓客到門造訪，十天半月不接見。「內事悉委褚靈嗣等三人，群小橫恣，競為威福，士庶忿怨，內外離心矣」。鄧琬的所作所為，為其後來失敗並遭僚佐殺害埋下根由。

鄧琬遣輔國將軍孫沖之率龍驤將軍薛常寶、陳紹宗、焦度等兵一萬為前鋒，進據赭圻（山嶺名，位安徽繁昌縣北）。沖之於進軍途中給子勳上書說：「舟楫已辦，器械亦整，三軍踴躍，人爭效命，便欲沿流掛帆，直取白下。願速遣陶亮眾軍，兼行相接，分據新亭、南州，則一麾定矣。」在孫沖之看來，憑藉自己的軍事實力，沿江東下，直取建康，易如反掌。子勳乃加沖之左衛將軍，以陶亮為右衛將軍，統諸州兵合兩萬人，一時俱下。然陶亮缺乏軍事才能，得知建安王劉休仁率官軍沿江而上，兗州刺史殷孝祖又至，不敢繼續前進，屯軍鵲洲（位今安徽銅陵至繁昌長江中一島嶼）。

三月三日，官軍從水陸兩路攻赭圻，陶亮等率軍來救，雙方發生激戰。殷孝祖自恃驍勇，每戰必以鼓蓋自隨，又以儀仗自我

17　《宋書》卷五七《蔡廓傳子興宗附傳》，第1581頁。

標題，結果於戰陣中被亂箭射死，軍主範潛率五百人向陶亮投降。官軍首戰失利，孫沖之驕傲起來，對陶亮說：「孝祖梟將，一戰便死。天下事定矣，不須復戰，便當直取京都。」陶亮不同意。宋明帝派員外散騎侍郎王道隆至赭圻督戰，建安王劉休仁派馬步兵予以支援，官軍增至三萬人。次日清晨，甯朔將軍沈攸之率官軍進戰，奮擊，大破尋陽軍，追奔至姥山而還。孫沖之於巢湖口和白水口修築二城，又被軍主張興世攻拔。陶亮聞知湖、白二城陷沒，大懼，急呼沖之回軍鵲尾（鵲洲有鵲頭、鵲尾之分，鵲尾為安徽繁昌東北三山），留下薛常寶代沖之守赭圻。先前於姥山及各山岡所立營寨，也全部敗還，乃共保濃湖（在鵲尾）。

時軍旅大起，國用不足，明帝大肆賣官鬻爵。凡民上米二百斛，錢五萬，雜穀五百斛，同賜荒縣縣令；上米三百斛，錢八萬，雜穀一千斛，同賜五品正令史；上米四百斛，錢十二萬，雜穀一千三百斛，同賜四品令史；上米五百斛，錢十五萬，雜穀一千五百斛，同賜三品令史；上米七百斛，錢二十萬，雜穀兩千斛，同賜荒郡太守。

鄧琬又派遣輔國將軍、豫州刺史劉胡率眾三萬、鐵騎兩千來屯鵲尾。加上原來守軍，共達十餘萬人。劉胡是位著名宿將，勇猛多權略，屢有戰功，為將士所敬畏，就連沈攸之等人也有些懼怕他。沈攸之率諸軍圍赭圻，薛常寶糧盡，向劉胡緊急求援。三月二十九日，劉胡率步卒一萬，連夜鑿山開道，以布袋運米支援赭圻。次日清晨抵達城下，僅隔一小段壕溝，未能入城。沈攸之率諸軍邀擊，並殊死戰，胡眾大潰，丟糧棄甲，沿山而逃。官軍乘勝追擊，斬獲其眾。劉胡身受創傷，僅得還營。薛常寶等人惶懼，四月四日，開城突圍而走。沈攸之率諸軍全力追擊，雙方苦戰連日，互有死傷，薛常寶、焦度等皆被重創，走還胡軍。沈攸之攻拔赭圻城，斬其甯朔將軍沈懷寶等，納降數千人。陳紹宗單船逃奔鵲尾。

赭圻之役是尋陽與建康之間的一場決定性戰役，赭圻城的失守，決定了尋陽政權失敗的命運。江州一些地方長官眼看尋陽政權無望，紛紛歸順朝廷，如「始安內史王職之，建安內史趙道生，安成（今安福縣）太守劉襲，並奉郡歸順」。鄧琬則遣龍驤將軍廖琰率兵數千人，並徵發廬陵白丁攻打劉襲。襲與郡丞檀玢領兵拒戰，大敗，玢臨陣被殺，襲棄郡而走。廖琰虜掠而退，劉襲又出來佔據郡城。南康的郡縣長官甚至據郡起義，反對尋陽政權。時蕭道成奉宋明帝之命，率眾征討東北各路叛軍，其世子蕭賾為南康縣令，鄧琬派人將蕭賾逮捕入獄，蕭賾腹心蕭欣祖、桓康等數十人攜蕭賾之妻裴氏及其子長懋、子良逃於山中，召募得數百人，攻破郡城監獄救出蕭賾。蕭賾自號甯朔將軍，與南康相沈肅之、前南海太守何曇直、晉康太守劉紹祖、北地傅浩、東莞童禽等人據郡起義。鄧琬徵召始興（今廣東韶關）相殷孚為御史中丞，率重兵進行鎮壓。為避兵鋒，蕭賾率眾退往揭陽山。鄧琬遣武昌戴凱之為南康相，蕭賾率眾攻打，凱之戰敗逃走。蕭賾派幢主檀文起領千人戍守東昌（今吉安縣地），與安成太守劉襲相互呼應。鄧琬又遣廖琰與其中兵參軍胡昭等於西昌（今泰和）構築堡壘，堅壁相守。並召豫章太守劉衍為右將軍、中護軍，以殷孚代為豫章太守，都督贛江沿岸之豫章、廬陵、臨川、安成、南康五郡，以防劉襲等人。

殷孚離開始興時，以郡五官掾譚伯初留知郡事。本地人劉嗣祖等斬伯初，據郡起義，回應建康。鄧琬遣始興太守韋希真、鷹揚將軍楊弘之領眾一千討伐嗣祖。嗣祖復出南康，與蕭賾會合。韋希真等懼怕義軍強盛，住在廬陵不敢進兵。廣州刺史袁曇遠聞知始興起義，遣將李萬周、陳伯紹率兵討嗣祖，也以失敗告終。

劉胡與沈攸之相持於鵲尾，久不決。尋陽與建康雙方都在調兵遣將，增強兵力。鄧琬以晉安王子勳之命，徵調雍州刺史袁顗下尋陽。袁顗接到命令，率領雍州全部人馬火速趕到。鄧琬提升袁顗為都督征討諸軍事，給鼓吹一部。六月十八日，袁顗率樓船千艘，戰士二萬，進駐鵲尾。宋明帝也調遣強弩將軍任農夫、振武將軍武會倉、冗從僕射全景文、軍主劉伯符等領兵相繼而至，支援沈攸之。一場新的大戰即將爆發。袁顗是個十足的文人，乏將帥之才，既無謀略，性又怯懦，在軍中未嘗著戎裝，言語不及戰陣，唯賦詩談義而已，無暇關心手下諸將；劉胡每每與之論事，酬對簡單。由此大失人情，劉胡常切齒恚恨。在兩軍決戰勝負的生死存亡之秋，身為統帥，他不顧大局，想到的只是個人的私利。劉胡以南運之米未至，軍士糧食匱乏，向袁顗借取襄陽（雍州治所）之資，顗不許，回答說：「都下兩宅未成，方當經理，不可損徹。」又聽說建康米貴，一斗至數百錢。他以為敵軍將不攻自破，故坐擁強兵以待之。而官軍方面卻在作決戰前的種種準備，沈攸之抓緊戰前機會大造船艦，龍驤將軍張興世又出奇兵佔領錢溪。錢溪位於鵲尾上游，江岸最為狹窄，江水湍急，下臨漩渦暗流，下行之船必來此泊岸，又有橫浦可以藏船，千人守險，萬夫不能過。衝要之地，莫過於此。由是雙方對錢溪展開激烈爭奪。

劉胡發覺錢溪丟失，親率水步二十六軍前來攻取。張興世老成持重，直等劉胡軍靠近錢溪，船入漩渦暗流，才命壽寂之、任農夫率壯士數百人迎擊，眾軍相繼並進。劉胡敗走，被斬首數百，只得收兵而下。時張興世城寨未固，建安王劉休仁擔心袁顗並力重攻錢溪，欲分散其勢力。乃命沈攸之、吳喜等以皮艇進攻濃湖，攻拔袁顗營柵，苦戰整日，斬獲千數。是日，劉胡率步卒二萬、鐵馬一千，欲更攻興世，未至錢溪數十里，袁顗以濃湖告急，速將劉胡追回，錢溪城由此建立。

張興世既據錢溪，江路阻斷，劉胡軍乏食，鄧琬派人大送資糧，卻畏懼張興世而不敢下。劉胡遣安北府司馬沈仲玉至南陵（今安徽蕪湖地）迎接，載米三十萬斛，錢布數十船，欲突圍而過，行至貴口（今安徽貴池縣之池口），不敢進。張興世遣壽寂之、任農夫率三千人馬至貴口擊仲玉，仲玉敗退還營，所載錢布全部覆沒長江，三十萬斛軍糧皆被官軍焚毀，劉胡軍眾極為驚懼，其副將張喜向官軍投降。此時的劉胡已完全喪失信心，八月二十四日，他誑騙袁顗說：「更率步騎二萬，上取興世，兼下大雷餘運（即下大雷調運餘下的軍資）。」讓袁顗挑選戰馬配給他。當夜，劉胡撇下袁顗而去，直趨梅根（今安徽貴池縣東北）。先令薛常寶準備好船隻，調發南陵全部駐軍，燒大雷諸城而走。袁顗聞知劉胡逃走，隨後也丟下眾軍，騎上自己的良馬飛燕西奔。建安王劉休仁揮軍直入袁顗營壘，納降卒十萬，遣沈攸之等追擊袁顗。袁顗至鵲頭，被戍主薛伯珍所殺。

劉胡率二萬人來到尋陽，詐騙晉安王子勛說：「袁顗已降，軍皆散，唯己率所領獨返。宜速處分，為一戰之資，當停據湓城，誓死不貳。」乃率部自長江北岸連夜乘船直趨沔口（今湖北漢口）。鄧琬聞知劉胡已去，憂愁恐懼，無計可施，急呼中書舍人褚靈嗣等人謀議，眾人也都沒有辦法。吏部尚書張悅詐稱有疾，呼琬計事，令左右埋伏甲士於帳後。琬既至，悅第三子洵提刀走出，餘人續至，即斬琬。琬死時，年六十。中書舍人潘欣之取琬諸兒並殺之。張悅提著鄧琬的人頭，獨乘一舟沿江馳下，向建安王劉休仁請功領賞而去。沈攸之諸軍至江州，斬子勳於桑尾牙旗之下，傳首建康，時年十一。豫章太守劉衍及餘黨皆被殺。

九月，建安王休仁至尋陽，遣吳喜、張興世向荊州，沈懷明向郢州，劉亮及甯朔將軍南陽張敬兒向雍州，孫超之向湘州，沈思仁、任農夫向豫章，平定餘寇。

晉安王劉子勳自泰始二年（466 年）正月七日正式稱帝尋陽，至八月底失敗被殺，雖僅有八個月之久，但卻是劉宋歷史上政局最混亂、鬥爭最激烈的時刻，劉宋王室內部在江州的糾葛和紛爭也達到高潮。為斷絕後患，宋明帝於是年十月將孝武帝的十個兒子一齊殺死。至此，孝武帝的二十八子除七子夭折外，全部死盡。由此可見劉宋王室內部骨肉相殘程度之一斑。

對劉子勳稱帝江州事，元代史家胡三省評述說：「晉安舉兵，實義舉也。鄧琬不足道，若袁顗、孔覬豈可謂不得其死哉！世無以成敗論之。」[18]胡三省從父死子繼或兄終弟及的皇位繼承

18 《資治通鑒》卷一三一·宋明帝泰始二年（466）胡三省注，第4121頁。

制度的傳統觀念出發，認為湘東王劉彧（即宋明帝）在殺死前廢帝劉子業後，作為叔父不該自己登上皇位，而應把皇位讓給孝武帝的次子、劉子業的弟弟晉安王劉子勳，所以他認為晉安王舉兵是義舉。既是義舉，就不必以成敗相論。其實，在漫長的中國封建社會裡，王室內部相互爭奪皇位司空見慣，何論叔伯子侄，就看各人的本事而已。成者王侯敗者賊，無正義可言。

五　桂陽王劉休範起兵尋陽和劉宋王權的轉移

宋明帝晚年，更加猜忌、殘忍和暴虐。好鬼神，多忌諱，言語、文書，有禍敗、凶喪及疑似之言應回避者數百千種，有犯必加罪戮。左右稍不順從，往往有被剖心斷足的危險。又患陽痿，不能生育，乃密取諸王姬有身孕者置於宮中，生男則殺其母，使寵姬當作自己的兒子撫養。因此，明帝晚年，太子只有數歲。

泰始六年（470 年），明帝患病，與寵臣楊運長商議身後之計，擔心太子幼弱，而諸弟強盛，將來不安。楊運長也擔心明帝死後，建安王劉休仁一旦居周公之位輔政，自己輩不得秉權，更贊成明帝的想法。兩人合謀後，準備對明帝幾個年長的弟弟大開殺戒。次年，明帝病勢轉重，誅殺諸弟已刻不容緩。二月，首先殺死了性情剛狠而不聽話的第十三弟、晉平剌王劉休祐；五月，殺第十二弟、建安王劉休仁。休仁與明帝在前廢帝統治時同經危難，明帝即位後，又身當矢石，全力幫助他平定四方反叛，鞏固了其統治，可謂功勳卓著。然而，明帝為保子孫帝位，對此全然不顧。休仁臨死前罵道：「上得天子，誰之力邪？孝武以誅鋤兄弟，子孫滅絕。今復為爾，宋祚其能久乎！」[19]七月，殺第十九弟、荊州刺史巴陵王劉休若。至此，明帝僅存的五個弟弟被他殺掉了四個，唯有桂陽王劉休範以人才凡劣，不為明帝所忌，故得以保全。

桂陽王劉休範，宋文帝第十八子。孝建三年（456 年），年九歲，封順陽王。大明元年（457 年），改封桂陽王。大明三年，出為江州刺史。後歷位秘書監、南徐州刺史、揚州刺史等。泰始六年（469 年）六月，出為使持節，都督江、郢、司、廣、交五州，豫州之西陽、新蔡、晉熙及湘州之始興四郡諸軍事，征南大將軍，江州刺史。次年六月，為南徐州刺史，而以巴陵王劉休若為江州刺史。劉休若未赴任而被殺，七月，劉休範還為江州刺史。十年之中，劉休範三刺江州，這為他起兵尋陽奠定了基礎。

劉休範素來平庸而木訥，所知甚少，不為諸兄所禮遇。及明帝晚年，建安王劉休仁等相繼被殺，唯休範遲鈍無才能，非人心所向，故得自保，但常懷憂懼，時刻擔心大禍臨頭。

泰豫元年（472 年）四月，明帝駕崩，太子劉昱即位，是為後廢帝。時劉昱年方十歲，由尚書令袁粲、尚書右僕射劉 、護軍將軍褚淵等人輔政，蕭道成與袁粲等共掌機事，中書舍人阮佃夫、王道隆等掌朝中實權。史書描寫當時的政局是：「及太宗

19 《資治通鑒》卷一三二・宋明帝泰始七年（471），第 4159 頁。

（即明帝）晏駕，主幼時艱，素族當權，近習秉政。」[20]逃過一劫的桂陽王劉休範自以為貴為皇叔，尊親莫二，應入為宰輔。既不如志，頗懷怨憤。典簽許公輿為之出謀畫策，讓他折節下士，對前來投奔的士人厚相資給，於是遠近歸附，一歲之中不下萬計。又大批收養勇士，積蓄力量；修繕城池，製造器械，積極作起兵前的各種準備。朝廷知其有異志，也暗中加以防範。其時，夏口（今湖北漢口）缺人鎮守，朝廷以夏口地居尋陽上游，欲使腹心出任。二月，以第五皇弟、年僅四歲的晉熙王劉燮為郢州刺史，以王奐為長史，負責府州之事，配以軍資器械。為防止王奐等人過尋陽時被劉休範所劫留，朝廷特意安排他們從江北直趨夏口。劉休範聞之大怒，秘密與許公輿謀畫襲擊建康。修建城壕，儲積大量造船所需材板。

元徽二年（474 年）五月，劉休範正式舉兵反。尋陽交通便捷，商業發達，漁業資源豐富，商船、漁船往來頻繁。他派出軍隊大量掠取民船，運載材板，合力裝船，數日便裝治完畢。丙戌，劉休範率眾兩萬，鐵騎五百從尋陽出發，日夜兼程，直下建康。他寫信給當權的袁粲、褚淵等人，先稱說自己起兵的原因是為了捉拿蠱惑明帝的楊運長、王道隆，以替死去的建安王劉休仁和巴陵王劉休若伸冤報仇：「楊運長、王道隆蠱惑先帝（指明帝），使建安、巴陵二王無罪被戮，望執錄二豎，以謝冤魂。」[21]

20　《宋書》卷七九《文五王桂陽王劉休範傳》，第 2046 頁。
21　《資治通鑒》卷一三三・蒼梧王元徽二年（474），第 4177 頁。

這實際上還是慣用的清君側伎倆。接著，他在信中誇讚了江州優越的地理形勢，並炫耀自己的強大武力：「此州地居形要，路枕九江，控弦跨馬，越關而至。重氣輕死，排藪競出，練甲照水，總戈成林，剿此纖隸，何患不克。」[22]大雷戍主杜道欣馳下建康報告事變。僅一夜功夫，劉休範率軍已至京城外二十里的新林，朝廷震動。護軍褚淵、領軍劉 、右衛將軍蕭道成、右軍將軍王道隆等會集中書省商議對策，眾人都不發言。蕭道成分析形勢說：「昔上流謀逆，皆以淹緩至敗，休範必遠懲前失，輕兵急下，乘我無備。今應變之術，不宜遠出；若偏師失律，則大沮眾心。」[23]他主張屯兵新亭、白下，堅守宮城、東宮、石頭，以待敵軍到來，然後以逸待勞，將敵一舉擊潰。眾大臣紛紛表示同意。在蕭道成的統一部署下，諸將率軍迅速進入各自陣地。由於事起倉促，來不及給將士們分發甲冑武器，只好打開南北二武庫，由將士隨意任取。

蕭道成至新亭，城壘尚未修築完畢，休範前軍已至新林。道成命甯朔將軍高道慶、羽林監陳顯達、員外郎王敬則率舟師與休範戰，頗有殺獲。劉休範自新林舍舟登岸，遣其將丁文豪率兵直攻台城，自率大眾攻新亭壘。蕭道成率將士全力拒戰，從巳時戰至午時，戰鬥十分激烈。

劉休範身著白色戰袍，乘坐肩輿，自登城南臨滄觀，以數十

22 《宋書》卷七九《文五王桂陽王劉休範傳》，第2050頁。
23 《資治通鑒》卷一三三・蒼梧王元徽二年（474），第4177頁。

人自衛。官軍見有機可趁，屯騎校尉黃回與越騎校尉張敬兒決定採取詐降方式殺掉劉休範。於是，二人同出城南，放下武器，一路大呼投降。休範喜，將二人召至身旁。黃回假裝致道成密意，休範信以為真，以二子德宣、德嗣交付道成為人質。二子至，道成即斬之。休範又置黃回、張敬兒于左右，毫無戒備之心。時休範日飲醇酒，黃回見其無備，向敬兒使眼色，敬兒奪休範防身刀，斬休範首，左右皆散走。

劉休範雖死，但其將士不知，仍與官軍頑強鏖戰。丁文豪與杜黑騾分別從南北夾擊朱雀桁，乘勝渡過秦淮河，攻入朱雀門內。官軍大敗，領軍將軍戰敗而死，右衛將軍王道隆為亂兵所殺。杜黑騾一直攻至台城南掖門外的杜姥宅，中書舍人孫千齡開承明門出降。宮廷內外人心惶惶，一片驚慌。太后拉著後廢帝的手哭泣說：「天下敗矣！」[24]時府庫已竭，皇太后、太妃剔取宮中金銀器物以充賞賜，眾人莫有鬥志。丁文豪很快得知劉休範死訊，但堅持不退兵。蕭道成遣陳顯達、張敬兒及輔師將軍任農夫、馬軍主周盤龍等率兵自石頭城渡過秦淮河，從承明門進入，保衛宮省。陳顯達引兵出戰，大破杜黑騾于杜姥宅，以至左眼被流矢射瞎；張敬兒又破黑騾等人於宣陽門，斬杜黑騾、丁文豪及同黨姜伯玉、任天助等，進克東府，餘黨悉平。蕭道成整頓部隊凱旋而歸。

與此同時，郢州刺史、晉熙王劉燮自夏口遣軍平定尋陽，劉

24　蕭子顯《南齊書》卷一《高帝紀上》，第9頁，中華書局，一九七二。

休範二子青牛、智藏及餘黨皆被殺。至此，反叛全部平定。

蕭道成因平叛立有大功，是年六月，為中領軍、南兗州刺史，留下捍衛建康，與袁粲、褚淵、劉秉共決朝事，號稱「四貴」。自此，蕭道成得以當權秉政。元徽四年（476 年）六月，加蕭道成尚書左僕射，位同宰相。

後廢帝劉昱是個潑皮無賴式的浪蕩皇帝。即位之初，年齡尚小，內畏太后、太妃，外懼諸大臣，不敢放縱淫逸。親政以後，年齡漸大，開始放蕩起來；他本非宋明帝親生，而是明帝嬖臣李道兒與陳太妃所生，故每次微行，自稱「劉統」，或稱「李將軍」。常著小褲衫，營署街巷，無不穿行。或夜宿客舍，或晝臥道旁，與民間無賴少年廝混一起。桂陽王劉休範、建平王劉景素被相繼平定後，驕恣更甚，無日不出，夕去晨返，晨出暮歸。左右隨從並執刀矛，碰上行人男女及犬馬牛驢，隨意砍殺。弄得民間惶懼，商販停業，門戶晝閉，行人斷絕。又屢誅大臣，蕭道成因功高權重而遭忌恨，幾經危殆。道成憂懼，密與袁粲、褚淵謀議廢立，並命王敬則暗中結交廢帝左右楊玉夫、楊萬年等二十五人，伺機於殿中下手。昇明元年（477 年）七月戊子夜，廢帝至新安寺偷狗吃，飲酒醉，回到仁壽殿就寢，楊玉夫伺帝熟睡，與楊萬年取帝防身刀殺之。時年十五，追封為蒼梧王。

蒼梧王既死，蕭道成迎立安成王劉准，是為順帝。順帝以道成為侍中、司空、錄尚書事、驃騎大將軍，作相輔政。昇明三年（479 年）三月，進道成為相國，封齊公；四月，進齊公為齊王。這時，劉宋王權已完全轉移到蕭道成之手，改朝換代只差一步之遙了。

第二節▶齊、梁二朝對江州的嚴密控制和江州人民的反抗鬥爭

一　蕭齊宗王刺江州及典籤對出鎮宗王的嚴密控制

四七九年，蕭道成正式禪代稱帝，是為齊高帝，國號齊，史稱南齊或蕭齊。改年號曰建元。在南朝四代中，蕭齊統治的時間最短，至五〇二年亡國，前後統治僅二十四年。

蕭齊繼踵劉宋，對江州的控制基本沿用以宗室諸王出鎮的方針。所不同的是賦予典籤極大的權力，以加強對出鎮宗王的監視。早在劉宋末，蕭道成在禪代的過程中，就著手對江州這一戰略要地加強控制。元徽二年（474 年）五月，蕭道成指揮平定了桂陽王劉休範的反叛後，開始執掌朝權，以宋明帝第七子、年僅五歲的邵陵王劉友為江州刺史，實際上由自己控制江州，劉友不過是個傀儡而已。宋順帝時，劉宋王權已完全轉移到蕭道成之手。昇明二年（478 年）正月，首先以世子蕭賾為江州刺史。八月，又以次子蕭嶷為江州刺史，公開、直接控制江州這塊戰略要地。次年，蕭嶷改任鎮西將軍、荊州刺史，以琅邪大族、尚書左僕射王延之為安南將軍、江州刺史。用王延之出任江州刺史，是因為他與尚書令王僧虔對蕭道成的禪代表面上採取中立態度，時人為之語曰：「二王持平，不送不迎。」[25]實際上是採取默認、支持的態度。蕭道成的這種安排，顯然是一種攏絡人心的手段，

25　《南齊書》卷三二《王延之傳》，第 585 頁。

藉以取得士家大族對蕭氏政權的廣泛支持。

蕭齊政權建立後，先後以宗室諸王出任江州刺史，只有少數情況例外。據《南齊書》、《南史》、《資治通鑒》等史籍記載，先後出任江州刺史的宗王計有：安成王蕭暠、隨郡王蕭子隆（任命未赴任）、衡陽王蕭鈞、武陵王蕭曄、巴東王蕭子響、鄱陽王蕭鏘、晉安王蕭子懋、建安王蕭寶寅、邵陵王蕭寶攸。此外則為心腹或功臣，他們是：前將軍王奐、丹陽尹王晏（任命而未赴任）、鎮東大將軍王顯達、平西將軍王廣之、陳伯之。終蕭齊一代，出任江州刺史者共十五人（任命而未赴任者兩人不計），其中宗室諸王十人，約占百分之六十七，與劉宋的情況相當；士族二人，約占百分之十三；庶族寒門三人，占百分之二十。現列表於下：

・表 3 蕭齊一朝歷任江州刺史表

時間	姓名	備注
異明二年（478 年）正月	蕭賾	齊高帝蕭道成世子
界明二年八月	蕭嶷	齊高帝次子
界明三年	王延之	琅邪大族。以上 3 例皆於劉宋末
建元四年（482 年）正月	安成王蕭焉	齊高帝第六子
永明二年（484 年）	前將軍王奐	琅邪大族
永明四年（486 年）正月	隨郡王蕭子隆	齊武帝第八子。任命而未赴任

時間	姓名	備注
永明四年（486年）正月	衡陽王蕭鈞	齊高帝第十一子，後過繼給其長兄道度為嗣
永明六年（488年）三月	巴東王蕭子響	齊武帝第四子
永明六年（488年）十月	武陵王蕭曄	齊高帝第五子
永明七年（489年）	丹陽尹王晏	以舊恩見寵。任命而未赴任
永明八年（490年）	鄱陽王蕭鏘	齊高帝第七子
永明十一年（493年）正月	鎮東大將軍陳顯達	開國功臣，獨眼將軍
隆昌元年（494年）	晉安王蕭子懋	齊武帝第七子
建武元年（494年）	平西將軍王廣之	廣之參與廢郁林王，擁立明帝有功
建武三年（496年）	建安王蕭寶寅	齊明帝蕭鸞第六子
永泰元年（498年）	太尉陳顯達	七月，明帝死，遺詔軍政大事委顯達
永元元年（499年）	邵陵王蕭寶攸	齊明帝蕭鸞第九子
中興元年（501年）	平西將軍陳伯之	三月，東昏侯以伯之刺江州，西擊荊、雍，以拒雍州刺史蕭衍

蕭齊在以宗室諸王出刺江州的同時，吸取了劉宋時期江州方鎮強大，以致頻頻舉兵，嚴重威脅中央政權的教訓，賦予典簽極大的權力，用以監視宗室諸王，以實現對江州的嚴密控制。

典簽，也稱簽帥，或稱主帥。典簽始於魏晉時期，本是府州中的五品小吏（即五品官屬下的小吏），位卑而權輕，其職責僅掌文書而已。南朝典簽皆由皇帝左右的親信寒人出任，充當皇帝的耳目和爪牙。劉宋初，典簽由五品吏正式提升為七品官，職位得到顯著提高，其政治作用已日漸重要。宋孝武帝以江州刺史而得帝位，深知江州的重要，對於諸王方鎮、特別是江、荊二州方鎮更不得不有所防範。為加強君主集權，宋孝武帝一方面對諸王厲行誅戮，另一方面利用典簽對方鎮進行有效的控制，遂於大明元年（457 年）正式建立典簽制度。隨著典簽制的建立，典簽之權與日俱增。但終劉宋一朝，典簽之權正處於急劇上升的過程，還是有一定限度的，典簽尚不至任意無為，也未能達到所謂「威行州郡」的地步。在多數情況下，執掌一方大權的仍是多由士族或士族子弟充任的府州行事，如晉安王劉子勳稱帝尋陽，便是在行事鄧琬的挾制下進行的。

蕭齊一代，典簽之權特重，典簽制度臻於全盛。蕭道成有感於劉宋亡國的教訓，曾誡其世子蕭賾說：「宋氏若不骨肉相殘，他族豈得乘其衰弊。」[26]故齊高、齊武二帝統治時期，賦予典簽更大的權力，幻想通過他們嚴密控制諸王方鎮，以防止骨肉相殘

26 《南齊書》卷三五《長沙王晃傳》，第 624 頁。

悲劇的重演。《南史・齊武帝諸子・巴陵王子倫傳》詳細記載了典籤大施淫威的情況：

先是高帝、武帝為諸王置典籤帥，一方之事，悉以委之。每至覲見，則留心顧問，刺史、行事之美惡，系於典籤之口，莫不折節推奉，恒慮不及。於是威行州郡，權重藩君……

諸王刺史甚至想吃一挺藕、喝一杯漿，都要請示典籤，典籤不在，則整日忍渴。以致「諸州唯聞有籤帥，不聞有刺史」。郁林王蕭昭業為南郡王時，對豫章王妃庾氏說：「阿婆，佛法言：有福德生帝王家。今日見作天王，便是大罪，左右主帥，動見拘執，不如作市邊屠酤富兒百倍矣。」[27]齊明帝蕭鸞統治時期，則把典籤之權推到了頂峰。蕭鸞是齊高帝蕭道成之侄、齊武帝蕭賾之堂弟，以支庶而奪帝位，自以為得之不正，又常歎親子皆幼小，而妒忌高、武子孫長大。輔政之初，為防遏諸王，「密召諸王典籤約語之，不許諸王外接人物」[28]。即位前後，利用典籤三次大誅諸王，相繼把齊高帝十九子、齊武帝二十三子全部殺死，盡滅高、武子孫無遺種，「諸王見害，悉典籤所殺，竟無一人相抗」[29]。典籤積威之重，一至於此，遠非宋世所能比。

27 《南齊書》卷四《郁林王本紀》，第73頁。
28 《南史》卷四一《齊宗室衡陽公諶傳》，第1051頁。
29 《南史》卷四四《巴陵王子倫傳》，第1116頁。

由於典籤「威行州郡，權重藩君」，出任江州的諸王並無實權。如永明六年（488 年）十月，武陵王蕭曄出為江州刺史，「至鎮百餘日」，典籤趙渥之向齊武帝「啟曄得失」[30]，齊武帝即將蕭曄免職，召回建康，改任為左民尚書。茹法亮為齊武帝蕭賾所信任，曾為江州典籤，後為中書通事舍人。其在湓城，頻頻奉齊武帝之命，「內宣朝旨，外慰三軍」[31]，勢傾天下。巴東王蕭子響由江州刺史調任荊州刺史後，被茹法亮等人所殺；茹法亮返京後，雖然被責，但時隔不久，仍親任如故，蕭子響死後反被貶為魚腹侯。

非宗王而出任江州刺史的士族，只有王奐、王晏二人，而且都無兵權。

王奐，琅邪大族。其父、祖都在劉宋朝廷擔任高官。永明二年（484 年），出任江州刺史。「初省江州軍府。四年，遷右僕射，本州中正。」[32]王奐刺江州，軍府都罷省了，自然沒有兵權。做了兩年沒有實權的江州刺史後，又重新回到中央朝廷。

王晏也是琅邪大族。劉宋末，蕭賾為江州刺史，鎮湓城，以晏為記室諮議，負責軍府文書。「晏便專心奉事……漸見親待。」後隨蕭賾回京，「常在上府，參議機密。」及蕭賾為帝，擢為侍中，官位顯赫。但王晏「每以疏漏被上呵責，連稱疾久之。上以

30 《南齊書》卷三五《高祖十二王・武陵昭王曄傳》，第 625 頁。

31 《南齊書》卷五六《幸臣茹法亮傳》，第 977 頁。

32 《南齊書》卷四九《王奐傳》，第 848 頁。

晏須祿養，七年（489 年），轉為江州刺史，晏固辭不願外出，見許，留為吏部尚書，領太子右衛率」[33]。所謂「上以晏須祿養」，是說齊武帝認為王晏該拿著俸祿去休養了，所以讓他外出為江州刺史。王晏深知去江州赴任並無實權，故再三推辭，武帝只好讓他繼續留在京城做吏部尚書等官。

非宗王而出任江州刺史的寒人（指庶族寒門），有陳顯達、王廣之、陳伯之三人，他們卻都握有兵權。

陳顯達，南彭城（今江蘇徐州市）人。出身寒賤，初在軍中被人驅使，後因軍功而位至征南大將軍、江州刺史，都督江州諸軍事，遷太尉，封鄱陽郡公。「自以人微位重，每遷官，常有愧懼之色」[34]。

王廣之，沛郡相（今安徽濉溪縣西北）人。從小愛好弓馬，敏捷有勇力。初為馬隊主，因軍功而步步升遷。劉宋末年，沈攸之起兵，王廣之留京師，隨蕭道成出屯新亭，進號征虜將軍。蕭道成稱帝后，不斷加官進爵，位至前將軍。後因參與蕭鸞廢郁林王蕭昭業的密謀，齊明帝蕭鸞「誅害諸王，遣廣之征安陸王子敬於江陽……事平，仍改授使持節、散騎常侍、都督江州諸軍事、鎮南將軍、江州刺史」[35]。

陳伯之，濟陰睢陵（今江蘇睢陵縣）人。從小以劫盜為生，

33 《南齊書》卷四二《王晏傳》，第 742 頁。
34 《南齊書》卷二六《陳顯達傳》，第 490 頁。
35 《南齊書》卷二九《王廣之傳》，第 548 頁。

曾因探頭窺視別人船隻，被船主砍去了左耳。後追隨鄉人車騎將軍王廣之，廣之愛其勇，常帶他一同作戰，逐步得到提拔。齊末，官至安東將軍、江州刺史。在齊、梁更替之際，陳伯之腳踏兩隻船。歸附蕭衍後，奉命攻打建康，力戰有功。建康城平，擢升為征南將軍，封豐城縣公。陳伯之不識文字，回到江州後，每次收到文牒辭訟，只會在上面畫個大圈表示同意而已。有事時，典簽傳口語，予奪決於自己。像陳伯之這樣的武夫擔任江州刺史，反而有去取予奪的決定之權，典簽只能充當傳話的工具。由於陳伯之擁強兵在江州，常常不聽梁武帝詔命，終於引起了一場大規模的叛亂。兵敗後，伯之亡命投靠北魏，被任命為平南將軍、都督淮南諸軍事。天監四年（505 年），臨川王蕭宏受命率眾北伐，伯之接受蕭宏記室丘遲的書信勸告，次年又擁眾南歸。從齊末梁初陳伯之這樣一位江州刺史的左右反覆，及蕭梁政權對他的多次爭取，也可看出在齊、梁禪代之際及南北朝對峙局面下，江州地區戰略地位的重要。

蕭齊諸帝利用典簽嚴密監視宗王刺史，確實收到了鞏固皇權的一時之效。劉宋時，出鎮江州的宗王利用該地區的優越戰略地位和強大實力而頻頻舉兵，紛爭不斷。他們或以江州為根據地奪得帝位，或就地稱皇。蕭齊時，這種現象再也見不到了。但另一方面，由於典簽權力過於膨脹，皇帝利用典簽大肆誅滅宗王，猶如殺雞宰鴨一般，竟無一人相抗，其骨肉相殘程度遠遠超過劉宋。蕭齊皇帝大削枝葉，使皇室孤立無援，導致了短期而亡的嚴重後果。

與此同時，出鎮江州的寒人卻往往擁有兵權，典簽難以制約，比較容易利用江州的優越條件起兵造反，永元元年（499年）就發生過江州刺史、太尉陳顯達大規模舉兵尋陽的事。

陳顯達本為高帝、武帝舊將，開國元勳，戰功顯赫。永明十一年（493 年）正月，出為使持節、散騎常侍、都督江州諸軍事、征南大將軍、江州刺史。永泰元年（498 年）七月，二為江州刺史。在出刺江州期間，他率領的江州兵成為抗擊北魏的主力。永明十一年秋，北魏南侵，齊武帝命他屯兵樊城（今湖北襄樊市），嚴加防衛。永泰元年，北魏頻繁進犯雍州（治襄陽），齊軍連戰失利，相繼丟失沔北五郡，齊明帝命陳顯達率兵救雍州。次年正月，陳顯達督平北將軍崔慧景眾軍四萬擊魏，欲收復沔北五郡。北魏遣前將軍元英拒戰。陳顯達與元英戰，屢破之。攻馬圈城（今河南鄧縣東北）四十日，城中糧盡，食死人肉及樹皮。北魏軍突圍而走，斬獲千計。隨後，北魏孝文帝親率大軍十餘萬騎趕到馬圈，斷絕齊軍歸路。顯達與魏軍戰，大敗，齊軍死傷三萬餘人。自此，顯達威名大損。

永泰元年（498）七月，齊明帝死，太子蕭寶卷即位，是為東昏侯。明帝臨死前，囑以後事，以自己奪得皇位為例，告誡太子說：「作事不可在人後。」[36]意思是說，在險惡的政治鬥爭中，一定要先下手為強。故東昏侯即位後，委任群小，誅殺輔政大臣，無不如意。在短期內，相繼殺害了揚州刺史、始安王蕭遙光，尚書令、新除司空徐孝嗣，右僕射、新除鎮軍將軍沈文季

36　《南齊書》卷七《東昏侯紀》，第 102 頁。

等，並傳聞當遣兵襲擊江州。

陳顯達是老臣，官位顯赫，又居兵江州要地，自度難以免禍，遂於永元元年（499）十一月十五日舉兵尋陽。他下令長史庾弘遠、司馬徐虎龍給朝中貴要寫信，數落東昏侯的種種罪惡，聲稱要擁立建安王蕭寶寅為帝，等建康平定，即西上郢州迎接大駕。朝廷以護軍將軍崔慧景為平南將軍，督眾軍擊顯達；遣後軍將軍胡松、驍騎將軍李叔獻率水軍據梁山，左衛將軍左興盛督前鋒軍屯新亭，輔國將軍徐世摽領兵屯杜姥宅。陳顯達率眾數千人從尋陽出發，與胡松戰於採石（今安徽馬鞍山市長江東岸），大破之，建康震恐。十二月十三日，顯達至建康近郊新林築城壘，左興盛率軍拒戰。當天晚上，顯達多置屯火於岸側，遣軍夜渡，襲宮城。十四日清晨，顯達以數千人登落星岡（今南京石頭城西），新亭諸軍聞訊，回軍救援，宮城大駭，閉門守備。顯達手執馬槊（古代兵器，杆兒比較長的矛），率步兵數百人，於西州前與官軍戰，連戰兩個回合，顯達大勝，手殺數人，以至馬槊都折斷了。官軍繼至，眾寡懸殊，顯達不能敵，退走至西州烏榜村，騎官趙潭以馬槊刺顯達落馬，斬之於籬笆旁，時年七十二。諸子皆被誅。

齊、梁禪代之際，江州刺史陳伯之也進行過大規模的武裝反叛。

二　蕭衍雍州起兵和上下游江州之爭

蕭衍，南蘭陵（今江蘇武進縣西北）人。其父蕭順之，是蕭道成同族兄弟，曾為蕭道成代宋稱帝出謀劃策，盡心竭力，歷官侍中、領軍將軍、丹楊尹等，地位顯赫。蕭衍及其長兄蕭懿，在齊明帝奪取皇位的鬥爭中均立有功勞。永泰元年（498 年）七月二十四日，明帝臨死前，以蕭衍為持節，都督雍、梁、南秦、北秦四州及郢州之竟陵、司州之隨郡諸軍事，輔國將軍，雍州刺史。

東晉時期，北方大亂，大批雍、秦（今陝甘一帶）流民南下，流入樊、沔，晉孝武帝始於襄陽（今湖北襄樊市）僑立雍州，並立僑郡縣，雍州遂成為僑民和蠻族聚居之地，擁有很好的兵源基礎。劉宋為加強上游的防禦，又開始實行強雍方略，宋文帝元嘉二十六年（449 年），割荊州之襄陽、南陽、新野、順陽、隨五郡為雍州。孝武帝大明中，又分實土郡縣以為僑郡縣境，使雍州由原來的僑州變成了擁有實土的名副其實的州。雍州作為長江上游防禦體系中的重鎮，其本身既具有較強的軍事實力，在邊境告急或準備北伐之際，朝廷又往往抽調大軍駐屯，因而雍州就常為重兵所聚之地。這些條件便構成了蕭衍起兵的武力基礎。

齊明帝死後，嗣位的東昏侯蕭寶卷是個年輕而無道的昏庸之君。即位之後，明帝為他安排的六位顧命大臣輪流值於內省，號稱「六貴」。後六貴欲廢東昏侯，但各欲專權，結果反而被東昏侯相繼誅殺。一時弄得舊臣宿將，人人自危，方鎮各懷異計，舉兵造反事件接連不斷。永元二年（500 年）十月，時任尚書令的蕭懿複為東昏侯所殺。蕭懿被害前，其親信徐曜甫事先得知消息，並在江邊秘密為他準備了船隻，勸懿西奔襄陽。蕭懿卻說：「自古皆有死，豈有叛走尚書令邪！」並對前來賜藥的台使說：

「家弟在雍，深為朝廷憂之。」[37]可見，蕭懿還是忠於劉宋王朝的。

蕭衍看到朝政已亂，遂積極謀劃起兵反齊，並按自己的計畫一步步地實施。他首先把兩個弟弟蕭偉、蕭憺從建康召回至襄陽，並召募武勇，「士庶響從，會者萬餘人」。又派人「按行（襄陽）城西空地，將起數千間屋」，以駐紮所募勇士。還大量砍伐竹木，沉於襄陽城西的檀溪，儲藏的茅草堆如山積，以備修造船艦。與此同時，秘密製造各種武器裝備。蕭衍的中兵參軍也領悟到其用意，乃「陰養死士」，「私具櫓數百張」[38]。又製造祥瑞，大造輿論，說什麼「蕭王大貴」，蕭衍「項有伏龍，非人臣也」。相傳「樊城有王氣」[39]，蕭衍所居之處，上有五色祥雲，狀若蟠龍，紫氣騰飛，形如傘蓋云云。

永元二年（550 年）十月，蕭懿被害的消息傳到襄陽，蕭衍立即於十一月九日召集全體僚佐大會，宣佈正式起兵。當日建牙旗，「收集得甲士萬餘人，馬千餘匹，船三千艘，出檀溪竹木裝艦」。葺以預先儲藏好的茅草。由於早有準備，諸事立即辦妥。

但要東下奪取建康決非易事，還有上游重鎮荊州和中游重鎮郢州、江州的重重阻隔。於是蕭衍採取了聯合荊州，圍攻郢州，爭取江州的戰略。他設計借掌握荊州實權的行事蕭穎胄之手，斬

37 《資治通鑒》卷一四三・齊東昏侯永元二年（500），第 4472 頁。
38 《梁書》卷一一《呂僧珍傳》，第 212 頁。
39 《南史》卷六《梁本紀上》，第 170-171 頁。

殺了東昏侯派往荊州準備襲擊襄陽的巴西太守劉山陽，並取得了蕭穎胄、蕭穎達兄弟的信任和支持，使雍、荊順利實現聯合。

隨後蕭衍以長史王茂、竟陵太守曹景宗為前鋒，輕兵渡江進逼郢城（今湖北武昌），初戰失利。諸將建議集中兵力圍攻郢城，同時分兵襲擊下游的西陽（今湖北黃岡東）、武昌（今湖北鄂州）。蕭衍不同意，決定遣王茂、曹景宗過江，與荊州軍會合，進逼郢城。自率軍圍攻魯山，以保障江、漢水道暢通。蕭衍對郢城採取圍而不打的方針，實行持久包圍，使敵自弊。五月，東昏侯遣軍主吳子陽等十三軍救郢州，遭到荊、雍軍的頑強阻擊，無法向前推進。七月五日，加湖一戰，吳子陽大敗而逃，所部將士被殺和被溺死者萬餘人。七月二十五日，魯山城軍主孫樂祖以城降。二十七日，程茂、薛元嗣以郢城降。

蕭衍的第三步戰略是爭取江州。自東晉初以來，江州一直處於重要的戰略地位，且實力強大，向為兵家必爭之地，南朝時期也不例外。蕭衍雖奪得郢州，但還必須突破江州第二道關口，才能順利舉兵東下。東昏侯要確保建康無虞，也必須加強對江州的防護。為此，雙方爭奪江州勢所難免。

中興元年（501 年）二月，蕭衍以南康王蕭寶融的名義，任命冠軍長史王茂為江州刺史。三月，東昏侯以豫州刺史陳伯之為江州刺史、都督前鋒諸軍事，西擊荊、雍，江州實際上控制在東昏侯之手。此前，雙方對江州的爭奪便已開始。蕭衍初起兵，荊州西中郎外兵參軍蕭穎達之弟穎孚從建康出逃，廬陵人修景智秘密帶領他南歸，「至廬陵，景智及宗人靈佑為起兵，得數百人，屯西昌（今泰和）藥山湖。穎達聞之，假穎孚節，督廬陵、豫章、臨川、南康、安成五郡軍事，冠軍將軍，廬陵內史」[40]。穎孚率靈佑等佔領西昌，攻克廬陵，廬陵內史謝篡逃奔豫章。

為擴大在江州的地盤，穎達又遣甯朔將軍范僧簡率兵從湘州趕來，攻拔安成郡。穎達以僧簡為安成太守，以穎孚為廬陵太守。蕭穎達一連奪得江州的兩個大郡，使建康方面惴惴不安。東昏侯立即派遣軍主劉希祖率兵三千人擊之，南康（今贛州）太守王丹以郡回應希祖。結果穎孚戰敗，逃往長沙，一路翻山越嶺，僅而獲免。在道絕糧，後因吃得過飽而死。謝篡重新回到廬陵郡。希祖攻陷安成郡，殺范僧簡，東昏侯以希祖為安成內史。稍後，修靈佑又糾合餘眾攻謝篡，篡再次敗走。在這場江州爭奪戰中，建康一方暫占上風，繼續控制江州的局面。

東昏侯以陳伯之鎮江州，意在聲援率兵救郢的吳子陽。伯之來到江州後，即派自己的兒子陳虎牙率兵參加救援行動。子陽等人既大敗於加湖，虎牙也敗回江州。這時，蕭衍對奪取江州充滿信心，他對諸將說：「夫征討未必須實力，所聽威聲耳。今加湖之敗，誰不弭服。陳虎牙即伯之子，狼狽奔歸，彼間人情，理當洶懼，我謂九江傳檄可定也。」蕭衍的分析是對的，陳虎牙狼狽敗歸尋陽，給陳伯之帶來巨大的精神壓力，喪失了堅守江州的信心。於是，蕭衍乘郢城戰勝之威，從戰俘中搜尋出陳伯之的幢主蘇隆之，厚加賜與，派往江州勸降，並承諾伯之歸附後，用他為安東將軍、江州刺史。

40 《梁書》卷一〇《蕭穎達傳》，第188頁。

隆之來到江州，伯之雖同意歸附，但首鼠兩端。蕭衍乘伯之猶豫不決之際，進兵逼迫，命鄧元起引兵先下，楊公則徑直襲擊柴桑（今九江市西南），自己與諸將先後出兵。八月，鄧元起將至尋陽，陳伯之收兵退保湖口，留陳虎牙守湓城。選曹郎沈瑀勸說伯之迎接蕭衍，伯之哭著說：「餘子在都，不能不愛。」[41]擔心留在建康的子女被東昏侯殺掉，故不肯輕易出降。及蕭衍兵至尋陽，伯之才束甲請罪。蕭衍以伯之為江州刺史，虎牙為徐州刺史。

蕭衍既定江州，留驍騎將軍鄭紹叔鎮守尋陽，負責後勤供應。他叮囑紹叔說：「卿，吾之蕭何、寇恂也。前途不捷，我當其咎；糧運不繼，卿任其責。」[42]紹叔流涕拜辭。當年漢高祖劉邦委任蕭何鎮守關中，漢光武劉秀任命寇恂鎮守河內（黃河以北地區），負責軍糧、軍需供應，為劉邦、劉秀奪取天下奠定了物質基礎。關中、河內都是當年全國最富庶的地區，蕭衍將鄭紹叔比作兩漢的開國元勳蕭何、寇恂，將江州比作關中、河內，說明江州的富庶程度和蕭衍對江州的高度重視。鄭紹叔不負重托，督辦江、湘二州糧運，未嘗乏絕。

九月，蕭衍與陳伯之引兵東下，沿途勢如破竹，很快兵臨建康城下。飽受東昏侯殘暴統治之苦的建康軍民紛紛出降，迎接義軍，東昏侯被迫退保台城，閉門自守，守城將士降者仍然絡繹不

41 《資治通鑒》卷一四四・齊和帝中興元年（501），第 4497 頁。
42 《資治通鑒》卷一四四・齊和帝中興元年（501），第 4498 頁。

絕。十二月六日，台城內禁衛軍發動兵變，衛尉張稷、北徐州刺史王珍國斬東昏侯，送首義師。蕭衍兵不血刃，順利佔領建康城。在經過一系列的禪代程式後，於中興二年（502 年）四月，代齊建梁，改元稱帝，是為梁武帝。

三　梁武帝對江州的統治和江州人民的反抗鬥爭

（一）梁武帝對江州的統治

蕭衍禪代稱帝，改元天監。自天監元年（502 年）梁武帝立國至太平二年（557 年）陳氏代梁，蕭梁共統治五十六年。在南朝四代中，蕭梁統治的時間僅次於劉宋（60 年）。梁武帝在位四十八年，活了八十六歲，是南朝在位時間最久的皇帝，也是中國歷史上為數不多的幾個長壽皇帝之一。

梁武帝有鑒於宋、齊兩朝皇室內部骨肉相殘和上層統治集團的相互傾軋所造成的嚴重後果，即位以後，比較注意消弭統治集團內部的矛盾，儘量照顧統治階級各階層的利益，想方設法擺平皇室內部、士族與寒門的關係。並一反宋、齊的做法，從一個極端走向另一個極端：他大力提高宗室諸王的實權，甚至予以寬容、放縱，宗室成員只要不造反，犯罪甚至投敵都不過問；又「優借朝士，有犯罪者，皆諷群下，屈法申之」[43]；還縱容各級官吏公開貪污，至使天下守宰競為剝削。與優待社會上層相反，

43　魏征《隋書》卷二五《刑法志》，第 700 頁，中華書局，一九七三。

梁武帝對廣大勞動人民的統治卻相當殘酷，在舉行南郊祭祀時，曾有秣陵老人公開指責他行法「急於黎庶，緩於權貴」[44]，反映了當時的實際情況。因此，在梁武帝統治的近半個世紀中，表面上有個粗安的局面，內部卻醞釀著巨大的社會危機，最後終於釀成了南朝歷史上最嚴重的侯景之亂。

蕭梁上承宋、齊，仍以宗室諸王出鎮江州。據《梁書》、《資治通鑒》等有關史籍記載，蕭梁一朝出任江州刺史者先後有：陳伯之、王茂、安成王蕭秀、蕭穎達、建安王蕭偉、晉安王蕭綱、廬陵王蕭續、邵陵王蕭倫、豫章王蕭歡、湘東王蕭繹、尋陽王蕭大心。其中，廬陵王蕭續、邵陵王蕭倫和開國元勳王茂二為江州刺史。太清二年（548 年）八月，侯景之亂發生，全國政局大亂，江州政區分合變易無常，以宗王出刺江州的舊例被打破，而以有實力的軍事將領為主，他們是：王僧辯、杜崱、周炅、侯瑱諸人，情況當作別論。由上看出，自天監元年（502 年）至太清二年（548 年）的四十七年中，梁武帝所任江州刺史共十八人次，其中諸王十二人次，占百分之六十六點七；宗室一人，占百分之五點五；開國功臣及元勳五人次，占百分之二十七點八。現列表於下：

44 《隋書》卷二五《刑法志》，第 701 頁。

· 表 4 蕭梁一朝歷任江州刺史表（不含侯景之亂後）

時間	姓名	備注
天監元年（502 年）	陳伯之	隨蕭衍平建康，為開國功臣
天監元年	王茂	五月，伯之舉兵反，以開國元勳王茂刺江州
天監六年	安成王蕭秀	梁武帝第七弟
天監七年五月	曹景宗	開國元勳，八月卒於赴任途中
天監七年九月	蕭穎達	開國功臣
天監九年	建安王蕭偉	梁武帝第八弟，後改封南平王
天監十二年（513 年）	王茂	二為江州刺史，視事三年，卒
天監十四年	晉安王蕭綱	即簡文帝，梁武帝第三子
天監十六年	廬陵王蕭續	梁武帝第五子
普通元年（520 年）	邵陵王蕭倫	梁武帝第六子
普通五年	南康王蕭績	梁武帝第四子
中大通元年（529 年）	武陵王蕭紀	梁武帝第八子
中大通四年	蕭昂	梁武帝從弟
大同元年（535 年）	廬陵王蕭續	二為江州刺史
大同三年	邵陵王蕭倫	二為江州刺史
大同六年二月	豫章王蕭歡	昭明太子之子，十二月卒

時間	姓名	備注
大同六年十二月	湘東王蕭繹	即梁元帝，梁武帝第七子
太清元年（547 年）	尋陽王蕭大心	簡文帝第三子，次年，以州降侯景

由上表看出，在出鎮江州的十個宗王中，梁武帝的兒子就佔有六人，孫子二人。足見他對控制江州的重視程度。

蕭梁也曾實行過典簽制度。梁武帝禪代之初，典簽餘威猶存，然已非昔日可比。《南史》卷六〇《江革傳》載：「時少王行事，多傾意於簽帥，革以正直自居，不與典簽趙道智坐。道智因還都啟事，而陳革墮事好酒，以琅邪王曇聰代為行事。」江革於梁初為廬陵王長史、行府州事，他敢於鄙視典簽，不與之同坐，在一定程度上反映梁代簽帥已輕，遠不如蕭齊時之威福在手。梁武帝目睹了齊明帝利用典簽大肆誅戮諸王的事實，深知宋、齊典簽制度之弊，出於政治形勢發展的需要，在政權初步穩定後，反其道而行之，公開給宗室諸王以實權，使方鎮勢力得到迅速的恢復和發展。至梁武帝末年，「邵陵王綸為丹陽尹，湘東王繹在江州，武陵王紀在益州，皆權侔人主」[45]。諸王刺史有權，才有可能對地方進行有效的治理。

45　《資治通鑒》卷一五九・梁武帝中大同元年（546），第 4939 頁。

在梁武帝統治時期的十幾任江州刺史中，政績較為突出者有王茂、安成王蕭秀、蕭穎達等人。

天監元年（502 年）五月，江州刺史陳伯之舉兵反叛，王茂出為使持節、都督江州諸軍事、征南將軍、江州刺史，率軍南討伯之。伯之戰敗，投奔北魏。「時九江新罹軍寇，民思反業，茂務農省役，百姓安之」[46]。王茂於戰亂之後，帶領江州人民努力恢復和發展農業生產，減免徭役，使百姓很快安定下來，為江州社會重新走上正常化的發展軌道創造了條件。天監十二年（513 年），王茂再次出任江州刺史，在任三年，卒于州，時年六十。王茂性情寬厚，任江州刺史共達四年之久，吏民一直處於安定之中，其治理江州應該是很有成效的。

天監六年（507 年）四月，安成王蕭秀出為使持節、都督江州諸軍事、平南將軍、江州刺史。蕭秀是位愛士不愛財的忠厚長者，臨出發時，主管官吏請求用結實耐用的好船用來裝載府庫財物，蕭秀卻說：「吾豈愛財而不愛士！」於是以牢固的船讓參佐乘坐，而以品質差的船裝載府庫財物。「既而遭風，齋舫遂破」。來到江州後，「聞前刺史取征士陶潛曾孫為裡司。秀歎曰：『陶潛之德，豈可不及後世！』即日辟為西曹」。陶潛是晉末宋初的著名隱士和大詩人，品德高潔，為後世所景仰，前刺史竟然取陶潛曾孫為最低級的小吏裡司（村官之類），不啻是對前賢的褻瀆。蕭秀對此感慨萬千，即日辟舉陶潛曾孫為西曹掾。當年尋陽

46 《梁書》卷九《王茂傳》，第 176 頁。

夏雨連綿，江水暴漲，渡口橋樑斷絕，行人貨物嚴重受阻，地方官府請求依舊租船渡江，收取費用。蕭秀下令說：「刺史不德，水潦為患，可利之乎！給船而已。」[47]其關心民間疾苦，由此可見一斑。可惜蕭秀在江州刺史任上僅一年之久，第二年便改任荊州刺史。

天監七年（508 年）五月，中衛將軍曹景宗繼為江州刺史；八月，景宗卒於赴任途中。九月，梁武帝以蕭穎達為江州刺史。蕭穎達曾與梁武帝共同起兵，為蕭梁開國功臣之一。此前，穎達為豫章太守，因「治任威猛，郡人畏之」，而升遷江州刺史。看來，蕭穎達在任期間比較注意法治，打擊地方豪強，這對於維護社會治安，保障人民的生命財產是有好處的。後因與長史沈瑀意見相左而發生矛盾，沈瑀在途中被盜所害，眾人便懷疑是穎達所為，甚至傳言他要謀反。梁武帝頗不放心，派遣直閣將軍張豹子聲稱江中討盜，實為提防穎達。「穎達知朝廷之意，唯飲酒不知州事」[48]。嚴重地影響了他對江州的治理。

在郡太守之中，也出現了一批政績較為突出的良吏。

天監六年（507 年），傅昭出為尋陽太守。十一年，出為安成（今安福縣）內史。「昭所蒞官，常以清靜為政，不尚嚴肅」[49]。所謂以清靜為政，就是實行清靜無為的寬政，少干預老

47 《梁書》卷二二《太祖五王・安成康王秀傳》，第 343 頁。
48 《南史》卷四一《齊宗室蕭穎達傳》，第 1050 頁。
49 《梁書》卷二六《傅昭傳》，第 394 頁。下引史料同本傳。

百姓，給人民創造一個安定的生產、生活環境。對百姓的干預少了，人民就有條件安排好自己的生產和生活，同時也可以在一定程度上防止各級官吏對人民的盤剝。這樣做，無疑有利於經濟的發展和人民生活的改善，於國於民都有利。歷史上許多有名的政治家，如漢高祖劉邦，文、景二帝，東晉宰相謝安等，都曾大力提倡和實行清靜為政，並收到了顯著的效果。清靜為政應是封建社會中一種較好的政治措施。史籍中列舉了傅昭清靜為政，不尚嚴酷的一個小例子：傅昭任安成內史時，「郡溪無魚，或有暑月薦昭魚者，昭既不納，又不欲拒，遂餒於門側」。傅昭對有人於大夏天送來的魚，既不接受，又不想嚴辭拒絕，只好讓魚臭壞在大門旁邊。傅昭的意思是，你送你的魚，我不干預你的行動，反正我不要。來人如果知趣，以後大概就不會送了。

又天監中，殷鈞出為臨川內史，「鈞體羸多疾，閉閤臥治，而百姓化其德，劫盜皆奔出境」[50]。殷鈞體弱多病，常在府中實行「臥治」，即無為之治，百姓都被他的道德所感化，連劫盜都逃出了臨川郡。顯而易見，殷鈞是位清正廉潔、道德高尚的良吏，所以才能感化百姓乃至劫盜。郡中曾擒獲一名劫賊頭目，他不用刑，不鞭打，而是和言悅色地加以責備和告誡，劫賊叩頭認罪，請求改過。殷鈞下令當場釋放，此賊後來變為善人。臨川郡山區多瘧疾，每年盛夏時節必流行。「自鈞在郡，郡境無復瘧疾」。這大約與殷鈞關心民間疾苦，及時進行防疫、救治有關。

50 《梁書》卷二七《殷鈞傳》，第408頁。下引史料同本傳。

天監十四年（515 年），謝舉出為甯遠將軍、豫章內史。「為政和理，甚得民心」[51]。在任四年，因政績突出，入朝為侍中。

太原王神念，「除安成內史，又歷武陽（應為武陵）、宣城內史，皆著治績」[52]。

吳興丘仲孚，「俄遷豫章太守，在郡更勵清節。頃之卒，時年四十八」。梁武帝特意下詔褒美說：「豫章內史丘仲孚，重試大邦……實亦政績克舉。不幸殞喪，良以傷惻。可贈給事黃門侍郎。」[53]

南津校尉郭祖深是位清正廉潔而執法如山的地方官，襄陽人，曾隨梁武帝起兵，為人正直，被梁武帝擢為豫章鐘陵（今進賢縣）令。普通七年（526 年），提升為南津校尉，加雲騎將軍，秩二千石（職同郡太守），讓他招募軍隊兩千人。為了維護國家法紀，他不避王侯勢家，搜檢奸惡，動用刑罰，令不法官吏聞風喪膽。史稱他「及至南州[54]，公嚴清刻。由來王侯勢家出入津，不忌憲綱，挾藏亡命。祖深搜撿奸惡，不避強禦，動至刑辟。奏荊州刺史邵陵王（倫）、太子詹事周舍贓罪。遠近側足，莫敢縱恣。淮南太守畏之如虎」[55]。因此，他被《南史》列入《循

51 《梁書》卷三七《謝舉傳》，第 529 頁。
52 《梁書》卷三九《王神念傳》，第 556 頁。
53 《梁書》卷五三《丘仲孚傳》，第 771-772 頁。
54 古代贛江流域地區常被稱為南川、南江、南中或南州，如《陳書》卷二〇《華皎傳》：「鎮湓城，知江州事。時南州守宰多鄉裡酋豪，不遵朝憲，文帝令皎以法馭之。」又見《南史》卷六〇《江革傳》等。
55 《南史》卷七〇《循吏郭祖深傳》，第 1723 頁。

吏傳》。

鄱陽內史陸襄的政績也很突出。陸襄，吳郡吳（今蘇州市）人。起家拜著作佐郎，曾任永甯令、中書舍人、中散大夫等官。中大通六年（534 年），出為鄱陽內史，年五十餘歲。第二年，即發生了以鮮於琛為首的農民起義。這次起義雖然被他鎮壓下去，但在審查處理農民軍黨羽的過程中，他不索取賄賂，實事求是，沒有枉濫現象。這在貪污盛行、吏治腐敗的蕭梁後期，算是難能可貴的了，因而獲得了人民的讚譽。陸襄以注意體察民情、善於調解民間糾紛而著稱。史書記載說：「又有彭李兩家，先因忿爭，遂相誣告。襄引入內室，不加責誚，但和言解喻之，二人感恩，深自咎悔。乃為設酒食，令其盡歡；酒罷，同載而還，因相親厚。」民為作歌曰：「陸君政，無怨家，鬥既罷，仇共車。」他「在政六年，郡中大治」[56]。鄱陽郡民李睍等四二〇人來到建康上表，陳述陸襄的道德教化，請求在郡中為他立碑，得到了梁武帝的批准。並表請他繼續留任，但陸襄堅持回朝廷，乃征為吏部郎，遷秘書丞，領揚州大中正。

豫章太守張緬的政績更為突出。張緬，車騎將軍張弘策之子，梁武帝的表兄弟。普通年間（520-527 年），「出為豫章內史。緬為政任恩惠，不設鉤距，吏人化其德，亦不敢欺，故老鹹雲：『數十年未之有也』」。所謂「不設鉤距」，是說張緬為政，遇事不反覆調查取證，對人民施以恩惠，以自己的高尚道德感化

56 《梁書》卷二七《陸襄傳》，第 410 頁。

屬吏和百姓，人們也都不敢欺騙他。從而造成了一種上下相互信任，官民關係和諧的政治局面，所以故老高度讚譽他是「數十年未之有」的好官吏。

此外，政績比較突出的還有尋陽太守沈瑀、豫章內史伏等，他們都被《梁書》列入《良吏傳》。

值得注意的是，上述州府良吏大都出現在天監（502-519年）、普通（520-527 年）年間，即梁武帝統治的前期。在此二十五六年間，江州得到了較好的治理，吏治較為清明，社會安定，沒有戰亂，「南中久不習兵革」[57]，人民安居樂業，社會經濟順利地向前發展。全國的形勢也大體如此。

大通元年（527 年）以後，蕭梁統治進入中後期階段，由於梁武帝長期「敦睦九族，優借朝士」[58]，王公貴族、各級官吏在皇帝的優寵縱容下，日益驕奢淫逸，不斷加緊對人民的搜括，吏治腐敗日甚一日，整個社會潛伏著巨大的危機。

大同十一年（545 年）十二月，散騎常侍賀琛針對當時官吏皆文過飾非，奸巧逢迎，深害時政，上書武帝啟陳四事：

其一，「今北邊稽服，正是生聚教訓之時，而天下戶口減落，關外（指邊關之外）彌甚。郡不堪州之控總，縣不堪郡之哀削，更相呼擾，惟事征斂，民不堪命，各務流移，此豈非牧守之

57 《梁書》卷三四《張緬傳弟綰附傳》，第 504 頁。

58 《隋書》卷二五《刑法志》，第 700 頁。《資治通鑒》卷一五九・梁武帝大同十一年（545），第 4929-4931 頁。又見《梁書》卷三八《賀琛傳》，第 543-545 頁。

過歟！」

其二，「今天下所以貪殘，良由風俗侈靡使之然也。今之宴喜，相競誇豪，積果如丘陵，列肴同綺繡，露臺之產，不周一宴之資，而賓主之間，才取滿腹，未及下堂，已同臭腐……」

其三，「陛下憂念四海，不憚勤勞，至於百司，莫不奏事。但鬥筲之人，既得伏奏帷扆，便欲詭競求進，不論國家大體，心存明恕；惟務吹毛求疵，擘肌分理，以深刻為能，以繩逐為務……」

其四，「今天下無事，而猶日不暇給，宜省事、息費，事省則民養，費息則財聚。」[59]

賀琛於此尖銳地指出了當時幾個嚴重的社會問題：一是州郡縣各級官府以聚斂為能事，層層盤剝人民，民不堪命，造成農民破產，被迫轉徙流移，使得天下戶口銳減。二是全國官吏貪污成風，盡情揮霍浪費，生活奢靡，食必方丈，動至千金，相競誇豪，習以成俗，使得帑藏空虛，國家衰弱。三是不少官吏為了升官發財而不擇手段，不顧國家大體，唯知吹毛求疵，敗壞了社會風氣。

針對上述問題，賀琛呼籲應該省事、息費，禁止貪污奢侈，以養民聚財，使國家富強。賀琛所言四事，表明蕭梁已經走上敗亡之路。對於這些逆耳忠言，梁武帝根本聽不進去，當即龍顏大怒，召主書於前，口授敕書一條條地予以駁斥，指責賀琛的話是

59

沽名釣譽，欺罔朝廷，詆毀百官。嚇得賀琛趕忙承認過錯，不敢再有所指責。對此，司馬光評議說：「梁高祖之不終也，宜哉！……觀夫賀琛之諫未至於切直，而高祖已赫然震怒，護其所短，矜其所長……大謀顛錯而不知，名辱身危，為千古所閔笑，豈不哀哉！」[60]

稽諸史實，賀琛的話決非危言聳聽。梁武帝第六弟、臨川王蕭宏就是個貪污聚斂的高手和典型。蕭宏貴為宗王，沒有其他能耐，唯知「恣意聚斂。庫房垂有百間，在內堂之後」，鎖得非常嚴密。有人懷疑庫房裡藏的是武器，便去報告梁武帝。梁武帝聽後很不高興，以為蕭宏要謀反，便帶上親信丘佗卿去蕭宏家中查看。飲酒半醉之後，對蕭宏說：我要參觀參觀你的後房。蕭宏還沒有答覆，就徑直往後房走去。蕭宏害怕被哥哥發現自己搜括那麼多錢財而受到懲罰，非常恐懼。梁武帝更加懷疑庫房裡藏的都是武器，便親自檢查間間庫房，結果發現藏的全是錢財，史稱「宏性愛錢，百萬一聚，黃榜標之，千萬一庫，懸一紫標，如此三十餘間」。梁武帝屈指一算，現錢達三億餘萬。「餘屋貯布、絹、絲、綿、漆、蜜、紵（麻）、蠟、朱砂、黃屑雜貨，但見庫滿，不知多少」。梁武帝查明庫房裡藏的不是武器，知道弟弟沒有奪取皇位的野心，非常高興，當面誇讚蕭宏說：「阿六，汝生

60　《資治通鑒》卷一五九・梁武帝大同十一年（545），第 4934-4935 頁。

活大可（意為你還真會過日子）。」[61]於是重新回到前堂痛飲酒，直到夜晚才點燭回宮。從此，兄弟更加和睦。

梁武帝既然公開縱容、鼓勵貪污聚斂，各級官吏更加肆無忌憚。有個叫魚弘的襄陽人，官拜竟陵（今湖北鐘祥縣一帶）太守，他常常向人宣稱：我為郡有四盡：水中魚鱉盡，山中獐鹿盡，田中米穀盡，村裡人庶盡。「丈夫生如輕塵棲弱草，白駒之過隙。人生但歡樂，富貴在何時。」他不擇手段地對百姓敲骨吸髓，榨盡了錢財，過著極為奢侈靡爛的生活，「於是恣意酣賞。侍妾百餘人，不勝金翠，皆窮一時之精絕」[62]。這樣的大貪官，不但不受任何懲處，反而連連升官，最後平安地死於任所。這樣的例子不勝枚舉，俯拾皆是，可以想像當時官僚的奢侈腐化和吏治之腐敗程度。

在舉國上下競相貪污的浪潮中，江、湘二州人民所受到的殘害更為嚴重。良吏郭祖深決心以死抗爭，他讓人抬著棺材來到建康，向梁武帝上書說：「朝廷擢用舊勳，為三陲州郡，不顧禦人之道，唯以貪殘為務。迫脅良善，害甚豺狼。江、湘人尤受其弊。」[63]江州人民不堪忍受，紛紛起來反抗。

（二）江州人民的反抗鬥爭

從普通年間（521-527 年）始，江州人民的起義鬥爭便接連

61　《南史》卷五一《梁宗室臨川靖惠王蕭宏傳》，第 1277-1278 頁。
62　《南史》卷五五《魚弘傳》，第 55 頁。
63　《南史》卷七〇《循吏郭祖深傳》，第 1722 頁。

不斷。在最腐敗的大同年間（535-546 年），起義事件最為集中，鬥爭也最為激烈。

首先發動起義的是安成（今安福）人循壚。《梁書》卷二一《王僉傳》載：「又除甯遠將軍、南康內史，屬循壚作亂，復轉僉為安成內史，以鎮撫之。」循壚起義的時間不詳，大約是在普通年間。規模也不大，很快便被鎮壓下去，故史籍缺乏詳細記載。

大同元年（535 年），鄱陽郡人鮮於琛（《南史》作鮮於琮）利用道教組織民眾，發動了一次較大規模的起義。鮮於琛早年修煉道法，服食丹藥。常入山採藥，拾得一面飾有羽毛的五色旗幟，又於地中掘得一枚石璽，心中暗自吃驚。琛先與妻別室，其妻稱說琛所居之處常有異氣，更加以為他是神仙。他們以此製造輿論，發展道徒，組織力量。大同元年，鮮於琛聚集徒眾，正式發動起義。起義軍攻下縣城，殺廣晉令王筠，建年號上願，署置官屬。其徒眾遍及豫章、安成等郡，轉相發動，「有眾萬餘人，將出攻郡」。由於太守陸襄先率吏民修築了城壕等工事，有所防備，故起義軍不僅沒有攻下郡城，反而被官軍擊破，鮮於琛遭生擒，餘眾逃散，起義很快失敗。

時鄰郡豫章、安成等地官吏，借案治起義軍黨羽為名，大肆索取賄賂，一些沒有參與起義的民眾，因無錢財行賄而全家遭禍。唯有陸襄所在的鄱陽郡沒有枉濫現象，故民作歌曰：「鮮於平後善惡分，民無枉死，賴有陸君。」[64]

64　《梁書》卷二七《陸襄傳》，第 409 頁。

大同八年（542 年），又發生了一次規模更大的起義。這年正月，「安成郡民劉敬躬挾左道以反」[65]。或說「安成人劉敬躬挾妖道」以反。《資治通鑑》也說：「安成望族劉敬躬以妖術惑眾，人多信之。[66]」所謂「左道」、「妖道」、「妖術」，就是未經封建官府認可的邪門旁道，如巫蠱、方術、鬼神之類。《南史・王僧辯傳》記載說：「時有安成望族劉敬躬者，田間得白蛆化為金龜，將銷之，龜生光照室，敬躬以為神而禱之。所請多驗，無賴者多依之。」[67]田間白蛆化為金龜，金龜生光便屬於巫蠱一類的東西，這是劉敬躬號召群眾的手法。遠近群眾響應，則是江州人民不堪忍受梁武帝黑暗統治的結果。起義軍攻佔郡城，改元永漢，署置百官，內史蕭倪棄城而逃。敬躬以安成郡城為基地，轉攻南康、廬陵，沿途佔領不少縣城和村邑，隊伍迅速發展至數萬人。並進逼豫章，攻取新淦縣，兵鋒直指柴桑。「南中久不習兵革，吏民恇擾奔散。」豫章內史張綰緊急備戰，「仍修城隍，設戰備，募召敢勇，得萬餘人」[68]，以拒義軍。二月，江州刺史蕭繹遣司馬王僧辯、中直兵參軍曹子郢率兵進討，受張綰節度，共同鎮壓起義軍。起義軍堅持苦戰近一個月，三月被擊破。劉敬躬敗回安成，遭王僧辯擒獲，送往京師，斬於建康市，起義失敗。

兩年之後的大同十年（544 年），起義再次發生。「妖賊王勤

65 《梁書》卷三《武帝紀下》，第 87 頁。
66 《資治通鑑》卷一五八・梁武帝大同八年（542），第 4910 頁。
67 《南史》卷六三《王神念傳子僧辯附傳》，第 1536 頁。
68 《梁書》卷三四《張緬傳弟綰附傳》，第 504 頁。

宗起於巴山郡，以陳昕為宣猛將軍，假節討焉」[69]。舊史稱王勤宗為妖賊，大約他也是以「左道」發動起義的。梁末置巴山郡，領巴山、豐城等七縣，治巴山（今崇仁），梁元帝曾以豫章熊曇朗為巴山太守。王勤宗領導的起義應發生在今撫州地區。由於起義規模不大，很快被陳昕鎮壓下去。隨後，陳昕出任臨川太守。

梁後期發生於江州境內的四次農民起義，僅安成郡就佔有兩次，而且規模最大，人數達數萬人。起義波及豫章、鄱陽、臨川、廬陵、南康等郡，幾乎遍及今江西全省。其次數之多，人數之眾，在江西地方史上都是少見的。

自秦漢以來至蕭梁前期的七八百年間，除了東吳時期山越人民對孫氏政權的大規模反抗外，江西境內的農民戰爭極其稀少，只有東晉中後期發生過一次，而且規模很小，只有數百人（一說數千人），短期內便失敗了。史載晉穆帝永和四年（384 年）十二月，「豫章黃韜自稱孝神皇帝，臨川人李高為相，聚黨數百人（《晉書・穆帝紀》為「聚眾數千，寇臨川。」），乘犢車，衣皂袍，攻郡縣，（臨川太守）庾條討平之」[70]。此外，宋明帝泰始七年（471 年），「豫章賊張鳳，聚眾康樂山，斷江劫抄」[71]。張鳳率領的僅有百餘人，是一夥斷江搶劫的群盜，根本不是農民起義。這夥人在贛江流域劫抄多年，後被龍驤將軍周山圖設伏剿

69 《梁書》卷三二《陳慶之傳子昕附傳》，第 465 頁。
70 《晉書》卷七三《庾亮傳弟條附傳》，第 1931 頁。
71 《南齊書》卷二九《周山圖傳》，第 541 頁。

滅，張鳳被斬首。

自古以來，江西地區自然條件優越，物產富饒，人民無衣食之憂。加之江西人民富有吃苦耐勞、堅忍不拔的優良傳統，只要有一線生機，他們是不會輕易造反的。只有在生路完全斷絕的情況下，才會被迫揭竿而起。蕭梁後期，江州農民起義頻頻發生，說明梁武帝統治的黑暗和壓迫剝削的極端殘酷，把江州人民逼上了絕路。安成郡地處贛西，靠近湘州，人民所遭受的壓迫剝削尤為苛重，不得不群起而反抗。

四　侯景亂梁與江州人民奮起平亂

梁武帝晚年怠於政事，委政群小。「朱異之徒，作威作福，挾朋樹黨，政以賄成，服冕乘軒，由其掌握，是以朝政混亂，賞罰無章」[72]。他一心向佛，終日沉湎於佛事，曾三次捨身同泰寺為奴，每次都要臣下花億萬錢將其贖回；又大興佛塔，廣建佛寺，「百度糜費，使四民饑餒」[73]。梁武帝對內任由政治腐敗，對外也顯得貪婪而無能，甚至幻想不費吹灰之力而得到北方大片土地，由此引狼入室，終於釀成了南朝歷史上最嚴重的侯景之亂。

侯景原是北魏懷朔鎮中已經鮮卑化了的羯族人，與高歡極為友善，多年隨其征戰，官至高歡大丞相府長史。北魏分裂後，高

72　《梁書》卷三《武帝紀下》，第 97 頁。
73　《資治通鑒》卷一六二・梁武帝太清三年（549），第 5007 頁。

歡掌東魏實權，以侯景為司空、司徒、河南道大行台（河南道最高軍政長官）。侯景遂將兵十萬，專制河南，時達十四年之久。

梁太清元年（547 年），高歡死，其子高澄繼掌朝權。高歡臨死前，叮囑高澄說：「侯景狡猾多計，反覆難知，我死後，必不為汝用。」[74]故高澄上臺後，想把侯景調回，奪其兵權。侯景舉兵不受代，以河南十三州之地降於西魏。西魏丞相宇文泰知侯景狡詐多變，態度極其謹慎。一面派軍接收侯景佔有的土地，同時示意他先把軍隊交出來，並希望他入朝長安。高澄得知侯景叛變後，也派大將慕容紹宗率軍進逼。侯景在東西夾擊的不利形勢下，乃遣使至江南向梁武帝接洽投降，表示願意獻出河南十三州之地，請梁出師救援。梁朝臣因侯景反覆無常，桀驁難制，多不同意，但梁武帝貪圖便宜，想借機得到大片土地，以實現統一夢想，遂接受侯景投降。一面任命侯景為大將軍、河南王，一面派其侄子蕭淵明率主力部隊五萬進軍彭城（今江蘇徐州市），牽制東魏，支援侯景。寒山堰（距彭城 18 里）一戰，梁軍被東魏慕容紹宗打得大敗，蕭淵明被俘，主力部隊幾乎全部被殲。這時東魏又乘機挑撥梁與侯景的關係，表示願意以蕭淵明交換侯景，與梁重新修好。昏聵的梁武帝不假思索，竟然滿口答應。侯景被逼得走投無路，遂於太清二年（548 年）八月十日反於壽陽（今安徽壽縣），很快攻陷譙州（今安徽含山縣西南）、曆陽（今安徽和縣），引兵直臨長江。

74 《梁書》卷五六《侯景傳》，第 834 頁。

侯景反叛的消息傳到建康，梁武帝還以為侯景將無法逾越「長江天塹」，乃下令第六子蕭倫統兵北討侯景，又任命其侄蕭正德為平北將軍、都督京師諸軍事，負責保衛建康。

蕭正德是臨川王蕭宏第三子，從小粗魯險惡，不拘禮節。梁武帝早年無子，以蕭正德過繼為己子，後生子蕭昭明，立為太子，乃以正德還本，封為西豐侯。蕭正德失去做太子的機會，心生怨望，乃於普通三年（522 年）逃奔北魏，自稱廢太子避禍而來。北魏輕其為人，待之甚薄，第二年又從北魏逃回。對於蕭正德的叛逃行為，梁武帝不加任何懲處，只是哭著教誨一番了事，隨即恢復封爵。中大通四年（532 年），又進封他為臨賀郡王。侯景知道蕭正德有奸心，乃派人密加誘說，許諾攻下建康後立他為天子。蕭正德大喜，遂於太清二年十月二十二日派遣大船數十艘，詭稱運荻（蘆葦），暗中把侯景從江北的橫江（今安徽和縣東南）接到對岸的江南採石（今安徽馬鞍山市西南）。就這樣，侯景輕易地渡過了長江。在蕭正德的密切配合下，侯景軍直抵建康城下，又順利渡過秦淮河，西陷石頭城，東取東府城，將台城團團圍住。為讓蕭正德過過皇帝癮，十一月，侯景立正德為帝，改年號曰正平，自為丞相。次年三月，攻陷台城，梁武帝遭軟禁，不久被活活餓死。死前歎曰：「自我得之，自我失之，亦復何恨！」[75]台城既陷，侯景復太清年號，降蕭正德為大司馬。蕭正德口出怨言，侯景慮其為變，縊殺之。

75 《資治通鑒》卷一六二・梁武帝太清三年（549），第 5009 頁。

台城自太清二年（548 年）十月二十四日被圍，至太清三年三月十二日城破，前後被圍一百三十多天。城被初圍時，城內尚有男女十萬餘口，甲士兩萬餘人，米四十萬斛，錢帛無數。被圍既久，死者十之七八，能登城守衛的戰士不滿四千人，這四千人也都瘦得不像人樣，只會喘氣。城內「屍橫滿路，無人埋瘞，臭氣熏數裡，爛汁滿溝洫」[76]。城破時，僥倖活下來的只有二三千人。城外居民，同樣慘遭蹂躪。侯景既久攻台城不下，人心離散，又擔心援軍總集，「乃縱兵殺掠，交屍塞路。富室豪家，恣意裒剝，子女妻妾，悉入軍營」。攻城時，強迫人民大築土山，「不限貴賤，晝夜不息，亂加毆捶，疲羸者因殺之以填山，號哭之聲，響動天地」[77]。

建康號稱六朝古都，是當時江南最大最繁華的城市，據《金陵記》載：「梁都之時，戶二十八萬。西石頭城，東至倪塘，南至石子岡，北過蔣山，南北各四十里。」梁武帝晚期，建康士民衣食、器用，爭尚豪華，糧無半年之儲，常依賴四方供給。「自（侯）景作亂，道路斷絕，數月之間，人至相食，猶不免餓死，存者百無一二。貴戚、豪族皆自出采稆，填委溝壑，不可勝紀」[78]。城內外的古蹟名勝、各種建築也慘遭破壞，「南朝四百八十寺，多少樓臺煙雨中」[79]。經過這次戰亂，美麗的建康城毀

76　《南史》卷八〇《賊臣侯景傳》，第 2006 頁。
77　《梁書》卷五六《侯景傳》，第 843 頁。
78　《資治通鑒》卷一六二・梁武帝太清三年（549），第 5018 頁。
79　唐・杜牧《江南春絕句》，見《全唐詩》，第 1323 頁，上海古籍出版

滅了。

梁武帝死後，侯景擁立蕭綱為帝，是為簡文帝。改元大寶。旋即殺蕭綱而立蕭棟為帝，不久又廢蕭棟自立，改國號為漢，大殺梁武帝子孫。至此，蕭梁統治已基本解體。

侯景攻佔建康後，又派兵東掠三吳，西攻江州、郢州。

太清三年六月，侯景以趙威方為豫章太守，江州刺史尋陽王蕭大心遣軍拒戰，生擒威方，關進州中監獄，威方逃回建康。大寶元年（550 年）七月，侯景將任約進犯湓城，尋陽王蕭大心與鄱陽王蕭範發生內訌，互相猜忌，人心離散，其司馬韋質拒戰任約又遭失敗，乃舉州降賊。任約順利奪得尋陽，繼遣將於慶攻取豫章，於慶又從豫章分兵襲擊新淦等地。這樣，在短短一個多月的時間內，侯景相繼佔領了贛北、贛中的大部分地區。九月，任約乘勝西上，佔領西陽（今湖北黃岡縣）、武昌。次年三月，奪得郢州，虜郢州刺史蕭方諸。

侯景鐵蹄所到之處，燒殺劫掠，無惡不作，江、揚二州遭受的破壞尤為慘重。加之連年的旱蝗災害，餓殍遍地，屍骨滿野，到處是一片淒涼殘破的景象，令人慘不忍睹。史載：「時江南大饑，江、揚彌甚，旱蝗相系，年穀不登，百姓流亡，死者塗地。」人們為了活命，父子攜手共入江湖，或兄弟相邀俱進山谷，采草根、樹皮、木葉、菱芡而食；各種野菜，所在皆盡，草根木葉，為之凋殘。雖一時救得性命，最終仍死於山澤。「於是

社，一九八五。

千里絕煙，人跡罕見，白骨成聚如丘隴焉」[80]。富庶的三吳地區也被侯景糟塌得不成樣子，「自晉氏渡江，三吳最為富庶，貢賦商旅，皆出其地。及侯景之亂，掠金帛既盡，乃掠人而食之，或賣於北境，遺民殆盡矣」[81]。

面對侯景的獸行，江州人民奮起平亂。他們或自己組織武裝，直接抗擊侯景，保衛家園；或踴躍投身於官軍，奮勇參戰；在極其困難的條件下，向官軍提供大量的軍糧、軍需，支援前線。

巴山新建（今崇仁）人黃法氍，年輕有膽識而勇猛，在郡中甚有威望，眾鄉親都很敬畏他。侯景之亂發生，他組織群眾保鄉里。太守賀詡下江州，命法氍代管郡事。法氍屯兵新淦，侯景將於慶自豫章分兵襲新淦，法氍擊敗之。陳霸先遣周文育進軍擊於慶，法氍又引兵相會。

繼法氍之後，臨川人周續也起兵郡中，始興王蕭毅以郡讓之而去。

南昌人熊曇朗，世為郡著姓。「曇朗有勇力，侯景之亂，聚眾據豐城為柵」[82]，以拒侯景。

新吳（今奉新）洞主余孝頃是當地有實力的著名酋豪，大寶二年（551 年）春正月，起兵新吳，侯景遣於慶攻孝頃，不能

80 《南史》卷八〇《賊臣侯景傳》，第 2009 頁。
81 《資治通鑒》卷一六三・梁簡文帝大寶元年（550），第 5045 頁。
82 《資治通鑒》卷一六六・梁敬帝太平元年（556），第 5150 頁。

克。六月，已升任巴州刺史的余孝頃，遣兄子余僧重率兵救鄱陽，於慶退走。

當時，由各地酋豪組織起來抗擊侯景的地方武裝遍及豫章、臨川、巴山、鄱陽、豐城、新吳等郡縣，哪裡有侯景的勢力，哪裡就有江州人民的反抗鬥爭。由於江州人民的頑強抗擊，侯景企圖佔領全江州的陰謀始終未能得逞。

大寶元年正月，西江督護、高要太守陳霸先自始興（今廣東韶關）起兵討侯景，過大庾嶺，於南野（今南康縣西南章江南岸）擊敗南康土豪蔡路養，進屯南康（今贛州市）。次年二月，湘東王蕭繹承制命霸先進兵江州平侯景，用為江州刺史。六月，陳霸先從南康出發，經西昌（今泰和）而至巴丘（今崇仁），西昌數萬人民迎接，沿途的南川豪帥與士民紛紛加入陳霸先的隊伍。八月，蕭繹承制遣征東將軍王僧辯率眾軍討侯景，駐兵湓城。僧辯前軍襲於慶，於慶棄郭默城而逃，范希榮也棄尋陽城逃走，侯景勢力被逐出江州。陳霸先率杜僧明等眾軍及南川豪帥合三萬人準備和王僧辯會師湓城。時王僧辯率領的荊州兵軍糧嚴重不足，「高祖（指陳霸先）先貯軍糧五十萬石，至是分三十萬石以資之」[83]。陳霸先能貯藏這麼多的軍糧，顯然都是江州人民提供的。兵馬未動，糧草先行。充足的軍糧供給，為保證平定侯景之亂的勝利奠定了物質基礎。這年九月，湘東王蕭繹以王僧辯為江州刺史，江州刺史陳霸先改任東揚州刺史。

83　《陳書》卷一《高祖紀上》，第5頁，中華書局，一九七二。

承聖元年（552 年）二月，湘東王以江州為基地，下令王僧辯等東擊侯景。「諸軍發尋陽，舳艫數百里」。陳霸先率甲士三萬，強弩五千張，舟艦兩千艘，從豫章出發。「自南江（今贛江）出湓口，會僧辯于白茅灣（位於桑落洲西），築壇歃血，共讀盟文，流涕慷慨」[84]。大軍浩浩蕩蕩沿江東下，於姑孰（今安徽當塗）大敗侯景驍將侯子鑒，殺敵數千人，很快進抵石頭城下。侯景率眾萬餘人、鐵騎八百匹以拒官軍，霸先率將士殊死戰，僧辯以大軍繼進，景眾大潰。侯景至闕下，不敢入台城，以皮囊盛其江東所生二子掛於馬鞍後，率百餘騎狼狽東逃；其親信黨羽侯子鑒、王偉、陳慶等逃奔朱方（今江蘇丹徒縣地）。王僧辯命侯瑱率精甲五千追擊侯景，直到吳松江才追上。瑱進擊，景又敗，乃與腹心數十人乘單舸而逃，推墜二子於水。將入海，侯瑱遣副將焦僧度追之。景入海，將向蒙山，其都督羊鵾乘其晝寢，命海師掉轉船頭直向京口（今江蘇鎮江）。等侯景醒來發覺，為時已晚。景欲投水，羊鵾以 （古代一種長矛）刺殺之，送屍於建康。王僧辯命人送其首於江陵，截其手送於北齊，暴屍於市，士民爭食其肉骨至盡。時在當年四月。至此，侯景之亂徹底平定。應該說，江州人民為平亂作出了重大的貢獻。

五　侯瑱擁兵據江州

侯景之亂平定後的當年十一月，梁武帝第七子、湘東王蕭繹

84　《資治通鑑》卷一六四・梁元帝承聖元年（552），第 5078 頁。

即皇帝位於江陵（今湖北江陵縣），是為元帝，改元承聖。

梁元帝統治時期，國力空前衰弱，「自侯景之難，州郡大半入魏，自巴陵以下至建康，緣以長江為限。荊州界北盡武寧，西拒峽口；自嶺以南，復為蕭勃所據。文軌所同，千里而近，人戶著籍，不盈三萬。中興之盛，盡於是矣」[85]。政局極為複雜動盪，內部兄弟鬩牆，相互攻伐，州牧郡守擁兵自重，酋豪崛起據地稱雄；外部有西魏大兵壓境，瀕臨累卵之危。承聖三年（554年）十一月，西魏大將於謹率兵攻陷江陵，殺梁元帝。江陵政權只經過短短的兩年之久便宣告滅亡。

梁元帝死後的第二年二月，太尉王僧辯、司空陳霸先共同擁立元帝第九子、年僅十三歲的晉安王蕭方智為帝，是為敬帝。同年五月，王僧辯在北齊的強大壓力下，不顧陳霸先的勸阻，廢蕭方智而另立梁武帝之侄、貞陽侯蕭淵明為帝，引起陳霸先的強烈不滿。九月，陳霸先殺王僧辯，黜蕭淵明，重新扶立敬帝。

王僧辯被殺，激起其手下大批舊將對陳霸先的怨恨和反對，於是紛紛擁兵割據，稱雄一方，政局更加混亂不堪。時吳興太守杜龕據郡拒霸先，義興太守韋載以郡回應，吳郡太守、王僧辯之弟王僧智也據郡拒守。東揚州刺史張彪素為王僧辯所厚待，不附霸先。譙、秦二州刺史徐嗣徽甚至舉州投奔北齊，並乘陳霸先東討義興之機，密結南豫州刺史任約，率精兵五千乘虛襲建康，佔領石頭城，游騎至闕下，幾乎攻破台城。

85 《南史》卷八《梁元帝紀》，第 244 頁。

在王僧辯的舊將中，最有實力的是江州刺史侯瑱。

侯瑱，巴西充國（今四川南充）人。父弘遠，世為西蜀酋豪。蕭梁後期，西蜀爆發了以張文萼為首的農民起義，有眾萬人，梁、益州刺史鄱陽王蕭範命弘遠進討，被農民軍殺死。瑱志在復仇，每戰必衝鋒陷陣，遂斬文萼，由是知名。因而追隨蕭範，範委以將帥之任，積軍功至晉康太守。范為雍州刺史，授瑱馮翊太守。範遷鎮合肥，瑱又隨之。及侯景陷京師，範棄合肥而至尋陽，旋即與尋陽王、江州刺史蕭大心發生內訌，大心斷其運路，商旅不通，軍士多餓死。蕭範又急又恨，背生毒瘡而死。不久，范世子嗣在與侯景將任約的爭戰中，又中流矢而死。

鄱陽王蕭範父子既死，其部眾皆歸侯瑱統領，侯瑱遂擁有一支強大的武裝力量。大寶元年（550 年）六月，侯瑱往依豫章太守莊鐵。莊鐵是個反覆無常、見風使舵的地方軍閥，初為曆陽（今安徽和縣）內史。侯景攻曆陽，莊鐵以城降，並為景出謀劃策，勸景速攻建康。景以鐵為前鋒，引兵臨江。侯景攻台城久不下，莊鐵擔心侯景不能取勝，托稱迎母，與左右數十人奔曆陽。既入城，不敢守，奉其母奔尋陽，投靠尋陽王蕭大心，大心以為豫章太守。鐵至郡，即反叛，推舉觀甯侯蕭永（蕭範之弟）為主。隨後，莊鐵引兵襲尋陽，大心遣將徐嗣徽迎擊，鐵敗走建昌（今永修縣西南）。途中又遭光遠將軍韋構邀擊，鐵失其母弟妻子，單騎還南昌。鄱陽王范與尋陽王大心之間發生內訌，起因就在莊鐵，一方攻鐵，一方保鐵，由是二鎮互相猜忌。及侯瑱投依莊鐵，鐵忌瑱兵力強大，對他產生懷疑。瑱心中不自安，詐引鐵謀事，乘機殺鐵，自據豫章。

大寶元年七月，侯景將於慶兵犯豫章，侯瑱力屈，降於慶，慶送瑱於建康。侯景以瑱同姓，待他甚厚，留其妻子及弟為人質，派他隨於慶攻取鄱陽湖以南諸郡，以瑱為湘州刺史。及侯景敗於巴陵（今湖南岳陽），景將宋子仙、任約等並為荊州軍俘獲，瑱乃誅景黨羽，以回應義師。大寶二年（551 年）七月，於慶自鄱陽還豫章，侯瑱關閉城門拒守，於慶不能入城，走還尋陽，據郭默城。湘東王蕭繹以瑱為南兗州刺史，侯瑱留在建康的妻子及弟弟全部被侯景殺死。

承聖元年（552 年），湘東王命王僧辯與陳霸先聯兵東擊侯景。侯瑱隨王僧辯進擊，沿途攻克南陵、鵲頭二戍。侯景自建康敗走，僧辯又派侯瑱率精甲五千追景，大敗景於吳松江，以功除南豫州刺史，鎮姑孰。及梁元帝死，王僧辯與陳霸先共立敬帝，乃以侯瑱為江州刺史。

陳霸先既殺王僧辯，是時侯瑱居中流，兵精糧足，勢力強大。又本追隨僧辯，故也擁兵據豫章及江州，不附霸先。由此而引發了侯瑱、陳霸先與當地酋豪之間對江州的激烈爭奪，使江州形勢再次呈現出錯綜複雜的局面。太平元年（556 年）正月，陳霸先以周文育為南豫州刺史，命他將兵擊湓城；又遣侯安都、周鐵虎率舟師立柵於梁口，以防備江州。文育攻湓城，未能克，時北齊南侵，霸先召文育還。七月，新吳酋豪余孝頃於縣中別立城柵，舉兵與侯瑱相抗。南昌酋豪熊曇朗于承聖元年被梁元帝任命為巴山太守，江陵陷落，曇朗兵力日益強大，這時也對江州虎視耽耽。侯瑱在豫章，他外示服從，暗中卻想取而代之。

陳霸先的威脅暫時解除，眼前的勁敵便是余孝頃。為了對付孝頃，侯瑱留軍人妻子於豫章，令從弟侯奫負責後方之事，親率全部人馬攻孝頃，想一舉將其蕩平。侯瑱雖然兵強馬壯，但余孝頃的力量也不可小覷，加之他是地方酋豪，人地兩熟，根基深厚，無兵源糧草之憂，要戰勝他將是十分困難的。因此，雙方久久相持，自夏至冬不能克，侯瑱只得築長圍而守之，命兵士盡收孝頃禾稼。正當戰事吃緊的關鍵時刻，熊曇朗又利用侯奫與其部下侯方兒不和的機會，暗中策劃侯方兒作亂。侯方兒舉兵攻奫，虜掠侯瑱軍府妓妾金玉，投歸陳霸先而去。侯瑱後院起火，失去根本，兵眾皆潰，只得輕騎歸豫章，豫章人拒之於城外。乃走湓城，依其副將焦僧度。僧度勸瑱投靠北齊，瑱以為陳霸先有大量，必能容己。恰在此時，陳霸先遣記室參軍蔡景曆南上，勸說侯瑱投降。侯瑱乃詣闕歸罪，陳霸先復其爵位，並為之誅侯方兒。侯瑱敗走，熊曇朗趁機大獲其馬匹器仗。

侯瑱起兵據江州的時間並不長，自太平元年（556 年）正月至是年冬，前後不過一年之久。他沒有被陳霸先所征服，卻敗在江州土著酋豪之手。此時，江州土著酋豪已成為一支不可忽視的政治力量而登上歷史舞臺，在南陳一朝中扮演著極其重要的角色。

第三節 ▶ 南川土著酋豪的崛起與陳王朝的興亡

一　梁末南川土著酋豪的崛起和陳王朝的建立

梁、陳時期，贛江被稱為南江，贛江流域被稱作南川、南中或南州，史籍中多有記載，如《資治通鑒》卷一六四・梁元帝承聖元年二月條胡三省注云：「贛水，謂之南江，過彭澤縣西，注彭蠡（鄱陽湖），北入於江。」同書卷一六七・陳武帝永定二年正月條胡三省又注云：「自南康至豫章之地，謂之南川，以南江所經言之也。」

在《陳書》中，稱贛江流域地區為南川、南中或南州的記載更多。如《高祖紀》：梁大同二年八月，「（王）僧辯軍次湓城，高祖（陳霸先）率杜僧明等眾軍及南川豪帥合三萬人將會焉。」陳霸先時為江州刺史，其所率南川豪帥顯然是指贛江流域的土著酋豪。同紀又載：「是月，侯瑱以江州入附。遣侯安都鎮上流，定南中諸郡。」同書《世祖紀》：「江州刺史周迪平南中，斬賊帥熊曇朗，傳首京師。」熊曇朗是南昌酋豪，周迪是江州刺史，他平定的南中當然是指江州地區。同書《宣帝紀》：太建六年三月癸亥，詔曰：「去歲南川頗言失稔，所督田租於今未即。豫章等六郡太建五年田租，可申半至秋。……南康一郡，嶺下應接，民間尤弊，太建四年田租未入者，可特原除。」這裡所說南川包括豫章、南康等六郡，顯系贛江流域地區。又同書《熊曇朗傳》：「王琳東下，世祖征南川兵，江州刺史周迪、高州刺史黃法氍欲沿流應赴，曇朗乃據城列艦斷遏，迪等與法氍因帥南中兵築城圍之，絕其與琳信使。」同書《華皎傳》：「鎮湓城，知江州事。時南州守宰多鄉里酋豪，不遵朝憲，文帝令皎以法馭之。」

在《南史》中，也有類似記載。如《南史》卷六〇《江革傳》：徙廬陵王長史、尋陽太守、江州行事如故。「時少王行事，多傾意於簽帥（典簽），革以正直自居，不與典簽趙道智坐。道智因還都啟事，面陳革墜事好酒，以琅邪王曇聰代為行事。南川士庶為之語曰：『故人不道智，新人佞散騎；莫知度不度，新人不如故』」。江革是蕭梁時人，他出任廬陵王長史，兼尋陽太守、江州行事是在梁初。可見，在蕭梁初期，贛江流域地區便被稱為南川了。

梁末侯景之亂發生後，南川土著酋豪勃然崛起。所謂土著酋豪，是說他們世代土著，又是當地首領人物，具有一定實力，能夠豪霸一方。梁末南川土著酋豪遍布於豫章、臨川、南康、崇仁、南城等各郡縣，其中佼佼者有黃法氍、周敷、周迪、熊曇朗等人，此四人被《陳書》正式列傳，其他雖未被列傳但具有一定知名度的有余孝頃、周續、蔡路養、陳定、劉藹諸人。他們大多是豪族著姓，莫不稱雄一方，角逐於世，或仕至州郡，或為官朝廷，甚者進爵為公侯，榮寵至極，在梁陳之際具有舉足輕重的地位。

周敷，臨川人。郡豪族。「敷形貌眇小，如不勝衣，而膽力勁果，超出時輩。性豪俠，輕財重士，鄉党少年任氣者咸歸之」[86]。侯景之亂中，觀甯侯蕭永、長樂侯蕭基、豐城侯蕭泰避難流寓，聞知周敷講信義，都來投奔他。周敷同情他們的遭遇，對他們很尊敬，厚加給恤，送之西上。他聚眾鎮守臨川故郡，保衛家園。侯景平，梁元帝以敷為信武將軍、甯州刺史，封西豐縣侯，食邑千戶。

黃法氍，巴山新建（今崇仁縣）人。「少勁捷有膽力……頗

86　姚思廉《陳書》卷一二《周敷傳》，第200頁，中華書局，一九七二。

便書疏，閑明簿領，出入郡中，為鄉閭所憚」[87]。可見，黃法氍是一位有膽有識，且有一定文化素養的郡中名流，大約也是豪族出身。侯景之亂，法氍於鄉里招集人馬以抗景。太守賀詡上江州，法氍代管郡事。侯景入侵江州，法氍屯兵新淦，敗侯景將於慶。又會合周文育進軍討於慶，俘獲甚眾，為抗擊侯景作出了重要貢獻。湘東王蕭繹承制授法氍超猛將軍、交州刺史，領新淦縣令，封巴山縣子，後又進爵為侯，食邑五百戶。敬帝即位，改封新建縣侯。

熊曇朗，豫章南昌人，「世為郡著姓」。侯景之亂，他「稍聚少年，據豐城縣為柵，桀黠劫盜多附之」。梁元帝以為巴山太守。及江陵陷落，曇朗兵力漸強，「劫掠鄰縣，縛賣居民，山谷之中，最為巨患」[88]。成為一方豪強惡霸。

周迪，臨川南城人。少居山谷，有膂力，能挽強弩，以弋獵為事。陳文帝稱他「本出輿台」，是地位低微之人。因為他出身寒賤，起兵之初，恐郡人不服，以同郡周敷族望高顯，故深求交結。迪據有臨川之地，築城於工塘（今撫州市東南）。梁元帝授迪壯武將軍、高州刺史，封臨汝縣侯，食邑五百戶。敬帝時，除迪臨川內史，遷江州刺史。

周迪按甲保境，以觀成敗。史稱：

87 《陳書》卷一一《黃法氍傳》，第 177 頁。
88 《陳書》卷三五《熊曇朗傳》，第 477 頁。

初，侯景之亂也，百姓皆棄本業，群聚為盜。唯迪所部，獨不侵擾，並分給田疇，督其耕作，民下肆業，各有贏儲。政教嚴明，徵斂必至，餘郡乏絕者，皆仰以取給。迪性質樸，不事威儀，冬則短衣布袍，夏則紫紗襪腹，居常徒跣，雖外列兵衛，內有女妓，挼繩破篾，傍若無人。然輕財好施，凡所周贍，毫釐必均。訥於言語，而襟懷信實，臨川人皆德之。[89]

梁末亂世，百姓失業，盜賊橫行。周迪約束部下，不加侵擾，分給他們田地，督促他們耕作，人民安心生產，各有贏餘，並用以支援鄰郡，從而為發展本地經濟作出了貢獻，是值得充分肯定的。

除上述諸人外，其他酋豪也都具有相當的實力。如余孝頃，史書稱他為「新吳（今奉新）洞主」。此所謂「洞」，不能理解為山洞，而是指四面環山的小平原，狀若山洞，是一個類似於廬山腳下著名的白鹿洞的地方，但面積可能要大得多。既稱「洞主」，必然是當地酋豪。余孝頃因為實力強大，所以敢於多次與官軍對抗。紹泰二年（556 年），他於新吳縣別立城柵，與江州刺史侯瑱相拒，侯瑱傾全部人馬攻孝頃，自夏至冬都不能取勝。太平二年（557 年）二月，廣州刺史蕭勃起兵翻越大庾嶺，對抗陳霸先，余孝頃舉兵回應，陳霸先遣周文育率軍討伐。雙方大戰於豫章，余孝頃的戰船竟比官軍還多，時「官軍船少，孝頃有舴

89 《陳書》卷三五《周迪傳》，第 483 頁。

艋三百艘、艦百餘乘在上牢」[90]。一個地方酋豪居然有大小戰船四百餘艘，其實力可想而知。

南康酋豪蔡路養的力量也很可觀。大寶元年（550 年）正月，陳霸先起兵討侯景，從始興出發，過大庾嶺，「蔡路養將二萬人軍於南野以拒之」[91]。

其他如「巴山陳定亦擁兵立寨」[92]，甯都人劉藹「資（高州刺史）李遷仕舟艦兵仗，將襲南康」[93]。其力量同樣不可小視。

由上看出，南川土著酋豪的崛起無一不與侯景之亂有關。

侯景亂梁，使蕭梁政權固有的封建統治秩序被打破，各路諸侯在勤王的旗幟下，紛紛帶兵入援京師，使各州郡武備一時空虛，給地方酋豪的崛起創造了良機。正如《陳書》作者姚思廉所說：「梁末之災沴（指梁末侯景之亂），群凶競起，郡邑岩穴之長，村屯鄔壁之豪，資剽掠以致強，恣陵侮以為大。」[94]南川土著酋豪正是抓住了這一天賜良機，乘時崛起，紛紛登上歷史舞臺。他們據城占地，發展武裝，稱雄一方，其中不少酋豪如黃法氍、周敷、周迪、余孝頃等人，也確實在抗擊侯景中作出了一定的貢獻。出於形勢的需要，蕭梁政權一一任命他們為刺史郡守，甚至進爵為公侯，承認其已有的權力，這為他們進一步發展壯大

90 《陳書》卷八《周文育傳》，第 140 頁。
91 《資治通鑒》卷一六三·梁簡文帝大寶元年（550），第 5034 頁。
92 《陳書》卷三五《熊曇朗傳》，第 477 頁。
93 《陳書》卷一《高祖紀上》，第 4 頁。
94 《陳書》卷三五·史臣後論，第 490 頁。

創造了條件。

侯景亂梁僅僅是南川土著酋豪崛起的契機，其實還有著更深層的政治經濟原因。

首先，南川土著酋豪的崛起離不開當時江西地區社會經濟的發展。江西和廣大南方地區，古稱蠻荒之地，社會經濟長期處於相對落後的狀態。春秋戰國時期，南方出現了吳、越、楚三個強大的諸侯國，曾一度稱霸中原。它們的崛起，使中華民族古代文明的另一搖籃——長江流域出現了以江浙、兩湖腹地為中心的兩大經濟區，對帶動整個南方社會經濟的發展起了重要的促進作用。江西地處吳楚之間的長江中游，係吳楚之邊鄙，古代喻之為「吳頭楚尾」。因此，江西地區開發較晚，其經濟文化較之北方的黃河流域和南方的吳楚腹地都要落後一些，這一狀態一直持續到西漢，正如司馬遷所說：「楚越之地，地廣人稀，飯稻羹魚……無凍餓之人，亦無千金之家。」[95]

但自東漢以來，江西社會經濟得到迅速發展，特別到東漢後期，發展步伐日益加快，這從當時行政建制的擴大和人戶的迅猛增加可資證明。據《後漢書・郡國志》載，時豫章郡有二十一縣，新增石陽、臨汝、建昌三縣，有戶四〇六四九六、口一六六八九六〇，而西漢時全郡僅有戶六七四六二、口三五一九六五。兩朝相比，東漢時全郡戶數增長近六倍，人口增長近五倍，其增

95 司馬遷《史記》卷一二九《貨殖列傳》，第3270頁，中華書局，一九七五。

長速度居全國各郡之首，一躍而成為江南人戶最多的郡。隨著行政建制的不斷擴大和人戶的迅猛增加，耕地大量墾闢，這是江西社會經濟迅速發展的重要標誌。東漢末，在經濟比較發達的贛中、贛北和贛東北地區已經孕育出了一批地主豪強。這些地區也是山越人聚居之地，其首領被稱為帥、大帥或宗帥，孫權曾稱鄱陽山越大帥為「舊族名帥」，也就是大族豪強，如鄱陽的彭姓宗帥及尤突、張節、洪明等都是典型的豪強地主，他們控制的宗民大都在數千、數萬以上。為了保護自身的利益不受侵犯，宗帥們部勒宗民，組織武裝，依託山林或修建塢壁，與東吳政權進行長期的戰爭，這說明他們已有相當的實力。

東吳以後，江西地區進入較全面的開發時期，社會經濟有著長足的發展和進步，本書將另辟專章論述，此不重述。經濟的快速發展，孕育出眾多的富室豪家，「無凍餓之人，亦無千金之家」貧窮落後狀態早已成為歷史陳跡。六朝時的江西境內，家財百萬、千萬的地主豪強布於各個郡縣，屢見不鮮。居家尋陽的陶侃，其父陶丹拜東吳揚武將軍，陶侃本人因輔佐晉室立下卓著勳勞而榮登三公高位，封長沙郡公，位極人臣，「媵妾數千，家僮千餘，珍奇寶貨富於天府」[96]，成為東晉時期數一數二的官僚大地主。其孫陶淡隱居不仕，仍然「家累千金，僮客百數」[97]。《太平寰宇記》卷一一一江州條記載尋陽郡三姓：陶、翟、騫，豫章

96　《晉書》卷六六《陶侃傳》，第1779頁。
97　《晉書》卷九四《隱逸陶淡傳》，第2460頁。

郡五姓：熊、羅、雷、諶、章。所謂三姓、五姓，實際上就是在六朝時發跡的大族豪強。這些豪強世代土著，往往成為一方的首領人物，故梁、陳史家稱其為酋豪。梁末大批南川土著酋豪的崛起，正是江西社會經濟發展而長期孕育的結果。

其次，南川土著酋豪的崛起與江西士人在政治上備受歧視、長期遭受壓抑有著密切的關係。儘管漢末東吳時期江西地區已孕育出一批大族豪強，但他們被東吳政權當作落後的少數民族看待，是被征討的物件，政治上無地位可言，而當權的是吳郡的朱、張、顧、陸四姓和會稽郡的虞、魏、孔、賀四姓等孫氏集團中的宗族聯盟成員。

東晉以降，門閥制度盛行，把持朝政的是南渡的僑姓士族和三吳地區的吳姓士族。他們講門第、比血統，門第、血統成為當時選官用人的唯一根據，只要門第顯赫、血統高貴，就可「平流進取，坐至公卿。[98]」在門閥制度下，官分清、濁，那些職閑、廩重、地位高的官位稱清官，反之為濁官。清官顯位幾乎全由高門大族把持，庶族寒門只能做濁官或低官。高門大族享有種種政治、經濟和文化特權，還通過婚姻和仕宦兩途，把自己和庶族地主嚴格區別開來，宣揚「士庶之際，實自天隔」[99]。他們「視寒素之子，輕若僕隸，易如草芥，曾不以之為伍」[100]，不與庶族寒

98 《南齊書》卷二三《褚淵王儉傳》史臣後論，第438頁。
99 《宋書》卷四二《王弘傳》，第1318頁。
100 李昉等《文苑英華》卷七六〇引《寒素論》，中華書局，一九六六。

門通婚、往來，也不與之同車共坐，從而形成了「高門華閥有世及之榮，庶姓寒人無寸進之路」[101]的極不平等的社會現實。

東晉南朝門閥士族對庶族寒門的排斥和壓抑，既帶有階級性，又帶有地域性。僑姓、吳姓士族大都聚居在揚州、南徐、南兗、南豫等州，尤其集中在三吳地區，江州境內雖有一定數量的北來僑民，但僑姓士族極少，自然成為被排斥的主要地區之一。稽考史實，這種排斥是極為明顯的。

以《晉書》等正史為南川士人立傳為例：《晉書》載東晉一朝有陶侃（諸子附傳）、周訪（子附傳）和熊遠、羅企生等數人。陶侃靠軍功起家而致身通顯，周訪位至梁州刺史，熊遠官拜御史中丞，羅企生累官至武陵太守、荊州刺史殷仲堪參軍。四人之中，周訪本汝南安城（今河南南部）人，漢末避亂遷到江南，至訪四世，西晉平吳，才徙居尋陽。因此，周訪應是僑民，不算土著人。在東晉一〇四年的統治中，僅此數人有傳，實在微不足道。

自劉宋至蕭梁，正史為南川士人立傳者更是寥寥無幾。《宋書》載劉宋一朝有胡藩、鄧琬二人，胡藩官拜江夏內史、太子左衛率等；鄧琬位至尋陽太守、江州行事，因擁立晉安王劉子勳稱帝尋陽而兵敗被殺。陶潛、翟法賜、雷次宗三人雖皆有傳，但僅是著名隱士而已。《南齊書》載蕭齊一代只有胡諧之一人，官拜

101 趙翼《廿二史札記》卷八・九品中正條，第 167 頁，中華書局，一九八四。

都官尚書。齊武帝想提拔胡諧之為侍中，從容問諧之：「江州有幾侍中邪？」諧之回答說：「近世唯有程道惠一人而已。」武帝說：「當令有二。」[102]侍中，服侍皇帝左右，應對顧問，為皇帝近侍，魏晉以來，為門下省長官，對皇帝的詔書具有審核權，居官三品，職同宰相，是中央朝廷最重要的職官之一。程道惠雖居官侍中，但正史卻未能為之立傳。據《宋書》有關紀、傳記載，我們只能略知其概況：程道惠，江州人，景平初（423 年）為侍中。徐羨之秉權，道惠與吳興太守王韶之、中書舍人邢安泰、潘盛相接為黨。羨之等廢少帝，道惠勸立第五皇弟劉義恭，羨之不許。元嘉五年（428 年），文帝以江夏內史程道惠為廣州刺史。《廣異記》則說：道惠世奉五斗米道，不信有佛，太元十五年（應為元嘉十五年，即 438 年）病卒。從這些記載來看，程道惠應是劉宋一朝居官最高的江州士人。齊武帝將自己的意思告訴大士族、尚書令王儉，王儉不同意，乃以諧之為太子中庶子，領左衛率。從齊武帝與胡諧之的對話中，可以看出南川士人在朝中擔任要職的少之又少，即使有個別擔任要職的如程道惠，正史也不為之立傳。

蕭梁一代，南川士人的境遇更慘，在《梁書》中立傳的只有滕曇恭一人，且是以孝子立傳，身無一官半職。

以上史實表明，六朝時期南川士人始終遭到歧視和排斥，即使是身為八州都督、居官太尉、位極人臣的陶侃，因為出身寒

102 《南齊書》卷三七《胡諧之傳》，第 657 頁。

賤，仍不免被僑姓大士族溫嶠罵為「溪狗」。

不平等的社會現實，不能不激起南川大族豪強的強烈不滿和反抗。梁大同八年（542 年），安成郡爆發的大規模起義，就是由安成望族劉敬躬領導的。劉敬躬作為大族豪強領導這次起義，雖說主要是為了反對梁武帝的暴政，但不無反對政治歧視，爭取正當權益的目的。由於時機不成熟，所以起義很快失敗了。梁末侯景之亂，給南川土著酋豪創造了良機，於是乘時崛起，稱雄一方。

陳霸先在梁末的政治逐鹿中，既得到了南川土著酋豪的支持，也遭到了他們頑強的阻撓和反擊。

陳霸先，原籍潁川（今河南禹縣）。其先祖在西晉永嘉大亂時南渡，東晉咸和年間實行土斷，陳氏遂為吳興長城（今浙江長興縣）人。霸先出身於一個低等的僑民家庭，家世寒微，但從小有大志，不治生產。長大後，讀兵書，習武藝，明達果斷，為當地所推服。初仕鄉為里司，後至建康為油庫吏。大同初年，新喻侯蕭映為吳興太守，甚重霸先。及映為廣州刺史，以霸先為中直兵參軍，隨府至鎮。在蕭映的扶持下，霸先積軍功而至西江督護、高要（今廣東高要縣）太守。侯景亂梁之初，監始興（今廣東韶關市）郡，從此逐漸發跡。

太清三年（549 年）十一月，陳霸先遣杜僧明、胡穎將兩千人屯兵大庾嶺。「並厚結始興豪傑同謀義舉，侯安都、張偲等率千餘人來附」[103]。隊伍一下發展到三千餘人。此所謂義舉，就是

103 《陳書》卷一《高祖紀上》，第 3-4 頁。

以討侯景相號召，壯大實力，奪取政權。廣州刺史蕭勃派人勸他說：「侯景驍雄，天下無敵，前者援軍十萬，士馬精強，然而莫敢當其鋒，遂令羯賊得志。君以區區之眾，將何所之？……未若且住始興，遙張聲勢，保此泰山，自求多福。」霸先哭著回答說：「今京都傾沒，主上蒙塵，君辱臣死，誰敢愛命！……僕行計決矣，憑為披述。」[104]時南康土豪蔡路養起兵據郡，蕭勃遣腹心譚世遠為曲江令，聯絡蔡路養，共同阻止陳霸先北上。蔡路養起兵南康，給陳霸先北上設置了第一道難關。

大寶元年（550 年）正月，陳霸先從始興出發，過大庾嶺。蔡路養將兵兩萬人屯南野（今龍南縣），依山水立四城以拒之。一場激戰，蔡路養大敗，脫身竄走，陳霸先進駐南康郡（今贛州市）。六月，修崎頭古城（即南康古城），徙居於此。這時，高州刺史李遷仕據大皋口（今泰和縣北贛江邊），遣主帥杜平虜率千人入贛石，修魚梁城以逼南康，霸先派周文育將其擊走。遷仕奔甯都，甯都人劉藹資助遷仕舟艦兵仗，將襲擊南康。霸先遣杜僧明等率軍兩萬餘人佔據白口（今泰和縣南五裡），築城防守，李遷仕也在贛江對岸築城相對峙，雙方相持連戰百餘日。第二年三月，杜僧明攻拔對方城池，生擒李遷仕送南康斬首。

大寶二年六月，陳霸先離開南康，乘船繼續北上。南康贛石舊有二十四灘，灘多巨石，行旅者以為難。事有湊巧，霸先出發時，水暴漲數丈，三百里間巨石都被淹沒，從而順利進入西昌

104 《陳書》卷一《高祖紀上》，第 4 頁。

（今泰和縣）。巴山新建人黃法氍領兵前來相會，駐屯新淦（今樟樹）。西昌、廬陵、新淦等縣盛產糧食，霸先以同鄉胡穎為巴丘（今峽江）縣令，負責督運糧草。由於得到南川地方豪強和民眾的支持，積儲軍糧達五十萬石。是時，湘東王蕭繹承制遣征東將軍王僧辯督眾軍討侯景。八月，僧辯軍抵湓城。陳霸先率杜僧明等眾軍及南川豪帥合三萬人前往會師。王僧辯的荊州軍嚴重缺糧，陳霸先分出三十萬石予以支援。

承聖元年（552 年）二月，陳霸先率甲士三萬人，強弩五千張，舟艦兩千乘，從豫章出發，經桑落洲，與王僧辯會師白茅灣，登岸結壇，殺牲為盟，然後浩浩蕩蕩沿江東下。三月，攻克姑孰（今安徽當塗），進抵蔡州（今江蘇江甯縣西南大江中），並迅速攻下建康，滅掉侯景。

陳霸先自始興越大庾嶺至南康，在當地豪強和民眾的支持下，縱貫南川，直抵建康，拯救了梁朝，撈取了政治資本，為日後禪代奠定了基礎。但就在他稱帝前八個月，再次遭到南川酋豪的打擊。太平二年（557 年）二月，廣州刺史蕭勃起兵反抗，遣其將歐陽頠、傅泰及侄子蕭孜為前軍，南江州刺史、新吳洞主余孝頃引兵相會。陳霸先遣平西將軍周文育進討。歐陽頠等越大庾嶺出南康，直抵豫章之苦竹灘（今豐城境內），傅泰據蹠口城（今新建縣境內）。余孝頃遣其弟孝勱守郡城，自出豫章據石頭（南昌附近贛江西岸之石頭渚），結成犄角之勢，封鎖贛江。周文育軍船少，余孝頃有船四百餘艘在上牢，周文育遣軍主焦僧度進行偷襲，盡取以歸，乃於豫章立柵。周軍食盡，諸將欲退兵，文育不許，急忙寫信派人從小道至臨川遊說周迪，約為兄弟，並陳利害。周迪得書甚喜，答應饋送糧餉。於是文育分遣老弱乘坐破舊船隻沿江而下，燒毀豫章柵，偽裝退兵。余孝頃見此情景，大喜，不再設防。周文育率軍抄小路倍道兼行，進入歐陽頠與余孝頃陣地之間，築城饗士，敵軍大駭。歐陽頠退入泥溪，作城自守。文育遣將軍周鐵虎與長史陸山才擊頠，將其擒獲。文育乃盛陳兵甲，與歐陽頠乘船宴飲，進抵蹠口城下，發起進攻，擒傅泰。消息傳到南康，蕭勃惶恐，莫能自固。前衡州刺史譚世遠乘機攻殺蕭勃。時蕭孜、余孝頃仍然佔據石頭，修築二城，各據其一，多設船艦，夾水而陣。陳霸先遣平南將軍侯安都助周文育進攻，安都暗中出軍夜燒敵軍船艦。文育率水軍、安都率步軍兩路夾擊，蕭孜被迫投降，余孝頃逃歸新吳。周文育率軍回到豫章。

太平二年（557 年）十月，陳霸先正式禪代稱帝，國號陳，自稱武帝，改年號為永定。

二　南川酋豪對陳王朝的支持與對抗

陳朝建立後，南川酋豪對它的態度不盡相同，既有支持的，也有對抗的，還有由支持轉向對抗的，關係微妙，鬥爭複雜而激烈。

陳霸先稱帝前夕的太平二年（557 年）八月，湘州刺史王琳起兵，陳霸先遣周文育、侯安都討之。時兩將俱行而不相統攝，部下交爭，不能平息。郢城一戰，兩將大敗，皆被俘，後逃脫。

陳霸先稱帝后的第三月，即永定二年（558 年）正月，王琳引兵東下，至湓城，新吳余孝頃舉兵回應。王琳遣將樊猛、李孝欽、劉廣德率兵八千與余孝頃會合，駐紮臨川故郡，並向周迪徵調軍糧，以觀察其態度。周迪本想自據南川，乃總召所部八郡守宰結盟，聲言入援朝廷，陳霸先恐其為變，因厚加慰撫。王琳以為南川諸郡可傳檄而定，乃遣樊猛、李孝欽南征糧餉。琳軍與余孝頃軍合在一起達兩萬人，進駐工塘，連成八城以逼周迪。六月，高州刺史黃法氍、甯州刺史周敷等合兵救周迪，熊曇朗也率所部前來增援。周敷自臨川故郡截斷江口，出兵與戰，大敗王琳軍，屠其八城，生擒李孝欽、樊猛、余孝頃送於京師，劉廣德逃脫。周迪將戰利品全部據為己有，「收其軍實，器械山積，並虜其人馬，迪並自納之」[105]。

這次事件是陳霸先稱帝之初，南川酋豪與陳王朝的一次嚴重對抗，他們大多捲入其中，除余孝頃站在朝廷的對立面外，其他酋豪都採取支持的態度，他們也因此而個個加官進爵。先前周迪因「大出糧餉」資助周文育而得江州刺史，這次又以功加平南將軍、開府儀同三司；熊曇朗以功除通直散騎常侍、甯遠將軍，封永化縣侯，食邑千戶；周敷居功最多，授散騎常侍、平西將軍、豫章太守；黃法氍進號宣毅將軍，增加食邑至千戶。

余孝頃被俘後，其子公颺，弟孝勱、孝猷仍然據有新吳舊柵，煽動南土，繼續與朝廷對抗。永定二年（558 年）十月，陳霸先遣周文育及周迪、黃法氍等出豫章，令南豫州刺史侯安都繼後，共同討伐余公颺，熊曇朗也引兵相會，眾達萬人。周文育遣吳明徹為水軍，配合周迪運糧，自率軍入象牙江（位於豫章西南），城於金口（也稱金溪口，自豫章西南入象牙江處）。余公

105 《陳書》卷三五《周迪傳》，第 479 頁。

颺領五百人前來詐降，謀執周文育，事被發覺，文育囚之，送於京師。文育舍舟登陸進據三陂。這時，王琳遣其將曹慶率兵兩千人救余孝勱，曹慶分遣主帥常眾愛與周文育相拒，自率所部直攻周迪、吳明徹軍。周迪等大敗，棄船而走，周文育退據金口。熊曇朗見周文育失利，就坐席上殺文育。文育被害，侯安都自宮亭湖（今星子縣境）出松門，奪回文育所部大艦，戰敗王琳將周炅、周協，生擒二人，孝勱弟孝猷率所部四千家投降。安都進軍至左里（今都昌縣西北左蠡山下），破曹慶、常眾愛等，焚其船艦。常眾愛逃入廬山，被廬山村民殺死。

熊曇朗殺周文育後，佔據豫章，開始與陳朝對抗。永定三年（559 年）五月，他將兵萬餘人至臨川襲擊周敷，徑至城下。「敷與戰，大敗之，追奔五十餘里，曇朗單騎獲免，盡收其軍實」[106]。熊曇朗敗走巴山郡，收合餘黨，不久重新回到豫章。是年六月，陳霸先死，以其侄臨川王陳蒨嗣位，是為文帝。王琳聞知霸先死訊，於八月自上游大肆舉兵東下，文帝徵調南川兵。天嘉元年三月（560 年），江州刺史周迪、高州刺史黃法氍率舟師赴援。熊曇朗據城列艦，塞斷贛江中流，以阻止援軍。周迪、黃法氍與周敷共同圍擊熊曇朗。這時，王琳失敗的消息傳來，曇朗部眾離心，迪等攻拔其城，虜其男女萬餘口。熊曇朗走入村中，被村民殺死，傳首建康，盡滅其族。

天嘉三年（562 年）正月，周迪舉兵反抗，這是南川酋豪第

106 《陳書》卷一三《周敷傳》，第 200 頁。

三次大規模起兵對抗陳王朝。周迪本是陳朝基業開創的大功臣，他曾出兵出糧，助陳霸先平定蕭勃、歐陽頠，穩定了江州政局，為其禪代稱帝創造了條件。在余孝頃、熊曇朗舉兵期間，他又站在朝廷一邊，傾其全力，平定反叛，鞏固了陳氏政權。但周迪勢力強大，且有專制江州的雄心，陳文帝自然容不得他，為了加強專制統治，必然將其作為剷除對象。天嘉初，「（文）帝征江州刺史周迪出鎮湓城，又征其子入朝，迪趑趄顧望，並不至」[107]。周迪本領江州刺史而據臨川，臨川是其根基所在，現在卻要他出鎮湓城，實際上是想挖掉其根基，削弱其勢力。征其子入朝，明顯是以其子當人質，防止周迪叛逆。周迪明白這是文帝剷除異己的開始，當然不願意。

比起周迪來，臨川周敷、巴山黃法氍就比較忠於朝廷，陳文帝對他們的態度也迥然有別。史稱：「豫章太守周敷本屬於迪，至是與黃法氍率其所部詣闕，世祖（即文帝）錄其破熊曇朗之功，並加官賞，迪聞之，甚不平，乃陰與留異相結。」[108]擊滅熊曇朗，周迪、周敷、黃法氍三人皆有功，周敷、黃法氍因率部入朝，故兩人都得到了官賞，敷進號安西將軍，法氍進號安南將軍，各給鼓吹、女樂一部，還鎮豫章。作為周敷上司的周迪不僅沒有得到官賞，反而命他出鎮湓城，調離根據地，還要他送子入朝當人質，這使他憤憤不平。在這一背景下，周迪乃暗中與東陽

107 《資治通鑒》卷一六八・陳文帝天嘉三年（562），第5220頁。
108 《陳書》卷三五《周迪傳》，第479-480頁。

（今浙江金華）豪帥、縉州刺史留異相交結。天嘉二年十二月，文帝詔司空、南徐州刺史侯安都討留異，周迪疑懼不自安，遂於次年正月舉兵反抗，使其弟方興率兵襲周敷，被打敗。又派兵襲湓城，也被尋陽太守華皎擊退。

天嘉三年（562 年）三月，文帝下詔赦免受周迪牽連的南川士民，遣江州刺史吳明徹都督眾軍，與高州刺史黃法氍、豫章太守周敷共討迪，並宣布周迪罪狀：「逆賊周迪，本出輿台，有梁喪亂，暴掠山谷。……皇運肇基，頗布誠款，國步艱阻，竟微效力。……征出湓城，歷年不就；求遣侍子，累載未朝。」[109]云云。陳文帝也不得不承認周迪在陳朝立國前後所建功勳，至於指斥他「有梁喪亂，暴掠山谷」則完全背離事實，是強加於人的莫須有的罪名。其實周迪的主要罪狀就是不願出鎮湓城和遣送人質二事。吳明徹至臨川，下令眾軍作連城攻周迪，相拒不能克。文帝乃命陳頊（即後來的陳宣帝）總督諸軍進討。四年正月，周迪眾潰，脫身翻越東興嶺，投依陳寶應。官軍攻克臨川，擒獲其妻子。陳寶應以兵糧資助周迪，東陽留異又遣第二子忠臣相隨。

同年九月，周迪再次越過東興嶺，東興、南城、永成縣民都是周迪的舊友，這次又都重新回應。文帝遣都督章昭達率兵征討。十一月，章昭達大破周迪，迪脫身逃於山谷。臨川百姓皆受惠於周迪，都很感激他昔日保境安民的恩德，因此爭相藏匿他，官軍雖加誅戮，但無人肯說出他的下落。章昭達無計可施，乃於

109 《陳書》卷三五《周迪傳》，第 480-481 頁。

十二月過東興嶺，進兵建安（今福建建甌），討陳寶應。

天嘉五年（564 年）十月，周迪收集部眾，再出東興嶺。時宣城太守錢肅鎮東興，以城降迪。吳州刺史陳詳率軍攻迪，兵大敗，虔化侯陳訬、陳留太守張遂並戰死。於是，周迪兵勢復振。南豫州刺史周敷率所部擊迪，至定川縣，與迪對壘。迪騙敷說：「吾昔與弟戮力同心，宗從非他，豈規相害！今願伏罪還朝，因弟披露心腑，先乞挺身共立盟誓。」[110]周敷表示同意，剛登壇，為周迪所害，時年三十五。

天嘉六年七月，文帝遣都督程靈洗從鄱陽擊周迪。周迪戰敗，與麾下十餘人逃於山穴之中。日子一長，生活越來越苦。後派人偷偷出臨川買菜，被臨川太守駱牙抓獲。駱牙命買菜人取迪自效，因使腹心勇士隨之入山。其人誘騙周迪出來打獵，勇士埋伏道旁，執迪斬之，傳首至建康。

從南川酋豪的活動軌跡，可以看出其共同特徵：依戀故土，相互爭奪地盤，稱雄一方，滿足於眼前利益，而缺乏長遠的政治目光。故史家評述說：「是時南江酋帥並顧戀巢窟，私署令長，不受召。」[111]自東晉以來，江州治所向為尋陽或豫章，此二地經濟發達，交通便捷，戰略地位重要，是一州之要地。可周迪出任江州刺史後，卻固守老家臨川，不肯移動半步，其勢力發展具有極大的局限性，同時也不利於對全江州的治理，其失敗是必然

110 《陳書》卷一三《周敷傳》，第 201 頁。
111 《陳書》卷一三《周敷傳》，第 201 頁。

的。余孝頃長期盤據新吳，至多向鄰近的豫章、臨川拓展一下勢力，更不能有何作為。熊曇朗是典型的一方惡霸，只會劫掠騙取，獲些蠅頭小利。周敷的主要功績不過是對同鄉的討伐和鎮壓。所謂土著酋豪，即土豪的簡稱，土豪的所有弱點和特徵都在南川土著酋豪身上暴露無遺。陳朝統治者正是利用他們的致命弱點，以南川酋豪而制南川酋豪，使其互相攻伐，彼此削弱，自己坐收漁翁之利。余孝頃是被周迪、周敷、黃法氍、熊曇朗共同剿滅的，熊曇朗是被周迪、周敷、黃法氍共同圍殲的。周迪舉兵反抗，周敷、黃法氍又共討周迪，周敷則死於周迪之手。眾酋豪之中，黃法氍最忠於朝廷，又略有遠見，故得以善終。

三　南川酋豪勢力的衰落與陳王朝的滅亡

梁、陳之際，曾經活躍於政治舞臺的南川酋豪，至陳文帝天嘉六年周迪被殺，已所剩無幾。

余孝頃被俘後歸順朝廷，曾先後被任命為信義太守、宣毅將軍、南豫州刺史等。余孝頃歸順朝廷一事，史籍中有較為明確的記載：天嘉二年，縉州刺史留異舉兵反，閩州刺史陳寶應將兵相助，寶應幕僚虞寄上書極諫說：「……且聖朝（指陳朝）棄瑕忘過，寬厚待人，改過自新，咸加敘擢。至於余孝頃、潘純陁、李孝欽、歐陽頠等，皆委以心腹，任以爪牙，胸中豁然，曾無纖芥。」[112]此後，余孝頃被逐漸委以重任。天嘉四年（563 年）十

112　《陳書》卷一九《虞荔傳弟寄附傳》，第 261 頁。

二月，章昭達過東興嶺，進軍建安，討陳寶應。「世祖（即文帝）遣信義太守余孝頃自海道襲晉安」[113]。同一事情，《資治通鑒》所載稍有不同：「詔益州刺史余孝頃督會稽、東陽、臨海、永嘉諸軍自東道會之。」胡三省作注說：「梁元帝之世，益州之地已入於周，陳命余孝頃遙領益州刺史耳。」[114]魏晉南北朝各割據政權為誇耀國土遼闊，任命某官遙領某州郡刺史太守是常事，因此陳文帝加給余孝頃的益州刺史只是空頭頭銜，實際職務應是信義太守。天嘉五年，陳寶應據晉安、建安二郡，水陸為柵，以拒章昭達。昭達與戰，不利。「方合戰，上（文帝）遣將軍余孝頃自海道適至，並力乘之」[115]。十一月，寶應大敗。余孝頃的最後結局還是落了個被殺的命運，史稱：陳廢帝光大元年（568 年）二月，「宣毅將軍、南豫州刺史余孝頃謀反伏誅」[116]。此時，揚州刺史、安成王頊（即文帝之弟宣帝）權傾一時，中書舍人劉師知、尚書僕射到仲舉、右衛將軍韓子高共同策劃，謀奪陳頊之權，因事情敗露而伏誅。余孝頃受到牽連，誣以謀反罪被殺。

黃法氍一生官運亨通，是陳王朝依靠的重要物件之一。天嘉四年（563 年）七月，因鎮壓周迪立有大功，徵為使持節、散騎常侍、都督南徐州諸軍事、鎮北大將軍、南徐州刺史。未及拜

113 《陳書》卷一〇《程靈洗傳子文季附傳》，第 173 頁。同書卷一一《章昭達傳》、卷一八《陸山才傳》所載基本相同。

114 《資治通鑒》卷一六九・陳文帝天嘉四年（563），第 5237 頁。

115 《資治通鑒》卷一六九・陳文帝天嘉五年（564），第 5246 頁。

116 《陳書》卷四《陳廢帝紀》，第 67 頁。

官，尋又改授都督江、吳二州諸軍事、鎮南大將軍、江州刺史。六年，征為中衛大將軍。廢帝即位，進爵為公。光大元年（567 年），出為使持節、都督南徐州諸軍事、鎮北將軍、南徐州刺史。二年，改任都督郢、巴、武三州諸軍事、鎮西將軍、郢州刺史。陳宣帝即位後，繼續受到重用。太建元年（569 年），進號征西大將軍。二年，征為侍中、中權大將軍。四年，出為使持節、散騎常侍、都督南豫州諸軍事、征南大將軍。五年，以法氍為都督，出曆陽，率兵大舉北伐，大破北齊軍，盡獲其人馬器械；攻克曆陽城，進兵合肥，敵軍「望旗降款，法氍不令兵士侵掠，躬自撫勞，而與之盟，並放還北」[117]。以功加侍中，改封義陽郡公，食邑兩千戶。其年，遷都督合霍二州諸軍事、征西大將軍、合州刺史，增邑五百戶。七年，徙為六州都督、豫州刺史，鎮壽陽。八年（576 年）十月，卒于任所，時年五十九。

黃法氍是南朝時期官位最高、地位最為顯赫的南川人物，僅次於東晉太尉陶侃，反映了江西地區士人政治地位逐漸上升的趨勢。

南康土豪蔡路養自大寶元年被陳霸先擊敗後，脫身竄走，不知所終。跟隨他征戰的外甥蕭摩訶[118]歸降侯安都，自此常隨安都征討，累官至右衛將軍，成為陳朝末年的重要將領之一。至於巴

117 《陳書》卷一一《黃法氍傳》，第 179 頁。

118 關於蕭摩訶與蔡路養的關係，說法有二：《陳書》卷三一《蕭摩訶傳》謂路養是摩訶姑夫，《南史》本傳和《冊府元龜》卷八四七則稱路養是摩訶姊夫。

山陳定、甯都劉藹等酋豪因力量相對弱小，僅在梁末曇花一現，以後皆不見其蹤跡。

隨著熊曇朗、周迪等人的勢力被相繼剷除，南川酋豪再也沒有反抗的能力。周敷、余孝頃先後被殺和黃法氍的病故，又使陳王朝失去了南川酋豪這支依靠力量。至此，南川酋豪勢力已趨衰落。

南川如此，南方其他地區酋豪的命運也不例外。如始興侯安都曾跟隨陳霸先打天下，功勳卓著，位至司空，文帝時因驕橫不法而賜死；長沙歐陽頠歸附陳朝後，被用為廣州刺史，天嘉四年卒；其子歐陽紇繼為廣州刺史，因勢力強大而受到陳宣帝的疑忌，太建元年（569 年）被迫舉兵反，兵敗被殺；東陽（今浙江金華市）留異、晉安（今福建福州市）陳寶應皆因舉兵反抗而遭族誅，境遇更慘。他如新安（今浙江淳安縣西北）程靈洗、扶風魯悉達、吳郡錢塘（今浙江杭州市）杜稜等均仕陳為將帥，宣帝前後皆病死。至陳後期，整個南方地區的酋豪勢力都處於衰落之中。

南朝四代，宋、齊、梁與陳朝賴以存在的階級基礎有所不同。宋、齊、梁三朝皆建立在僑姓王、謝和吳姓朱、張、顧、陸等門閥士族這一地主階層的基礎之上。自劉宋起，門閥士族雖日漸腐朽，但他們畢竟有長期形成起來的雄厚經濟基礎，有優越的政治地位和廣泛的社會影響。因此，三朝的統治基礎較為堅實，除蕭齊因嚴重的骨肉相殘而導致迅速亡國外，宋、梁統治的時間都較長。然而，梁末侯景之亂給予門閥士族以毀滅性的一擊，不僅使其經濟基礎大為削弱，就連人身也遭到嚴重摧殘，尤其是北來的世家大族遭受的打擊更為沉重，正如北齊顏之推所說：「中原冠帶隨晉渡江者百家……至是在都者覆滅略盡。」[119]

陳朝建立後，不得不主要依賴趁亂崛起的各地土著酋豪。陳氏在立國之初，對這些地方酋豪攏絡備至，不僅給他們各種官職和爵位，還主動與他們聯姻，如陳文帝嫁女豐安公主於留異第三子貞臣，又命把陳寶應一門編為宗室屬籍。但是由於部分地方酋豪勢力的過分發展，往往起兵對抗中央，威脅封建專制統治，故熊曇朗、周迪、留異、陳寶應等，不久依次被陳文帝所翦滅。而黃法氍、程靈洗、魯悉達、侯安都、歐陽頠等，則均位至將帥，成為支持陳氏政權的主要力量，但就是在這部分人中，也有因位高權重背叛中央集權而遭到誅戮者，如侯安都等。

土著酋豪與門閥士族相比，既沒有他們那樣雄厚的經濟實力，也缺乏崇高的社會地位和廣泛的社會影響。他們是一群亂世中的政治暴發戶，靠經濟外的強制力量來獲得土地，剝削農民。因此，建立在地方酋豪這一地主階層之上的統治基礎就不會牢固。隨著各地酋豪勢力的逐漸衰落，陳王朝失去了主要的支持力量，也必然會迅速走向滅亡。加之陳後主叔寶統治時期，奢侈荒淫，政治更加腐敗。當隋文帝以大兵壓境，分八路進兵伐陳時，陳後主已無力抵抗。五八九年，隋軍順利渡江滅陳，擒陳叔寶，陳亡。

119 李百藥《北齊書》卷四五《顏之推傳》載《觀我生賦》自注，第 621 頁，中華書局，一九七二。

・表 5 陳朝歷任江州刺史表

時間	姓名	備注
太平二年（557 年）	周迪	梁敬帝太平二年，周迪以平廣州刺史蕭勃功，遷江州刺史。陳初練任
天嘉三年（562 年）	吳明徹	以明徹刺江州，率軍討周迪
天嘉四年二月	侯安都	是年二月，罷高州入江州，以安都為刺史
天嘉四年七月	黃法氍	是年五月，安都以罪賜死；七月，以法氍為江州刺史
天嘉六年	章昭達	陳文帝愛將
太建元年（569 年）	康樂侯陳叔陵	陳宣帝第二子
太建四年（572 年）	長沙王陳叔堅	陳宣帝第四子
太建七年（575 年）	鄱陽王陳伯山	陳文帝第三子
太建十一年（579 年）	豫章王陳叔英	陳宣帝第三子
至德元年（583 年）	晉熙王陳叔文	陳宣帝第十二子
至德二年（584 年）	始興王陳叔重	陳宣帝第十四子
禎明元年（587 年）	永嘉王陳彥	陳後主第三子

第四節 ▶ 南朝時期江西政區、民族與人口的變動

一 政區與民族

南朝宋、齊、梁、陳四代，局勢與三國、東晉基本相同，依舊是南北嚴重對峙，多個政權並存，眾建郡縣的現象依然存在。加之政局混亂，境土屢易，致使建置無常，隸屬關係多變，旋立旋廢的情況極為普遍。正如齊梁史家沈約所說：「地理參差，其詳難舉，實由名號驟易，境土屢分，或一郡一縣，割成四五，四五之中，亟有離合，千回百改，巧曆不算，尋校推求，未易精悉。」[120]

據《宋書・州郡志二》載，劉宋時，江州領九郡六十五縣，其中建安（領七縣）、晉安（領五縣）二郡屬福建，江西境內有七郡五十四縣。具體情況如下：

尋陽郡領三縣：柴桑、彭澤、松滋。

豫章郡領十二縣：南昌、新淦、豐城、建城（今高安）、望蔡（今上高）、吳平、永脩、建昌、豫甯（今武寧）、康樂、新吳（今奉新）、艾（今修水）。

鄱陽郡領六縣：廣晉、鄱陽、餘幹、上饒、葛陽（今弋陽）、樂安（今樂平）。

漢代以來置立的鄡陽縣於劉宋永初二年（421 年）撤銷，原因是受地震影響而使這一帶地面下沉而成湖泊的結果。東晉咸和

120 《宋書》卷三五《州郡一》，第 1028 頁。

二年（327年）四月，豫章郡發生地震，今都昌縣松門山以南的湖漢平原（又稱鄡陽平原）緩慢下沉，彭蠡湖水擴展到星子縣境，縣內因有宮亭廟，彭蠡又稱宮亭湖。南朝初期，湖水進一步擴展到松門山附近。酈道元《水經注》記載說：「（贛）水總納十川，同湊一瀆，俱注於彭蠡也，北入於江。東西四十里，清潭遠漲，綠波凝淨。」寬四十里的湖面，只能見於今西起蚌湖（星子、永修界），東達松門山（今都昌西南端）的附近湖面。自南朝至隋代，湖泊水面越過松門山形成南部水體，到達鄱陽縣城附近，縣內因有鄱陽山，從此稱鄱陽湖。今都昌縣周溪鄉的城頭山，如半島形狀伸入湖中，接近水域中心，洪水期沒於水底。據考古調查，這裡是古鄡陽縣遺址，在城頭山縱橫兩華里範圍內，出土了不少漢代各種紋飾的筒瓦、陶罐、五銖錢、「永元七年」紀年磚等。而在文化層之上，覆蓋著湖相粘土，是水浸而廢棄的重要佐證[121]。

臨川郡領九縣：臨汝（今撫州市西）、西豐（今臨川縣南）、新建、永城（今黎川縣境內）、宜黃、南城、南豐、東興、安浦（今樂安縣東）。

廬陵郡領九縣：石陽（今吉水縣北）、西昌（今泰和）、東昌（今吉安縣地）、吉陽（今吉水縣東）、巴丘（今峽江）、興平（今永豐縣東北）、陽豐（今峽江縣南）、高昌、遂興。

安成郡領七縣：平都（今安福）、新喻、宜陽（今宜春）、永

121 參閱許懷林《江西史稿》，第82頁，江西高校出版社，一九九八。

新、安複（今安福縣西）、萍鄉、廣興（今永興西北、蓮花以南）。

南康郡領八縣：贛縣、寧都、雩都、平固（今興國）、南康、陂陽、南野、虔化（今寧都西）。

另有僑郡南新蔡郡（今九江市北），領四縣：苞信、慎縣、宋縣、陽唐左縣。

尋陽又有僑縣弘農縣，宋文帝元嘉十八年（441 年）省並松滋縣。虔化縣於宋孝武帝大明五年（461 年）以虔化屯立，其他皆為漢晉以來舊縣。

蕭齊一代，江西地區的行政建制與劉宋基本相同，據《南齊書・州郡志上》載，全境有七郡、五十三縣。茲列於下：

豫章郡領十二縣：南昌、新淦、艾、建城、建昌、望蔡、新吳、永脩、吳平、康樂、豫甯、豐城。

尋陽郡領二縣：柴桑、彭澤。

臨川郡領九縣：南城、臨汝、新建、永城、宜黃、南豐、東興、安浦、西豐。

廬陵郡領九縣：石陽、西昌、東昌、吉陽、巴丘、興平、高昌、陽豐、遂興。

鄱陽郡領六縣：鄱陽、餘幹、葛陽、樂安、廣晉、上饒。

安成郡領七縣：平都、新喻、永新、萍鄉、宜陽、廣興、安複。

南康郡領八縣：贛縣、雩都、南野、甯都、平固、陂陽、南康、虔化。

南新蔡郡為僑郡，領縣四，與劉宋同。

梁、陳二代，正史無志，其政區人戶難以確知。綜合各方面史料統計，得知其在江西境內的郡縣與宋、齊大體相同而略有增加。其中：梁置九郡六十一縣（新增豫甯、巴山二郡），陳置九郡五十九縣。陳廢豫甯郡，於永定二年（558 年）十二月以安成郡所部廣興六洞置安樂郡[122]，故仍為九郡。

梁武帝濫設州、郡、縣，使其數量不斷增加，所轄範圍卻越來越小。天監十年（511 年），「梁之境內有州二十三，郡三百五十，縣千二十二。是後州名浸多，廢置離合，不可勝紀」[123]。大同年間以後，梁武帝又不斷開疆拓土，北伐魏，西開牂牁，南平俚洞，眾議紛紜，於是接受朱異的建議，將全國的州分為五品，「上品二十州，次品十州，次品二十三州，下品二十一州。其下品皆異國之人，徒有州名而無土地，或因荒徼之民所居村落置州或郡縣，刺史守令皆用彼人為之，尚書不能悉領，山川險遠，職貢罕通。五品之外，又有二十餘州不知處所。凡一百七州」[124]。州郡設置之濫如此，江州所受影響也不例外。

尤其是侯景之亂後，因戰亂和為了照顧地方酋豪的利益等原因，行政建置更顯得空前混亂，僅江西地區就增設許多新州。簡文帝大寶元年（550 年），余孝頃據新吳，乃置南江州，以孝頃為刺史；周敷據臨川故郡，又以臨川置寧州，以敷為刺史。梁元帝承聖二年（553 年），改鄱陽郡為吳州，領郡一；梁敬帝太平

122 《陳書》卷一《高祖紀下》，第 38 頁。

123 《資治通鑒》卷一四七・梁武帝天監十年（511），第 4601 頁。

124 《資治通鑒》卷一五八・梁武帝大同五年（539 年），第 4906 頁。

元年（556 年）十一月，分江州之臨川、安成、豫甯、巴山四郡置高州，以黃法氍為刺史，鎮巴山；太平二年正月，分尋陽、太原（僑郡）、齊昌、高唐、新蔡五郡置西江州，治尋陽，移江州治豫章。這樣，江西境內一下子就增加了南江州、甯州、吳州、高州、西江州等五個州。這些州往往徒有其名，或旋置旋廢，或境域未動而等級提升。如陳文帝天嘉四年（563 年）正月，罷高州隸入江州；陳廢帝光大二年（568 年）正月，罷吳州，以鄱陽郡還屬江州；太建十三年（581 年），又改鄱陽郡為吳州。高州僅有四郡之地，卻提升為州。南江州、甯州、吳州更屬虛空，各只有一縣或一郡之地。這些現象，反映了當時政局的混亂和統治的衰敗。

江西地區自古以來就是各民族的雜居之地，各族人民世世代代和睦相處，在這塊肥沃的土地上生息、繁衍著，共同建設美好的家園。漢末東吳時期，居住在江西境內的主要少數民族是山越人，分布於全境各地，贛北、贛東北、贛中一帶尤為集中，人數至少在四十萬以上，他們曾與東吳政權進行過長達三四十年之久的戰爭，以反抗其剝削和壓迫。東吳後期，山越的反叛被基本平息，他們中的絕大多數人被迫徙居平地，與漢族人民雜處，過上農耕生活。東吳以後，山越的活動已不多見，說明他們逐漸融合於漢族之中。仍然居住於山區的少部分山越人，後來則演變為佘族、瑤族等少數民族。

南朝時期，活躍於江西境內的主要少數民族有蠻族、僚族、溪族等。南朝蠻族最集中的是長江中下游及其支流沔水（今漢江）、丹水、淅水、溳水，以及湘江、贛江流域。他們大部分

「咸依山谷」，或「所居皆深山重阻，人跡罕至焉」[125]。其中荊、雍二州蠻族最多，他們自稱是盤瓠之後，按地區可分為許多支，居住在今湖南境內的有五溪蠻；居住在今湖北境內的有宜都蠻、天門蠻、建平蠻、巴東蠻、當陽蠻等；居住在今安徽境內的稱豫州蠻，是古代廩君蠻的後裔。居住在今江西境內的統稱江州蠻。齊永明二年（484年），「江州蠻動，敕（曹）虎領兵戍尋陽，板輔國將軍，伐蠻軍主，又領尋陽相」[126]。

江州蠻主要分布於尋陽緣江一帶，時稱「緣江蠻」或「尋陽蠻」。《隋書》卷三一《地理志下》載：「南郡……九江、江夏諸郡多雜蠻左，其與夏人雜居者，則與諸華不別。」劉毅曾上表劉裕說：「尋陽接蠻，宜有防遏，可即州府千兵，以助郡戍。」[127]劉宋時，曾多次派遣大將率兵討伐緣江蠻。如宋文帝元嘉末，緣江蠻起兵反抗，文帝遣太子步兵校尉沈慶之等予以討伐，使江州刺史、武陵王劉駿統領眾軍；大明四年（460年）十月，宋孝武帝又遣司空沈慶之討緣江蠻。除尋陽蠻外，贛江流域的建城（今高安）、廬陵、南康等地都分布一定數量的蠻族和僚族。直至唐末，這些地方的蠻、僚仍然大量存在，如高安人鐘傳起兵，依靠的就是蠻、僚族。史稱：「鐘傳聚蠻僚，依山為壘，眾至萬人。」[128]後來控制了大半個江西，統治江西三十餘年，被唐僖宗

125 《宋書》卷九七《蠻夷傳・荊雍州蠻》，第2396頁。
126 《南齊書》卷三〇《曹虎傳》，第561頁。
127 《宋書》卷五二《庾悅傳》，第1491頁。
128 《資治通鑒》卷二五五・唐僖宗中和二年（882），第8269頁。

封為南平郡王。另一重要人物廬陵彭玕則是赤石洞蠻酋，鐘傳用為吉州刺史。不過這時的蠻族已基本與漢族人民融合，分別不出蠻、漢了。南朝時期，在贛江上游的南康郡境內，還有一支揭陽蠻。為了反抗統治階級的搜括和掠奪，揭陽蠻曾多次舉行起義。如劉宋永初二年（421 年）正月，「南康揭陽蠻反，郡縣討破之」[129]。宋文帝元嘉二十三年（446 年）八月，「揭陽赭賊攻建安郡，燔燒城府」[130]。

東晉南朝的溪族，主要分布於江西境內的贛北、贛中和廣東韶關市南的曲江縣一帶。溪也作傒，或作谿。東晉陶侃曾被北來的大士族溫嶠罵為「溪狗」，說明尋陽一帶居住著溪族。蕭齊胡諧之，豫章南昌人，出身於溪族中一個士族家庭，歷仕宋、齊二朝。蕭齊時，很受高帝、武帝器重，建元二年（480 年），官拜給事中、驍騎將軍。高帝想讓諧之家與貴族聯姻，以其家人講傒語，語音不正，特選派四五個宮人前往諧之家教子女語。兩年後，帝問諧之：「卿家人語音已正未？」諧之回答說：「宮人少，臣家人多，非唯不能得正音，遂使宮人頓成傒語。」[131]帝大笑，遍向朝臣說起這件事。胡諧之家中人多，而且都講傒語，他們的語言必為當地人所接受，說明南昌一帶有一定數量的溪族。溪人的宗族，往往以溪洞相稱呼。梁、陳之際，新吳（今奉新縣）洞主余孝頃出任豫章太守，他應是溪洞的酋豪，而不是普通的溪族人。

129 《宋書》卷三《武帝紀下》，第 56 頁。
130 《宋書》卷五《文帝紀》，第 94 頁。
131 《南史》卷四七《胡諧之傳》，第 1176 頁。

從陶侃、胡諧之、余孝頃的例證中看出，溪族的漢化程度較高，貧富貴賤分化劇烈。東晉、南朝的統治者對溪族人民進行各種掠奪和壓迫，引起溪族人民的不斷反抗。東晉末年，徐道覆反晉，他的部下多為「始興溪子」。所謂「始興溪子」是指今廣東曲江一帶當時的溪族人民而言。南北朝以後，溪族的名稱已經少見，大部分與漢族融合。

二　人口的變動

宋、齊、梁、陳四代，只有劉宋一朝有比較詳盡的戶口統計數字。蕭齊共歷六帝，年代短促，其戶口未詳。蕭梁因元帝大量焚書，墳籍化為灰燼，戶口不能詳究。

現將劉宋時江西境內各郡戶口數字統計如下表。

・表 6 劉宋豫章諸郡戶口與全國戶口比較表

郡別	宋大明八年（464）		備注
	戶數	口數	
豫章	16,139	122,573	史料來源：《宋書》卷三七《州郡志二》，第1086-1090 頁
鄱陽	3,242	10,950	
廬陵	4,455	31,271	
安成	6,116	50,323	
南康	4,493	34,684	
尋陽	2,720	16,008	
合計	46,148	330,614	
全同	906,870	4,685,501	史料來源：《通典》卷七《食貨典》，第 146 頁
江西占全國比（%）	5.08	7.05	

從上表看出，劉宋大明八年，江西全境共有戶四六一四八、口三三〇六一四，以七郡所轄五十三縣平均計，每縣僅有八七〇點七戶、六二三八口，降至漢代以來的最低點。東漢永和五年（140），豫章郡有戶四〇六四九六、口一六六八九〇六。在經過三二四年後，戶數淨減三六〇萬，口數淨減一三三點八萬，減幅達到驚人的程度。就是比西晉太康元年（280 年）的戶數也淨減兩萬。晉宋之際，江州刺史劉毅曾說：「今江右區區，戶不盈數十萬。」[132]看來此話是有根據的。在南朝四代中，劉宋曾經歷過三十年之久的「元嘉之治」，國力最為強盛，其人戶尚且如此稀少，齊、梁、陳的人戶當不會超過劉宋。不過，人戶的減少是當時普遍的現象。據《宋書・州郡志》記載，劉宋大明八年，全國有二十州，江州的戶數居第五位，僅次於揚、南徐、荊、益四州；口數居第四位，僅次於揚、南徐、青三州，超過荊、益二州。可見，江西各郡的人戶在全國並不算少，比重也不算低。

戶口銳減的原因主要有三：一是統計失實，庇蔭、隱占現象嚴重；二是因賦稅徭役苛重，民不著籍，使實際人口與在冊人口相差懸殊；三是受戰亂的影響，人民被大量殺戮或走死逃亡。加之疾疫的流行，又奪去了許多人的生命。在封建社會裡，由於政治和社會的原因，人口的自然生殖率本來就較低，再加上上述原因，人口的增長抵不上人口的損耗。

兩晉至南朝，門閥士族勢力膨脹，他們不僅佔有大量的良田

132 《宋書》卷五二《庾悅傳》，第 1490 頁。

沃土，建立起規模巨大的田莊，而且大肆庇蔭人戶以為部曲、佃客。如晉、宋之際的陳郡謝混，「仍世宰輔，一門兩封，田業十餘處，僮僕千人」。謝混死後十餘年，至宋元嘉中，混妻東鄉君死時，猶有「資財巨萬，園宅十餘所，又會稽、吳興、琅邪諸處，太傅（謝安）、司空（謝）琰時事業，奴僮猶有數百人」[133]。謝靈運，東晉名將謝玄之孫，他在會稽始甯縣「修營別業，傍山帶江，盡幽居之美」[134]。別業中有大量的水、旱地，另有果園五處，能生產除食鹽以外的所有物品，其役使的佃客應不在少數。會稽大士族孔靈符「家本豐，產業甚廣，又於永興（今浙江蕭山縣）立墅，周回三十三里，水陸地二百六十五頃，含帶二山，又有果園九處」[135]。江西境內的大小酋豪，從南康郡的蔡路養、劉藹，到豫章郡的熊曇朗、余孝頃、周迪、周敷等人，也都佔有相當數量的土地，控制多少不等的戶口，「依憑山澤，繕甲完聚，多曆歲時」[136]。蔡路養一次出兵兩萬人進駐南野，以拒陳霸先，其控制的部曲、佃客就非常可觀；新吳洞主余孝頃被陳霸先擊敗後，其弟余孝猷仍能「率部下四千家欲就王琳」[137]。這四千多家也是余家隱占的私兵部曲。陳朝建立後，朝廷政令在南川行不通。「是時南江酋帥並顧戀巢窟，私署令長，不受召」。南州守

133 《宋書》卷五八《謝弘微傳》，第1591、1593頁。
134 《宋書》卷六七《謝靈運傳》，第1754頁。
135 《宋書》卷五四《孔季恭傳》，第1533頁。
136 《陳書》卷一《高祖紀上》，第19頁。
137 《陳書》卷八《侯安都傳》，第145頁。

宰「多鄉里酋豪，不遵朝憲」[138]。南川守宰即州、郡、縣長官，他們既然私署令長，不遵朝命，其所控制的大量戶口顯然被隱占，是陳朝無法掌握的編戶齊民，統計戶口也就無從說起。

世俗地主如此，寺院地主也大量隱占人戶。南北朝時期佛教盛行，不僅帝王朝貴沉溺佛教，而且一般人也往往「竭財以趣僧，破產以趨佛」[139]。梁武帝就是一個著名的佞佛皇帝，在他的大力提倡下，佛教空前氾濫，以至於「比來慕法，普天信向，家家齋戒，人人懺禮，不務農桑，空談彼岸」。由於佛教的盛行，佛寺遍布全國各地，僧尼人數猛增，僅蕭梁都城建康就有佛寺五百餘所，窮極宏麗，「僧尼十餘萬，資產豐沃。所在郡縣，不可勝言」[140]。從而產生了一個特殊的地主階層即僧侶地主。

僧侶地主在政治、經濟上具有種種特權，他們不僅通過朝廷賜與、官僚地主的布施和巧取豪奪等途徑佔有大量土地，控制眾多的勞動人手，而且既不納租，也不服役。許多不堪賦稅徭役重負的貧苦農民被迫投靠寺院，成為寺院的依附人口，為寺院種田服役，這些人被稱作「白徒」、「養女」，都不編入國家戶籍，致使「天下戶口，幾亡其半」[141]。

江西地區的情況也不例外，如蕭梁時，建安王別駕張孝秀，

138 分見《陳書》卷一三《周敷傳》，第 201 頁；卷二〇《華皎傳》，第 271 頁。

139 《梁書》卷四八《範縝傳》，第 670 頁。

140 《南史》卷七十《循吏郭祖深傳》，第 1720-1721 頁。

141 《南史》卷七十《循吏郭祖深傳》，第 1722 頁。

「去職歸山，居於東林寺。有田數十頃，部曲數百人，率以力田，盡供山眾，遠近歸慕，赴之如市」[142]。僅此一例，足見寺院隱占人戶之嚴重。由於僧侶地主具有政治、經濟特權，對於寺院隱占的大量人戶，官府是不加過問的，更談不上去統計戶口了。

南朝的賦稅徭役苛重，大批貧苦農民或被迫投靠大族地主和寺院為佃客，成為依附民；或逃亡流徙，乾脆不著籍。這些人口都是官府無法統計的。據史籍記載，南朝的賦稅除田租、戶調、丁調、田稅（畝稅米兩升）、祿絹、祿綿、祿米等主要項目外，還有名目繁多的雜調，如口錢、塘丁稅、酒租、鹽賦，以及許多臨時性的徵發攤派。農民所受徭役之苦更甚於租調。兩晉之制，規定十三歲為半丁，十六歲為全丁，卻往往不論半丁、全丁，都被徵去服徭役，而且服役的時間很長，人民不堪重負。故豫章太守范甯說：「古者使人，歲不過三日，今之勞擾，殆無三日休停，至有殘刑翦發，要求復除，生兒不復舉養，鰥寡不敢妻娶。」並指出讓兒童和成人一樣服役，這是「傷天理，違經典」[143]的事。宋文帝元嘉初，雖然提高了服役年齡，把十五歲至十六歲改為半丁，十七歲為全丁，但實際上卻是「役召之品，遂及稚弱」[144]，連婦女童幼都要去服役。農民為躲避繁重的徭役，不得不大批逃亡，以進行反抗，此類記載史不絕書。東晉末，劉毅曾指出，江

142 《梁書》卷五一《處士張孝秀傳》，第752頁。
143 《晉書》卷七五《范汪傳子甯附傳》，第1986、1987頁。
144 《宋書》卷五《文帝紀》，第87頁。

州人民「男不被養，女無匹對，逃亡去就，不避幽深」[145]。齊武帝在永明十一年（493年）的詔書中說：「江淮之間，倉廩既虛，遂草竊充斥，互相侵奪，依阻山湖，成此逋逃。」[146]梁武帝晚年，由於剝削苛重，「百姓不能堪命，各事流移，或依於大姓，或聚於屯封」。農民逃亡的現象更加嚴重，使得「天下戶口減落」，「東境戶口空虛」，「細民失業，流冗者多」[147]。

自劉宋元嘉以後，在租稅徭役的重壓下，廣大自耕小農除了淪為部曲、佃客外，就只有不報戶口，成為「浮浪人」；或者虛報戶口，以逃避賦稅徭役。因此，自宋、齊以來，便出現了嚴重的「脫籍」現象。建元元年（479年），齊高帝蕭道成在一道詔書中說：「黃籍，民之大紀，國之治端。自頃氓俗巧偽，為日已久……或戶存而文書已絕，或人在而反托死叛，停私（在家中）而云隸役，身強而稱六疾。編戶齊家，少不如此。」可見問題的嚴重性。大臣虞玩之說得更具體：「自泰始三年（467年）至元徽四年（476年），揚州等九郡四號黃籍，共卻七萬一千餘戶。於今十一年矣，而所正者猶未四萬。神州奧區，尚或如此，江、湘諸部，倍不可念。」[148]虞玩之所說「卻籍」就是脫籍，在短短的十年之中，揚州等九郡共卻籍十萬一千餘戶，如以每戶五人計，則有五十餘萬口脫離戶籍；揚州乃京師所在地，尚且如此，

145 《晉書》卷八五《劉毅傳》，第2208頁。
146 《南齊書》卷三《武帝紀》，第61頁。
147 《梁書》卷三八《賀琛傳》，第543頁。
148 《南齊書》卷三四《虞玩之傳》，第608頁。

江、湘諸州卻籍的人戶更是成倍增加。為了解決卻籍問題和剔除假冒的士族，齊高帝採納了虞玩之的建議，別置板籍官，置令史，在全國範圍內開展了一場聲勢浩大的「檢籍」運動，齊武帝繼續施行。但由於在檢籍過程中弊端百出，加之檢籍官大肆收受賄賂，與官僚地主通同作弊，結果不但收效甚微，而且於永明四年（486 年）正月激發了一場大規模的農民起義（唐寓之起義）。齊武帝費了很大力氣，才將這次起義鎮壓下去，檢籍也隨之不了了之。梁、陳之際，因為戰亂等原因，民不著籍的現象十分嚴重，這從陳文帝的一道詔書中可以看出。陳文帝天嘉元年七月乙卯，詔曰：「自頃喪亂，編戶播遷，言念余黎，良可哀惕。其亡鄉失土，逐食流移者，今年內隨其適樂，來歲不問僑舊，悉令著籍，同土斷之例。」[149]

南朝的戰亂雖不如北朝那樣頻繁而激烈，但王室內部為爭奪權位而導致骨肉相殘的醜劇卻不斷上演，甚至常常以戰爭的形式展開。江州作為戰略要地，便成為他們極力爭奪的重要目標。這些戰亂又多發生在江西境內，或以江西為基地進行，從而造成大量人口被殺戮。僅劉宋時期發生在江西境內的戰事就多達數起，先後有武陵王劉駿起兵江州奪帝位，晉安王劉子勳在行事鄧琬的挾持下稱帝尋陽，桂陽王劉休範於尋陽舉兵向闕等。

宋文帝時，豫章人胡遵世因捲入范曄、孔熙先謀立劉義康為帝事件而被殺；其弟胡誕世、胡茂世又率群從二百餘人攻破郡

149 《陳書》卷三《世祖紀》，第 51 頁。

縣，殺太守桓隆之、縣令諸葛和之，欲擁立庶人劉義康，但很快被交州刺史檀和之鎮壓，胡氏一家或被殺，或遠徙，受牽連而死者肯定不少。

南昌人鄧琬挾持晉安王劉子勳稱帝尋陽，是劉宋一朝發生於王室內部規模最大的一次戰亂。鄧琬指揮十幾萬軍隊與宋明帝展開激戰，大小戰爭十餘次，雙方傷亡的人數都不在少數。鄧琬兵敗被殺，同黨並伏誅。

南朝最大的一次戰亂是梁末侯景之亂，在侯景鐵蹄的蹂躪下，加上連年旱蝗災害，江州百姓肝腦塗地，屍骨滿野，損失的人數更加無法計算。

梁陳之際，陳霸先對南川酋豪進行了一系列的打擊和殺戮，在交兵之中傷亡的人數同樣難以估算；對失敗後的南川酋豪的懲罰也相當殘酷，如南昌著姓熊曇朗兵敗被殺後，陳文帝「盡收其宗族，無少長皆棄市」[150]。

伴隨戰亂而來的是疾疫的流行，同樣造成大量人口死亡。江南地區因江河湖泊縱橫交錯，氣候溫暖潮濕，草木繁盛，使各種傳染病病毒有著良好的生長繁殖環境，瘧疾、痢疾、寄生蟲之類的疫病比較常見。自東吳以來，南方各地便不斷發生疾疫，駱統在給孫權的上書中說：由於吳國賦役繁重，「加以殃疫死喪之災，郡縣荒虛，田疇蕪曠，聽聞屬城，民戶浸寡，又多殘老，少

150 《陳書》卷三五《熊曇朗傳》，第 478 頁。

有丁夫，聞此之日，心若焚燎。」[151]據《宋書》卷三五《五行志五》記載，自東吳至南朝劉宋時期，各種疾疫接踵而至，有些是局部性的，也有不少是全國性的大疫，現輯錄於後：

吳孫權赤烏五年（242 年），大疫。

吳孫亮建興二年（253 年）四月，諸葛恪圍新城。大疫，死者大半。

吳孫皓鳳凰二年（273 年），疫。

晉元帝永昌元年（322 年）十一月，大疫，死者十二三。

晉成帝咸和五年（330 年）五月，大饑且疫。

晉穆帝永和九年（353 年）五月，大疫。

晉海西公（即晉廢帝司馬奕）太和四年（369 年）冬，大疫。

晉孝武帝太元五年（380 年）五月，自冬大疫，至於此夏。多絕戶者。

晉安帝義熙元年（405 年）十月，大疫，發赤斑乃愈。

義熙七年（411 年）春，大疫。

宋文帝元嘉四年（427 年）五月，京都疾疫。

宋孝武帝大明元年（457 年）四月，京邑疾疫。

大明四年（460 年）四月，京邑疾疫。

宋明帝泰始四年（468 年）夏，普天大疾。

151 《三國志》卷七五《吳書・駱統傳》，第 1335 頁。

其實，上述統計並不全面，如《抱樸子・內篇》卷九《道意》記載說：「吳曾有大疫，死者過半。」但不知究竟是哪次大疫。宋文帝元嘉二年（425 年）就曾發生過一次全國性的旱災和疾疫。史稱：「時旱災未已，加以疾疫，」侍中范泰上表說：「頃亢旱歷時，疾疫未已，方之常災，實為過差。」[152]從范泰的話看出，這次旱災和疾疫都是比較嚴重的。就是這次疾疫，奪去了不少人的生命，如吳興烏程人吳逵一家，「男女死者十三人。……唯逵夫妻獲全」[153]。吳郡錢塘人范法先，「父母兄弟七人同時疫死，唯餘法先，病又危篤，喪屍經月不收。……又同里施淵夫疾病，父母死不殯；又同裡范苗父子並亡，又同裡危敬宗家口六人俱得病，二人喪沒，親鄰畏遠，莫敢營視」。[154]元嘉二十四年（447 年）六月，京師建康再次發生疾癘。

齊、梁、陳三朝，疾疫仍不時發生。齊和帝中興元年（501年），蕭衍自雍州起兵，二月，圍攻郢城（今湖北武昌）；七月，郢州守將程茂以城降。「郢城之初圍也，士民男女近十萬口；閉門二百餘日，疾疫流腫，死者十七八，積屍床下而寢其上，比屋皆滿」[155]。這次因戰亂而造成的疾疫，死亡的軍民竟達七八萬人。蕭衍奪得政權後，下令罪狀齊東昏侯，指斥他窮奢極侈，大興土木，徭役繁重，致使人民「流離寒暑，繼以疾癘，轉死溝

152 《宋書》卷六〇《范泰傳》，第 1622 頁。
153 《宋書》卷九一《孝義吳逵傳》，第 2247 頁。
154 《宋書》卷九一《孝義范叔孫傳》，第 2252 頁。
155 《資治通鑒》卷一四四，第 4493 頁。

渠，曾莫救恤，朽肉枯骸，烏鳶是厭」[156]。皇帝因大興土木而造成的疾疫顯然是全國性的，由於死亡的人數太多，以至烏鴉、老鷹食腐肉都食厭了，足見疫情的嚴重。梁天監二年（503 年），「是夏多癘疫」[157]。天監三年，「是歲多疾疫」。這兩次疾疫也都是全國性的，至於疫情及其損失史載不詳。天康元年（566 年）二月，陳文帝在一道詔書中承認，自己即位以來，因政道多缺，黎民百姓的日子過得不好，「兼疹患淹時，亢陽累月」[158]，生活更加艱難，這全是自己的責任，表示要大赦天下，並將年號天嘉改為天康。此所謂「疹患淹時，亢陽累月」，是說各種疾病流行多時，乾旱連月。陳文帝感到問題嚴重，所以特別重視，以至下了一道「罪己詔」。

據正史等史籍統計，整個魏晉南北朝時期，全國共有疫情七十四年次，其中發生在長江流域及其以南地區即達三十六年次，幾占全部疫情的二分之一。當時人士已普遍認識到江南易生疫癘這一點，一些北方人士甚至說：「吾往南方，則不生還。」[159]《魏書》卷九六《僭晉司馬睿傳》則說：「（江南）地既暑濕，多有腫泄之病，瘴氣毒霧，射工、沙虱、蛇虺之害，無所不有。」一些全國性的大疫，竟然「死者十二三」，或「絕戶者多」。

江西地區的疾疫也有史可尋。如東晉時徙居豫章的范宣向來

156 《梁書》卷二《武帝紀中》，第 39 頁。
157 《梁書》卷二《武帝紀中》，第 39 頁。
158 《陳書》卷三《世祖紀》，第 60 頁。
159 《三國志》卷一四《魏志・郭嘉傳》裴注引曹操與荀彧書。

貧困，「加年荒疾疫，(庾爰之)厚餉給之，宣又不受」[160]。此次發生於豫章郡的疾疫，肯定不是范宣一家的事。東晉義熙五年(409 年)，「盧循自廣州下，泊船江西(贛江西岸)，眾多疫死」[161]。又元嘉五年秋，豫章人胡充一家疾疫，「到六年三月，合門時患，死亡相繼」[162]。看來此次疾情十分嚴重，許多人必然受到傳染，人戶損失是無法估計的。

東晉南朝的社會經濟有了長足的發展和進步，按說其人口也應該相應地快速增長，這才符合經濟發展的規律。現在不但不增，反而急劇下降，這是不可想像的。關於歷史上的戶口問題，著名史學家谷霽光先生曾有一段精闢的論述，他在為《三國食貨志》作書評時指出：該書「『戶口』一章，討論戶口減少時，很注意史籍上數位記載。其實這種數字，不一定很可靠。我們利用這種史料時，須得特別小心。」又說：「當日戶口數字的減少，不完全是死亡率和生殖率高低的關係。民不著籍，也是其中原因之一。」[163]谷先生的話對於我們正確理解南朝戶口的下降是很有助益的。

160 《晉書》卷九一《儒林範宣傳》，第 2360 頁。

161 南朝宋劉敬叔《異苑》卷三，載《漢魏六朝筆記小說大觀》，第 618 頁，上海古籍出版社，一九九九。

162 劉敬叔《異苑》卷四，載《漢魏六朝筆記小說大觀》，第 632-633 頁。

163 《谷霽光史學文集》卷四《雜著・〈三國食貨志〉、〈三國經濟史〉(書評)》，江西人民出版社、江西教育出版社，一九九六。

江西文庫 A0701A06

江西通史：魏晉南北朝卷　上冊

主　　編　鍾啟煌
作　　者　周兆望
責任編輯　楊家瑜

發 行 人　陳滿銘
總 經 理　梁錦興
總 編 輯　陳滿銘
副總編輯　張晏瑞
編 輯 所　萬卷樓圖書股份有限公司
排　　版　菩薩蠻數位文化有限公司
印　　刷　百通科技股份有限公司
封面設計　菩薩蠻數位文化有限公司

出　　版　昌明文化有限公司
桃園市龜山區中原街 32 號
電話 (02)23216565
發　　行　萬卷樓圖書股份有限公司
臺北市羅斯福路二段 41 號 6 樓之 3
電話 (02)23216565
傳真 (02)23218698
電郵 SERVICE@WANJUAN.COM.TW
大陸經銷　廈門外圖臺灣書店有限公司
電郵 JKB188@188.COM

ISBN 978-986-496-180-1
2018 年 1 月初版
定價：新臺幣 360 元

如何購買本書：
1. 轉帳購書，請透過以下帳戶
合作金庫銀行 古亭分行
戶名：萬卷樓圖書股份有限公司
帳號：0877717092596
2. 網路購書，請透過萬卷樓網站
網址 WWW.WANJUAN.COM.TW
大量購書，請直接聯繫我們，將有專人為您服務。客服：(02)23216565 分機 610

如有缺頁、破損或裝訂錯誤，請寄回更換

國家圖書館出版品預行編目資料

江西通史 魏晉南北朝卷 / 鍾啟煌主編. -- 初版. -- 桃園市：昌明文化出版；臺北市：萬卷樓發行, 2018.01
冊；　公分
ISBN 978-986-496-180-1(上冊：平裝). --
1.歷史 2.江西省
672.41　　107001858

本書為金門大學華語文學系產學合作成果。　　校對：陳裕萱／華語文學系二年級